伊藤啓介著

日本中世の貨幣と信用・流通

吉川弘文館

目次

第二部　中世手形文書の決済システム

序章　中世前期の貨幣経済史・信用制度史研究の成果と課題

本書の目的は、中世前期の貨幣経済の実態を、貨幣政策・為替・信用・商業流通との関連から検討し、特に渡来銭受容が当時の国家財政や荘園制、さらに信用制度という、当時の政治・経済体制に与えた影響を明らかにすることである。

日本中世において、貨幣の自鋳がなされず、中国からの渡来銭が通貨として流通していたことは広く知られている。近年、日本中世の貨幣経済に関する研究は大きく進展した。その理由としては、第一に中国大陸の撰銭状況と日本におけるそれとの同時性から、両者の連動が明らかとなり、一国史観を超えた研究が可能となったこと、第二に後述する「支払協同体論」など新たな貨幣理論の提唱により、国家との関係にとらわれずに、渡来銭の流通を論ずることが可能となったことがあげられる。

この結果、一二・一三世紀を中心とした、中国大陸からの渡来銭の大量流出による日本での貨幣流通の進展や、中近世移行期・一六世紀の貨幣経済についての理解は深まり、地域ごとに階層性をもって存在した銭貨流通秩序の変動と、それが近世三貨体制へと収束していくダイナミックな過程が明らかになった。また米や手形類など、銭貨以外の貨幣や、貨幣使用の習俗にかかわる研究など、貨幣の多様性について認識が深まってきてもいる。だが戦国期・中近世以降期に研究関心が集中し、渡来銭受容期である中世前期の貨幣経済への関心は、比較的とはいえあまり高くない。また中国大陸からの渡来銭大量流出による貨幣流通の進展に関心が集中した結果、「渡来銭受容によって日本社会がどのように変化したのか」という根本的な疑問については未だ明確な回答は得られていない。日本社会が渡来銭を受容した時期である、中世前期の貨幣経済について論じるには、どのような視角・方法が有効であろうか。本章では渡来銭受容研究、およびそれと密接に議論されてきた信用制度研究を整理し、その到達点と、残された課題を明らかにする。

一　渡来銭受容研究の現状と到達点

1　戦前―小葉田淳氏による総合的な研究―

中世前期のみならず、中世貨幣史研究全体の戦前における到達点であり、現在においても基本的な研究と目されるのが、小葉田淳氏の貨幣流通研究である(1)。小葉田氏が呈示した主要な論点は以下のとおりである。⑴中世日本における国家と社会の渡来銭受容の様相、⑵対宋・明貿易との関係、⑶当時の銭直の法（沽価法）と銭貨禁令の関係、朝廷による流通禁止とその挫折、⑷中世における銅銭使用の諸相（土倉役・座役といった商業課税や、金融制度の変遷、代銭納の普及）などである。

小葉田氏は、中世前期の貨幣経済とその展開を、銅銭（渡来銭）の受容とその流通の拡大の過程として叙述した。渡来銭の流通は鎌倉時代の中葉にはじまり、室町時代には「全国に普及流通するに至った」とされる。小葉田氏はこの時期の稲米・絹・布といった物品貨幣を無視したわけではないが、渡来銭の流通こそを当時の貨幣経済の特徴とみなし、その発達を見ることは社会の推移を考えるうえで重要な課題ととらえた。中世前期貨幣史研究の方向性を「渡来銭受容史」として決定づけたのは、小葉田氏といえる。

2 戦後〜一九八〇年代

(1) 商品経済と渡来銭受容論

戦後の中世前期貨幣史研究は、森克己氏の日宋貿易における「決済通貨」としての利用を渡来銭受容の契機とみる論考から始まった(2)。

その後一九六〇年代にはいると、代銭納の発生と一般化の要因を検討することで、渡来銭の受容と商品・流通経済の発展の関係が論じられるようになる。大山喬平氏は代銭納について、米作地帯よりもむしろ、山間地帯など米作に適さない「稲作経営以外の生業を強制するような地域と階層が、銭貨をまず最初に吸引する」とした(3)。そして佐々木銀弥氏が、荘園年貢の代銭納について、その成立を一二七〇年代、一般化を一三〇〇年代とし、貢納形態の変化を通じて、荘園制経済の構造と、中世商業と商品流通・荘園市場経済の構造を明らかにした(4)。

一九七〇年代にはいると、渡来銭の受容は商品経済の発展と一体として理解されるようになる。例えば日本銀行が一九七二年(昭和四七)に発行した『図録　日本の貨幣(1)原始・古代・中世』においては、渡来銭の受容の理由を「平安後期における経済のいちじるしい進展は、ふたたび鋳貨にたいする新たな需要を喚起することとなった」と説明している(5)。この時期にはほかに神木哲男氏が、代銭納の進展から在地における商品・貨幣流通と荘園商業の発達の様子を論じている(6)。

(2) 古文書数の定量的な検討による渡来銭受容論

社会における渡来銭の受容の様相を明らかにするにあたって最も有効な手法の一つは、銭貨史料を網羅的に収集して、その件数の年次変化から、定量的・統計的に渡来銭受容の画期を見出すことであろう。この手法は、早くから玉泉大梁氏(7)などによって試みられてきたが、収集した史料の数や、対象とする史料群の範囲についての批判がつきまとっていた。だが一九七一年から始まった、『鎌倉遺文』の発刊は、これらの問題を一気に解決した。これにより、渡来銭受容研究は新たな段階へ進むことになる。

最初に『鎌倉遺文』をもとに史料を統計的に処理して検討したのは滝沢武雄氏(8)であるが、現在通説的地位を占めるのは松延康隆氏による時期区分である。(9)従来の渡来銭受容史研究においては、漠然と銭貨史料の増加から、渡来銭流通の発展とその地域差を解明しようとしてきた。だが松延氏は、「貨幣のもつ諸機能(交換手段、支払手段、価値尺度および計算手段、富の蓄蔵手段など)」についての、「前近代の貨幣はこれらの諸機能を分有する多様な貨幣対象物という形態で現れる」というK・ポランニーの見解に着目した。(10)そのうえで鎌倉期における銭貨の受容の諸段階を、米・絹布のもつ貨幣機能が、銭貨によって統合されていく過程ととらえ、銭貨史料を地域ごとだけでなく、貨幣の機能ごとに分類して検討し、貨幣機能ごとにそれが渡来銭に統合された時期を明らかにした。

具体的なその区分は次のようになる。渡来銭は、一三世紀前半に絹の、後期には米の交換手段機能を吸収した。支払手段機能は一二一五年ごろに絹の、一二七〇年代に米のそれを吸収した。価値尺度機能は一三世紀前半に絹、一三〇〇年代に米、そして蓄蔵手段機能は同じく一三〇〇年代にその機能を吸収した、とされる。

松延論文は、一つの貨幣によって全ての貨幣機能が担われているという現代的な貨幣観を排し、さまざまな媒体によって貨幣の諸機能が分担されている、前近代的な貨幣モデルに基づく観点を定着させた点で、研究史上、画期的な成果であったといえよう。

(3) 商品・物品貨幣論—収取制・貢納制研究からのアプローチ—

皇朝銭発行以前から米・絹・布などが交換手段として利用されたことは周知の範囲に属する。研究者の中には、金属貨幣の流通がみられないことから、皇朝銭発行途絶から渡来銭流通開始までの時期を「貨幣流通の空白期」とみる傾向が根強くあった。だがいわゆる「王朝国家論」の進展の中、一一世紀における収取制・貢納制研究が進むにつれ、一九八〇年代には、色代貢納における価値基準としての米・絹・布の貨幣的使用のあり方が論じられるようになった。色代貢納の一般化が、貢納物の間に換算基準の形成をもたらすことを最初に指摘したのは梅村喬氏である。(11)その後、勝山清次氏が、一一世紀中葉以降、封物未進の表示が准米・准絹によって行われることを明らかにし、中世的年貢の成立とともに、価値基準・支払手段としての物品貨幣たる米・絹・布の使用を指摘し、さらにそれらの交換手段としての利用を論じている。(12)

3 一九九〇年代—学際研究と「量産の一〇年」—

(1) 考古学における成果と学際研究

一九九〇年代に入ると、東洋史・考古学における研究の進展と、学際的研究の要請から、日本史においても中世の渡来銭流通に関する研究が活発化した。

考古学においては、一九八〇年代に坂詰秀一氏によって出土銭貨研究の考古学的な意義が主張され、(13)それを受けて鈴木公雄氏が出土銭の研究から銭貨流通の中世から近世への移行について論考を発表し、(14)日本史・経済史などとの学際研究を進めていた。一九九四年には出土銭貨研究会が発足し、考古学からの文献・民俗・経済史・保存科学など各分野との学際的な協力の要請が、その後の中世銭貨研究の活発化を促進した。一九九〇年代には、渡来銭研究を通じて、貨幣論、東アジア地域論、前近代東北アジア三国の通貨・税制・国家論にわたる、多元的な研究が実現した。特に中近世移行期を中心として、後に「量産の一〇年」[15]と評されるほどの貨幣史研究の著しい進展と活況がみられた時期といえよう。

(2)「中世日本＝中国内部貨幣圏」説と「支払協同体」論

この時期の渡来銭受容論において、まずあげるべきは東洋史における足立啓二氏の諸論考であろう。[16]足立氏は、一五世紀末の日本における撰銭状況が、明による一四三六年の銀財政への転換により、銭貨が国家的な支払手段ではなくなったことに起因するとし、そのうえで日本を中国の内部貨幣（国家が受領することによって信認を与えられる貨幣）圏として位置づけた。これ以降、議論は足立説を一つの軸として展開していくことになる。このうち中世前期の渡来銭受容にかかわる論考としては、大田由紀夫氏による、一三世紀日本の渡来銭受容の画期が、中国で紙幣専用政策、あるいは銅銭禁止政策がとられた時期と一致することの指摘があげられる。[17]大田説では、中国で国家的な支払手段としての地位を失ったことが、銭貨の大量流出、ひいては日本での受容につながったことになり、足立説に対する最も有力な批判とされている。足立氏・大田氏の研究はそれまで国内経済の発達による貨幣需要の発生という、内在的な要因のみで説明されてきた渡来銭の受容と流通について、東アジア全体の貨幣状況という視点を導入した点で画期的であった。

もうひとつ、この時期の議論に大きな影響を与えたのが、黒田明伸氏による「支払協同体」論である。[18]黒田氏は、国家による保証がなくとも、一定の範囲内の市場での、取引者間における合意の成立、すなわち「支払協同体」の成立によって、貨幣が社会に受容されることがある、とする。そして中世前期の日本では、渡来銭がその「渡来」であることによる中立性をもとに、「支払協同体」の合意に基づいて流通していた、と説明する。

これは、国家の禁令にもかかわらず社会における受容が進行したという、日本における渡来銭の受容の様相と非常に適合的だったため、池享氏の批判(19)はあったものの、その後の議論に大きな影響を与えた。「支払協同体」論により、国家論と銭貨受容とを切り離して論ずることが可能となったのである。

(3) 商品・物品貨幣論

渡来銭受容について、対外的契機が重要視されるようになると、それまで通説的地位を占めてきた、渡来銭流通を国内経済の発展の帰結とみる考え方は否定されざるを得ない。その結果、皇朝銭廃絶以降、渡来銭受容以前の期間における物品・商品貨幣の存在が、渡来銭受容の前提として議論されるようになった。まず保立道久氏が一九八〇年代の収取制研究の成果を受けて、米・絹・布といった商品が国家の財政制度における換算基準としての役割を与えられることで、商品貨幣としての地位を得たことを指摘し、その役割を当時の流通経済と財政運営、さらには王権との関係で位置づけてみせた(20)。その後、中島圭一氏がこれまでの商品・物品貨幣論を総括するかたちで、一二世紀における米・絹・布の貨幣的使用について「平安貨幣」と総称することを提唱している。中島氏は「平安貨幣による交換経済が一定の発展を遂げて」いたがゆえに、より扱いやすい交換手段の登場が希求されていたことが、日本社会の渡来銭受容を促進した、としている(21)。

（4）信用制度史

中世の手形類のうち、切符・国符や返抄といった切符系文書については収納・財政制度として、[22] 替銭・割符といった為替手形・約束手形系文書については為替制度として、[23] それぞれに研究史が積み重ねられてきた。だが、例えば為替の利用についていえば、遠隔地送金を実現するための具体的なしくみや、同時期の社会経済の状況と比較して検討などが行われたわけではない。為替の利用はある意味、単線的な経済成長観、すなわち、経済は時代が下がるにつれ右肩上がりに成長し、一定の経済水準に達した証として考えられたのだろうか、研究関心はかならずしも高くないまま、二〇世紀末を迎える。

そんななか一石を投じたのが、佐藤泰弘氏による切符系文書の手形としての機能と商業信用の萌芽についての指摘である。佐藤氏は、切符系文書の決済を支えた背後に、受領による貢納物流通のシステムが存在していたことを指摘し、切符系文書が後の手形系文書に発展したことをもって、中世後期の商業の発展が、それ以前の財政システムのなかから生まれてくることを指摘した。[24]

このような佐藤氏の問題提起を受けて、中世手形類のもつ、銭貨や米・絹・布といった「本源的貨幣」の機能を代行する「信用貨幣」としての側面を指摘したのが、保立道久氏である。[25] 保立氏は、平安時代の「切物」が鎌倉時代に「切銭」と変化していく様子を「交換形態の発展」としてとらえ、「切物」を生み出す「切符」等の中世手形類が、銭貨の流通とともに切銭や替銭といった形で、中世の貨幣形態のひとつとして貨幣経済を支えていたと主張した。[26] 切符・国符や催牒・仮納返抄といった中世の手形類については、手形としての性質を指摘されながらも、それまで封戸制度、収納・財政制度の一環としてとらえられてきた。[27] 保立氏は中世貨幣研究における貨幣論・貨幣形態論、あるいは信用論の可能性を指摘したのである。

（5） 一九九〇年代の研究史の到達点

これらの渡来銭受容論・中世手形論・貨幣形態論・信用論を総合しつつ、貨幣経済の中世から近世への移行を論じ、当時の研究状況を総括したのが、桜井英治氏による一九九七年度歴史学研究会大会報告である(28)。同報告において桜井氏は、渡来銭の民間への流布が国家荘園領主層への流布に先行したことを強調した。また、日本の中世国家が銭を自鋳しなかった理由を、成熟した公財政が存在せず、対外戦争という財政逼迫要因からおおむね免れつづけていたことなど、財政規模の貧弱さに求めた。また、中世手形類の分類と系譜付けを行い、その流通が中世的文書主義・文書フェティシズムという、中世的な観念によって支えられていたとし、割符が一六世紀に入って急速に衰退していくこと、一五世紀中葉以降に撰銭が始まり、銭に対する観念が変化すること、金・銀の貨幣手段としての使用の拡大などから、この時期に大きな転換が存在した、として貨幣経済の中世から近世への移行を論じた。同報告は中世から近世における日本の貨幣経済を東アジア史のなかで巨視的に位置づけた、一九九〇年代の貨幣論・信用論のひとつの到達点として評価することができよう。

4 二〇〇〇年代の研究

（1） 貨幣政策論

「量産の一〇年」の影響下、二〇〇〇年代も貨幣史研究は盛況だった。渡来銭受容研究の分野では、渡来銭流入に直面した朝廷による、その流通の禁止令（以下、銭貨禁令）を中心とした、貨幣政策に関する議論が中心となった。一九九九年に中島氏は、いわゆる銭貨禁令とその挫折について、「中世貨幣のシステムは、国家の統制の外で成立し、自律的に発展を遂げていった。それを否定することの不可能が明白になった時、権力にできるのは消極的追認だけであった」としている。民間への流布の先行を指摘した桜井氏の見解を一歩進めて、朝廷による銭貨禁令の挫折を「なしくずし的な銭貨流通の許容」と論じた[29]。渡来銭受容における国家の役割を低く評価している点が注目される。まずはこの、中島圭一氏の「なしくずし的な銭貨流通の許容」という見解をめぐって議論が進んだ。井原今朝男氏は、特に日宋貿易との関連で平氏政権の意図とその没落から銭貨の解禁・禁令との関連を主張した[30]。その後、経済史の立場から井上正夫氏[31]の議論などもあった。画期となったのは、筆者[32]・渡邊誠氏[33]による、沽価法を財政法とみて、当時の財政と貨幣流通との関連から貨幣政策を説明した論考の発表であろう。物品・商品貨幣論で保立氏が重要性を指摘した沽価法と銭貨禁令の関係についてはそれ以前に、池享氏[34]、三上喜孝氏[35]の論考があるが、筆者および渡邊氏は、桜井氏が指摘した、銭貨流入による絹・布の減価の可能性の指摘を受け、絹・布ベースで定められていた財政基準と貨幣価値の混乱から、貨幣政策の変遷を説明した点に特徴がある。保立氏はその指摘を肯定しつつ、貨幣政策の変遷の要因自体は九条兼実・源通親の政治闘争に求めた[36]。その後、銭貨禁令の制定における九条兼実の重要性を強調する中島氏と、筆者との間で論争が行われている[37]。

そのなかで注目すべきは、井原今朝男氏による利息制限令と銭貨流通の公認との関係の指摘である。井原氏は律令法において、銭貨建てか米建てかによって、貸付の制限利息が異なることに注目し、制限利息の変化から、嘉禄元年（一二二五）の制限利息変更を、銭貨出挙本来の制限利息への復帰・銭貨出挙の公認とみなして、銭貨流通がなしくずしに行われたとする中島説を批判し、その後も精力的に中世の債権論を展開している[38]。

(2) 信用論

信用論は手形に関する研究を中心に、二一世紀に入って急激に盛んになった。その理由は、桜井英治氏が、中世の為替取引のひとつで定額化して流通していた割符に、紙幣的性格を見出したことに求められる。(39) その後の研究は、「割符＝紙幣」説の批判を中心に展開する。その後、宇佐見隆之氏による割符の文書としての動きについての論考(40)のあと、二〇〇六年に辰田芳雄氏(41)・早島大祐氏(42)・筆者(43)が立て続けに論考を発表する。三人の議論には細部に相違はあるとはいえ、遠隔地取引である割符の決済に注目した点が共通している。そのなかでも筆者は、割符取引の送金関係・債権債務関係と取引構造とを検討することで、割符取引の「決済のしくみ」を明らかにした。割符取引による遠隔地送金が、地方から京都への貢納送金と、京都から地方への商品代金送金という、「逆方向の遠隔地間の送金関係を交換し、同一地内での現金やりとりに振り替えかわす」、という為替の原理に則った形で行われていたこと、割符取引の背後に、輸送業者・商業者の商業活動があることを明らかにしたのである。そのほか、割符の流通について、辰田氏(44)・池享氏(45)による批判があるが、桜井氏は一五〜一六世紀の京都・奈良における借書の流通に関する史料を提示してこれに反論をくわえている。(46)

二〇一〇年代に入っても、信用論は割符研究を中心に展開した。まずは文書論が議論の焦点となる。井上正夫氏は割符の決済の際の文書としての動きと機能に注目してそのしくみを論じ、(47) それに対して佐藤泰弘氏が割符の文面について、仮納返抄などとの比較を通じて、先行研究の誤読の可能性を指摘した。(48) そのほか筆者が、割符の決済の際の本人確認方法の変化からわかる財政文書と為替文書との段階差や、西洋の為替制度と割符との比較についての議論を展開している。(49)

続いて議論になったのは、中世手形文書の信用の源泉についての議論である。佐藤氏は、切符系文書や利息付替銭といった中世手形文書の信用の基盤は、一〇世紀に受領によって構築された年貢を京進するシステムの「定常的な物流」の実現によって構築された、と指摘した。(50) 一方、筆者は佐藤氏の見解を肯定しつつ、商業活動によって決済される割符取引の出現は、商業の側が一定の信用を獲得している証拠であるとし、また、遠隔地に存在する割符の支払人に決済を強制するしくみについて論じている。(51)

そのほか、井原今朝男氏が貸借における取引慣行の研究を精力的に発表している。(52)

(3) 日宋・日元交流史

一九九〇年代の日本史における貨幣史研究の隆盛を受けて、宋・元代研究、および日宋・日元交流史でも、宋銭に関する論考がみられるようになった。銭貨受容研究との関連では、大田説のいう一二一〇年代と一二七〇年代の二回の大量流入期、特に後者についての批判がみられる。リチャード・ヴォン・グラン氏は、一二七〇年代の大陸からの銭貨大量流出の契機を、南宋の貨幣政策の失敗に求めて大田説を批判している。(53)また、榎本渉氏や中村翼氏は、蒙古襲来（一二七四・八一年）により、一二八〇年代まで日元貿易は停滞した、と指摘している。(54)一三世紀後半の「大量流入」については、ここまでの対外交流史で解明されている運輸・貿易との整合性が求められているのが現状といえよう。

(4) 代銭納と流通経済

渡来銭受容が進んだ一三世紀から一四世紀にかけての時期は、同時に商業流通が大きく拡大したとされる時期でもある。いわゆる「発展段階論」の影響もあり、渡来銭受容による金属貨幣の流通と商業の発展は一体とみなされてきた。この時期の商品流通拡大の根拠としてあげられてきたのは、市庭史料の増加や商品の変化などから導きだされる、全国・地域双方でみられた交易活発化などである。だが、一九九〇年代の実証の進展とともに、封戸物などの地域的傾向から全国的な流通の存在を明らかにした勝山清次氏の研究(55)や、非水田的生産物の水田への賦課の存在から在地における一定の交易活動の存在を明らかにした網野善彦氏の研究(56)などから、それらの条件は一三世紀以前から存在することが判明してきた。

改めてこの時期の商業発展の要因について論じたのは、桜井英治氏である。桜井氏は、佐々木銀弥氏が解明した代銭納の成立・拡大の時期(57)が、商品流通が拡大するこの時期と重なっていることに注目し、それまで年貢として京都に運ばれていた生産物が、商品として大規模に商品市場に投じられ、同時に大消費地である京都に向かって輸送されていくことにより、全国的な規模での商品の流れが生まれる、と説明した(58)。代銭納の開始により、貢納物が商品として市場に投じられるようになったことが、商品流通・市場経済の活発化につながった、というのである。

だが、これに批判がないわけではない。例えば中島圭一氏は「代銭納化に伴い、(中略)現地で生産物が交易されることで、商品流通がどのように変化するのか、説明が不足しているように感じられる」とする(59)。桜井氏のいう貢納物の市場への投下の開始は、大きなインパクトを商品流通に与えたはずだが、その具体的な表れについて特に論じられてこなかったことも確かである。この点について筆者は、佐藤泰弘氏が論じた、受領によって構築された年貢を京進するシステム(60)が、代銭納の成立を通じて変化することにより、流通経済が活性化してゆく様相を論じた(61)。

そのほか代銭納については、一二七〇～八〇年代の貿易不振の指摘による、大量流入の疑義と関連して、川戸貴史氏が興味ある議論を提起している(62)。大田説の一二七〇年代の大量流入の根拠は、佐々木氏による代銭納制の普及時期の研究にある、と指摘し、さらに新見荘での代銭納制の発展の実例を示して、代銭納制の開始時期についての佐々木説(63)、および「稲作経営以外の生業を強制するような地域と階層が、銭貨をまず最初に吸引する」とした大山説(64)の再検討の必要性を提起している。

二　本書の視角と方法

1　渡来銭受容論の到達点

以上、ここまで概観してきた研究史について、論点のまとめと到達点の確認を行う。

皇朝銭の発行途絶から渡来銭流通開始までの約一五〇年間は、しばしば「貨幣流通の空白期」とされてきた。だが現状では、そのような考え方は排されている。この時期の貨幣経済においては、米・絹・布など多様な媒介物が、それぞれに貨幣機能を分有していたのであり、それら商品貨幣の成立が中世貨幣成立の前提であった。商品貨幣の代表とされる米・絹・布については、国家財政の支払手段・換算基準として史料上に現れることが多く、当時の貨幣経済における国家・王権の役割や、渡来銭流入期における銭貨禁令と財政との関係についての議論の前提となっている。

渡来銭の受容は、それら商品貨幣によって分有された貨幣機能の、銭貨による統合の過程としてとらえられている。受容の要因・契機それ自体については、中国からの銭貨の大量流入という外在的な原因に求められており、かつての国内的な経済発展から説明するという観点は、ほぼ否定されている。むしろ現在では、銭貨の大量流入に伴う貨幣経済の発展によって、流通経済が発展したとして、「貨幣が市場をつくる」(65)という側面が強調されている。

一方、貨幣政策については、一二世紀末から一三世紀初頭にかけて、社会における渡来銭受容が国家のそれに先行した結果、当初の銭貨通用禁止（銭貨禁令）からやがて受容へ変化していくという、小葉田淳氏の整理が大枠としていまだに有効である。銭貨禁令の理由は朝廷が米・絹建て財政をとっていたことに、それが容認に転じた理由については漠然と社会における渡来銭受容の拡大に、それぞれ求められている。

2　渡来銭受容と銭貨禁令

渡来銭受容期の日本の貨幣流通については、国家との関係を切り離した議論が活発である。その理由としては、一二世紀末から一三世紀前半にかけて、朝廷による銭貨禁令にもかかわらず、銭貨流通が拡大したこと、そして朝廷の銭貨容認への政策転換が、社会の現実に敗北する形でなしくずし的に行われた、と考えられてきたことがあげられよう。確かに、一二世紀半ばから一三世紀前半にかけての渡来銭流通の開始期において、朝廷の政策とは関係なく、日本社会で渡来銭流通が拡大したのはおそらく事実である。

そのような中世社会の渡来銭受容に対して、大きな影響を与えるどころか、最終的には社会の現実に敗北した朝廷の貨幣政策について論ずることの意義が問われるところだが、貨幣政策の変遷は、限定的であるにせよ、貨幣経済の変化のなにがしかを反映しているはずである。社会における渡来銭流通の拡大に直面した中世国家がどのように対応したのか、あるいはしなかったのか。それを論ずることにより、渡来銭受容が社会へ与えた影響を、時系列的に知ることができる。なにより、同時代の史料で渡来銭流入への社会の反応をうかがい知ることができる史料としては、貨幣政策にかかわる史料がそのほとんどを占める。当時の経済において、圧倒的多数を占める朝廷の財政政策を無視するべきではない。

そもそも貨幣政策と渡来銭流通の関係を論ずることは、国家の、貨幣流通における役割に関する議論にとどまるものではない。大田由紀夫氏は渡来銭の大量流入が商品市場の拡大をもたらしたと主張し(66)、桜井英治氏は代銭納の拡大がそれに寄与した可能性を指摘している(67)。中世商業の揺籃期としての一一世紀、それを受けた一二世紀において、商業・商人が、国家財政に伴う貢納物の流通機構と密接にかかわっていたことは多くの指摘がある。渡来銭の流通する以前、「平安貨幣」と総称される物品貨幣の流通を前提としていた財政制度に、渡来銭がどのように組み込まれていったのか、その検討を通じて、渡来銭の社会への受容の一端を議論する必要がある。

3　信用貨幣論の有効性

一三世紀後半、渡来銭を受容した日本社会においては、代銭納の拡大と、それによる貢納物の商品化による流通の変質と商業の拡大といった変化が同時に展開していく。これらの事象を総合的に、かつ前後の時代と比較して論ずるための検討対象として、替銭・割符といった中世手形類と、その信用を支えた制度の問題、すなわち「信用貨幣論」の有効性を指摘しておきたい。

「信用貨幣」とはなにか。それについては岡田裕之氏の次の説明がわかりやすい。「信用貨幣は貨幣を支払う約束証書であり、それによって本源的貨幣を代理する」とされる。信用貨幣の最もシンプルな姿態である商業手形は債務証書である。商業取引において、手形の譲渡による所持人の債権の委譲によって、決済がなされることがある。ここで手形は、本源的貨幣を代理して支払手段としての貨幣機能を果たす。これがさらなる裏書によって転々流通すれば手形は流通手段となる、とされる。(68) つまり、「貨幣を支払う約束証書」の移譲によって商業決済がなされたとき、それが支払手段・流通手段としての貨幣機能を果たすことになる。これが「信用貨幣」である。

だとすると、そもそも手形の信用は、その手形によって現物を確実に受け取ることができることを前提としていることになる。手形類・信用制度の研究とは、すなわちその社会における、支払を実現するシステムがどのようなものであったのか、を明らかにすることでもある。例えば現代でいうならば、銀行を中心とした金融制度の研究がそれにあたる。

その点で渡来銭流通の前提となる「平安貨幣」の時代に財政制度のなかから発生し、財政制度とともに成長しつつ、渡来銭受容の開始とともに展開していく、中世手形類のシステムを研究することは、当時の「支払を実現する決済システム」の変遷を通じて、渡来銭受容による通時的な社会の変化を明らかにすることにつながるといえよう。

中世手形類は一一世紀の財政文書である切符系文書から始まり、その後、一三世紀後半に約束手形・為替手形系文書が出現し、一四世紀以降盛行するという形で発展をみせる。保立道久氏は、こういった手形文書を利用して行われた信用手段が「替米」から「替銭」へ変化することは、交換手段の変化を反映している、と指摘している(69)。一三世紀における、切符系文書から割符への信用・決済制度の変化は、一三世紀後半の経済構造の変化を解き明かす鍵になるかもしれない。そういう意味では、井原今朝男氏による借状・質券の研究は、当時の「貨幣経済」のありようを、具体的な貸借取引における慣習を通じて明らかにする試みとして注目されよう(70)。

なお、借上・土倉による信用・金融と荘園制の関係については、領主経済におけるそれらの役割について、湯浅治久氏が千葉氏の家政経済を(71)、井原今朝男氏が東大寺領兵庫関を(72)、それぞれ題材として論じており、関心は高まりつつあるといえる。

4　代銭納と商品流通

大田由紀夫氏が、渡来銭の流入が市場を刺激し、商品取引を活性化して農・工業生産力を発展させるという、「貨幣が市場をつくる」という概念を提唱して以来(73)、日本社会の内的発展が貨幣経済を進展させたのではなく、渡来銭の流入が貨幣経済と商品取引を活性化した、という見解が通説化した。だが、そのメカニズムについて論じているのは、管見の限り、桜井英治氏だけである。桜井氏は代銭納に注目して、「それまで年貢として京都に運ばれていた生産物が今度は商品として現地を船出していく」と、貢納物流通が代銭納によって、商品流通に置き換わっていく形での商品経済の活性化と、地方と京都間の価格差を利用した裁定取引の出現を指摘した。(74)これについては、中世的商品生産・流通を重視する中島圭一氏による批判(75)があるが、筆者もこの見解に従って、代銭納によって、地域内でも裁定取引が行われることを明らかにしている。(76)

三　本書の構成

本書は以上のような問題意識に基づいて論じるものである。先にあげた問題点全てを本書のみで解決するには筆者の力量は十分とはいえず、各章の課題はそれぞれ限られたものにならざるを得なかった。特に論考が財政・信用貨幣・金融論に偏り、日宋貿易や考古学的な成果についてふれることはできなかったが、ご寛恕願いたい。

第一部では、渡来銭受容期の朝廷の貨幣政策について、先行研究で不十分な、個々の政策・法令の個別的契機・政策目的の検討を行い、朝廷がどのような問題意識に基づいて、どのような貨幣政策を行ったか、を明らかにする。第一章で詳細な研究史の整理と問題の所在を明らかにし、第二章では朝廷の貨幣政策のかなめであった沽価法の性質と、貨幣政策・財政運用との関係を論ずる。第三章では、個別の銭貨禁令とその解禁までの経緯を、朝廷による大規模造営との関係で論ずる。

渡来銭受容期は中世国家が貨幣に対してどのような態度をとったかわかる稀有な時期でもあり、これを通じて中世国家の貨幣経済への姿勢とその役割とについて考える。

さらに補論では、筆者に対する中島圭一氏の批判に対しての応答として、「沽価法」と財政とのかかわりについて精査する。

第二部では、渡来銭受容による社会と貨幣経済の変化をはかる題材として、中世手形類の決済と信用のシステムについて論ずる。一一世紀の仮納返抄・催牒（第一章）から、一三世紀の替銭（第三章）そして一四世紀の割符（第二章）にいたる、それぞれのあり方とその変遷を明らかにする。さらに割符の第三者への流通を支えた信用にかかわって、その遠隔地での決済を支払人に強制するしくみを中心に、割符の「決済システム」について検討する（第四章）。

中世手形は、商品貨幣の時期に財政文書である切符系文書として発生し、渡来銭受容が完成された時期に割符という形でその形式が完成する。そのしくみと信用構造、そしてその変遷を明らかにすることは、貨幣経済の重要な一部分である、金融と信用経済の変遷と、それに伴う社会の変化をみることでもある。渡来銭流入以前に枠組みが成立していた手形類の取引・信用構造が、渡来銭受容とともにどのように変化していったのか、それを論ずることで、渡来銭受容以前と以後での貨幣経済・社会のあり方の変化にかかわる議論ができれば幸いである。

第三部では、渡来銭流通が日本経済に与えた影響を考える。具体的には桜井氏が指摘した、代銭納による商品経済の活性化について、代銭納によってもたらされた、在庫処分の権限と、在庫それ自体との分散を通じて議論する（第一章）。さらに一四世紀に起こったこの流通構造の変化が、日本社会にどのような影響を与えたのか、一四世紀を通じて激減する飢饉史料の件数と、気候復元データとの比較から考える（第二章）。

そして終章では、渡来銭受容が日本の貨幣経済と流通、そして商業と信用にどのような影響を与えたのか、という観点から、本書の成果を概観する。

以上、本書では、中世前期の貨幣経済についてのさまざまな論点を検討することで、渡来銭受容が、中世前期の流通・商業にどのような影響を与えて、どのように中世後期の流通経済に接続していくか、考えていきたい。

注

（1）小葉田淳『日本貨幣流通史　前編　銅銭』（刀江書院、一九三〇年）、同『日本の貨幣』（至文堂、一九五八年）など。
（2）森克己「宋銅銭の我が国流入の端緒」（『続々日宋貿易の研究』国書刊行会、一九七五年、初出一九五〇年）、同「宋銅銭流通への基盤」（『日本歴史』三〇〇号、一九七三年）。
（3）大山喬平「中世村落における灌漑と銭貨の流通」（『日本中世農村史の研究』岩波書店、一九七八年、初出一九六一年）。
（4）佐々木銀弥「荘園における代銭納の成立と展開」（『中世商品流通史の研究』（法政大学出版局、一九七二年、初出一九六二年）。
（5）妹尾守雄「新たな生産的発展と銭貨輸入」（日本銀行調査局編『図録　日本の貨幣（1）原始・古代・中世』東洋経済新報社、一九七二年）。
（6）神木哲男『日本中世商品流通史論―荘園商業の展開と生産構造―』（有斐閣、一九八〇年）。
（7）玉泉大梁「室町時代に於ける貨幣の流通状態」（『室町時代の田租』吉川弘文館、一九六九年、初出一九二九年）、同「鎌倉時代の経済」（同前、初出一九三八年）。
（8）滝沢武雄「平安後期の貨幣について」（『史観』八二号、一九七〇年）、同「鎌倉時代前期の貨幣」（竹内理三博士古稀記念会編『続荘園制と武家社会』吉川弘文館、一九七八年）。
（9）松延康隆「銭と貨幣の概念―鎌倉期における貨幣機能の変化について―」（『列島の文化史』六号、一九八九年）。
（10）K・ポランニー『人間の経済　Ⅰ』（岩波書店、一九八〇年）。
（11）梅村喬「平安時代貢納経済の一視角」（『日本古代財政組織の研究』吉川弘文館、一九八九年、初出一九八七年）。
（12）勝山清次「公田官物率法の成立とその諸前提」（『中世年貢制成立史の研究』塙書房、一九九五年、初出一九八七年）。
（13）坂詰秀一『出土渡来銭』（ニュー・サイエンス社、一九八六年）。
（14）鈴木公雄『出土銭貨の研究』（東京大学出版会、一九九九年）ほか。
（15）桜井英治「銭貨のダイナミズム―中世から近世へ―」（鈴木公雄編『貨幣の地域史―中世から近世へ―』岩波書店、二〇〇七年）。
（16）足立啓二「中国から見た日本貨幣史の二、三の問題」（『新しい歴史学のために』二〇三号、一九九一年）。

(17) 大田由紀夫「一二―一五世紀初頭東アジアにおける銅銭の流布―日本・中国を中心として―」(『社会経済史学』六一(二)号、一九九五年)。ただし、この見解には四日市康博氏による批判がある(四日市康博「銀と銅銭のアジア海道」〈同編『モノから見た海域アジア史―モンゴル～宋元時代のアジアと日本の交流―』九州大学出版会、二〇〇八年〉)。
(18) 黒田明伸『中華帝国の構造と世界経済』(名古屋大学出版会、一九九四年)、同「一六・七世紀環シナ海経済と銭貨流通」(歴史学研究会編『越境する貨幣』青木書店、一九九九年。以下、同書は『越境する貨幣』と略)、同『貨幣システムの世界史―〈非対称性〉をよむ―』(岩波書店、二〇〇三年)。
(19) 池享「桜井報告批判」(『歴史学研究』七〇五号、一九九七年)。
(20) 保立道久「中世前期の新制と沽価法―都市王権の法、市場・貨幣・財政―」(『歴史学研究』六八七号、一九九六年)。
(21) 中島圭一「日本の中世貨幣と国家」(前掲注(18)『越境する貨幣』)。
(22) 大石直正「平安時代後期の徴税機構と荘園制―解体期の封戸制度―」(『東北学院大学論集 歴史学・地理学』一号、一九七〇年)。勝山清次「平安時代後期の封戸制―封戸制の再編と解体―」(前掲注(12)文献、初出一九七八年)。
(23) 主な研究として以下のものがあげられる。阿部愿「替銭替米ニ就テ」(『史学雑誌』一三巻六・七・八号、一九〇二年)、三浦周行「為替手形の起源」(『法制史の研究』岩波書店、一九一九年)、平泉澄「為替と社寺参詣者」(『中世に於ける社寺と社会との関係』至文堂、一九二六年)、中田薫「徳川時代の為替手形文言に就て」(『法制史論集 第三巻上』岩波書店、一九四三年、初出一九三九年)、豊田武「為替取引の発生」(『中世日本の商業 豊田武著作集第二巻』吉川弘文館、一九八二年、初出一九三七年)、百瀬今朝雄「利息附替銭に関する一考察」(『歴史学研究』二一一号、一九五七年)、井原今朝男「中世東国商業史の一考察」(中世東国史研究会編『中世東国史の研究』東京大学出版会、一九八八年)、安倍惇「わが国中世為替制度の発生と展開」(『為替理論と内国為替の歴史』柏書房、一九九〇年、初出一九八〇年)。
(24) 佐藤泰弘「国家財政・徴税と商業」(『日本中世の黎明』京都大学学術出版会、二〇〇一年、初出一九九三年)。
(25) 保立道久「切物と切銭」(『三浦古文化』五三号、一九九三年)。
(26) 保立前掲注(25)論文。
(27) 大石前掲注(22)論文。勝山清次「平安時代後期の封戸制―封戸制の再編と解体―」(前掲注(12)文献、初出一九七八年)。福島正樹「東大寺封戸関係文書に関する二・三の問題―近江国を中心として―」(『上智史学』二三号、一九七八年)ほか。佐藤泰弘「国家

財政・徴税と商業」（前掲注(24)文献、初出一九九三年）。
(28) 桜井英治「日本中世における貨幣と信用について」（『歴史学研究』七〇三号、一九九七年）。
(29) 中島前掲注(21)論文。
(30) 井原今朝男「宋銭輸入の歴史的意義―沽価法と銭貨出挙の発達―」（池享編『銭貨―前近代日本の貨幣と国家―』青木書店、二〇〇一年）。
(31) 井上正夫「一二世紀末の宋銭排除論とその背景」（『東アジア国際通貨と中世日本―宋銭と為替からみた経済史―』名古屋大学出版会、二〇二二年、初出二〇〇五年）。
(32) 伊藤啓介「鎌倉時代初期における朝廷の貨幣政策」（上横手雅敬編『鎌倉時代の権力と制度』思文閣出版、二〇〇八年）。
(33) 渡邊誠「平安末・鎌倉初期の宋銭流通と国家」（『九州史学』一五三号、二〇〇九年）。以下、渡邊論文と略。特に断らない限り、本章で引用する渡邊氏の所論は渡邊論文による。
(34) 池享「前近代日本の貨幣と国家」（前掲注(30)文献）。
(35) 三上喜孝『日本古代の貨幣と社会』（吉川弘文館、二〇〇五年）。
(36) 保立道久「平安末期から鎌倉初期の貨幣政策」（悪党研究会編『中世荘園の基層』岩田書院、二〇一三年）。
(37) 中島圭一「「中世貨幣」成立期における朝廷の渡来銭政策の再検討」・伊藤啓介「中島圭一氏の「中世貨幣」論と中世前期貨幣史研究」（ともに『日本史研究』六二二号〈小特集「中世貨幣」の成立〉、二〇一四年）。
(38) 井原今朝男『日本中世債務史の研究』（東京大学出版会、二〇一一年）。同『中世日本の信用経済と徳政令』（吉川弘文館、二〇一五年）。
(39) 桜井英治「中世の経済思想―非近代社会における商業と流通―」（『日本中世の経済構造』岩波書店、一九九六年、初出一九九三年）、同「割符に関する考察」（同前、初出一九九五年）。
(40) 宇佐見隆之「割符考―東寺領新見荘の事例から―」（『日本中世の流通と商業』吉川弘文館、一九九九年）。
(41) 辰田芳雄「年貢送進手段としての割符について―裏付の意味を中心に―」（『岡山朝日研究紀要』二七号、二〇〇六年）。
(42) 早島大祐「割符と隔地間流通」（『首都の経済と室町幕府』吉川弘文館、二〇〇六年）。
(43) 伊藤啓介「割符のしくみと為替・流通・金融」（『史林』八九巻三号、二〇〇六年。加筆し本書第二部第二章所収）。

(44) 辰田前掲注(41)論文。
(45) 池前掲注(34)論文。
(46) 桜井英治「借書の流通」(小野正敏・五味文彦・萩原三雄編『モノとココロの資料学―中世史料論の新段階―』高志書院、二〇〇五年)。
(47) 井上正夫「割符のしくみとその革新性―二種類の割符の並存理由―」・同「為替文言の割符の割り印の問題」(『東アジア国際通貨と中世日本―宋銭と為替からみた経済史―』名古屋大学出版会、二〇二二年、初出二〇一一年・二〇一八年)。
(48) 佐藤泰弘「日本中世の手形―新見荘の割符について―」(『史林』九六巻五号、二〇一三年)。
(49) 伊藤啓介「中世手形文書の系譜関係―預かり状・替文・割符―」(『古文書研究』七六号、二〇一三年。加筆し本書第二部第三章所収)、同「中世為替制度の日中欧比較」(元木泰雄編『日本中世の政治と制度』吉川弘文館、二〇二〇年)。
(50) 佐藤泰弘「日本中世における信用取引と荘園制」(『歴史学研究』九二八号、二〇一五年)。
(51) 伊藤啓介「一三・一四世紀の流通構造と商業」(『日本史研究』六九〇号、二〇二〇年。加筆し本書第三部第一章所収)、同「中世手形の信用とその決済システムについて」(中島圭一編『日本の中世貨幣と東アジア』〈アジア遊学二七三〉、勉誠出版、二〇二二年。加筆し本書第二部第四章所収)。
(52) 井原今朝男「中世借用状の成立と質券之法―中世債務史の一考察―」(『史学雑誌』一一一巻一号、二〇〇二年)、同「中世請取状と貸借関係」(『同』一一三巻二号、二〇〇四年)、同「日本中世の利息制限法と借書の時効法」(『歴史学研究』八一二号、二〇〇六年)、同前掲注(38)二〇一一文献、同『中世の借金事情』(吉川弘文館、二〇〇九年)ほか。
(53) リチャード・ヴォン・グラン「南宋中国における複合通貨(multiple currencies)と地域通貨圏の形成」(伊原弘編『宋銭の世界』勉誠出版、二〇〇九年)。
(54) 榎本渉『東アジア海域と日中交流―九~一四世紀―』(吉川弘文館、二〇〇七年)。中村翼「日元貿易期の海商と鎌倉・室町幕府―寺社造営料唐船の歴史的位置―」(『ヒストリア』二四一号、二〇一三年)。
(55) 勝山清次『中世年貢制成立史の研究』(塙書房、一九九五年)。
(56) 網野善彦『日本中世の百姓と職能民』(平凡社、一九九八年)。
(57) 佐々木前掲注(4)論文。

(58) 桜井英治「中世の商品市場」(桜井英治・中西聡編『新体系日本史一二　流通経済史』山川出版社、二〇〇二年)。
(59) 中島圭一「中世的生産・流通の転回」(同編『十四世紀の歴史学』高志書院、二〇一六年)。
(60) 佐藤前掲注(50)論文。
(61) 伊藤前掲注(51)二〇二〇論文。
(62) 川戸貴史『中近世日本の貨幣流通秩序』(勉誠出版、二〇一七年)。
(63) 佐々木前掲注(4)論文。
(64) 大山前掲注(3)論文。
(65) 大田前掲注(17)論文。
(66) 大田前掲注(17)論文。
(67) 桜井前掲注(58)論文。
(68) 岡田裕之『貨幣の形成と進化―モノからシンボルへ―』(法政大学出版局、一九九八年)。
(69) 保立前掲注(25)論文。
(70) 井原前掲注(52)各論文。
(71) 湯浅治久「鎌倉中期における千葉氏の経済構造に関する一考察」(『千葉県史研究』第一一号別冊〈中世特集号〉二〇〇三年)。
(72) 井原今朝男「東大寺領兵庫関の借銭状・結解状連券の復原」(前掲注(38)二〇一一文献)。
(73) 大田前掲注(17)論文。
(74) 桜井前掲注(58)論文。
(75) 中島圭一「中世的流通構造形成の周辺」(『年報中世史研究』四七号、二〇〇七年)。
(76) 伊藤前掲注(51)二〇二〇論文。

第一部　渡来銭受容と朝廷の貨幣政策

第一章　渡来銭受容期の貨幣政策研究と問題の所在

一　渡来銭の受容に伴う貨幣政策

日本の貨幣の歴史において鎌倉時代初期は、一二世紀後半から流通が始まった中国渡来の銭貨が、日本社会に受容されていく時期とされている。[1]小葉田淳氏などによって先鞭がつけられたこの時期の銭貨流通に関する研究は、[2]その後『鎌倉遺文』の発刊とともに可能となった史料の網羅的な研究により、代銭納の成立時期や、売券等における貨幣使用状況から銭貨受容の画期を導きだす研究が先行した。[3]一九九〇年代に入ると、東アジア全体の貨幣流通・経済政治の状況を視野に入れた論考が発表されるようになり、大田由紀夫氏が、銭貨受容の契機として中国の政治・経済的要因による銭貨の大量流入を指摘した。[4]その後、黒田明伸氏の「支払協同体」論に基づく、国家の保証によらない貨幣流通の存在の指摘を受けて、[5]社会が国家に先行して銭貨を受容する形で、国家統制の外で中世の貨幣秩序は自律的に成立したと説明されている。[6]

さて、渡来銭の受容が確認される時期は一二世紀後半とされているが、史料残存状況の問題もあり、研究史の主な関心は、治承年間（一一七〇年代）～嘉禄年間（一二二〇年代）の、銭貨の受容期における貨幣政策の変遷に集中している観がある。この時期、朝廷の貨幣政策は紆余曲折がありつつも、建久年間に銭貨の通用禁止で確定したあと、嘉禄年間に至ってその流通を公認（解禁）した、とされている。貨幣流通の実態を語る史料が限定されているなか、古記録を通じて、院・天皇から大臣あての諮問や、朝廷の僉議の内容など、政策決定に至るまでの議論の過程がかなり詳細に明らかにされている。

だが、朝廷の貨幣政策を、その議論も含めて詳しくたどることのできる古記録は、ほぼ『玉葉』に限られており、そこには貨幣政策の根拠として、明法家による律令の強引な解釈しか叙述されていない。そのため渡来銭流通禁止・解禁といった施策についての研究史では政策の変遷に関心が集中し、当時の貨幣流通の状況や、財政制度、さらには当時の市場における制禁の実態といった、貨幣政策の検討の際に本来検討されるべき事項に、ほとんど注意が払われてこなかった。その結果、財政における渡来銭の受容を所与の前提として、渡来銭許容＝平家＝先進的、渡来銭拒否＝貴族＝守旧的といった安易な決めつけや、時の政権担当者の性向にその原因を求める論調さえあった。

だが例えば、和同開珎の発行が平城京建設の財源として行われたように、貨幣政策と財政政策とは、本来深く関係しているものである。現在の通説でも、銭貨が絹の支払手段機能を吸収したとされる一二二〇年代は、朝廷が銭貨流通の容認に転じたとされる嘉禄年間と重なる。(7) さらにいえば、その指標とされているのは「公事その他の諸負担のうち、従来、絹布など繊維製品で納められていた部分」の「代銭納化」である。(8) 社会における銭貨の受容を考えるうえでも、朝廷の貨幣政策を無視はできないのではないだろうか。

二　鎌倉時代初期の貨幣政策の研究史

ではここで改めて、渡来銭受容期の貨幣政策の研究史を振り返ってみよう。

鎌倉時代初期の貨幣政策は、当初の銭貨通用禁止（以下、銭貨禁令と総称）から、受容への変遷の過程として、小葉田淳氏によって以下のように整理された[9]。

初めて中国渡来の銭貨について、その使用の可否が議論されたのは、治承三年（一一七九）七月とされる[10]。その後八年ほどの空白をおいて、文治三年（一一八七）に三河国が「今銭」の通用禁止を申請している[11]。翌年には検非違使によって「七条面市幷銭直高法」の禁止と、銭貨禁令が行われ[12]、建久四年（一一九三）には銭貨禁令が宣旨で定められた（以下、建久四年銭貨禁令と略）[13]。その後、再び三〇年余りの空白をおいて、嘉禄二年（一二二六）八月に、鎌倉幕府が「止二准布一、可レ用二銅銭一」と命令し、銭貨使用が容認された、とされる[14]。

その後の研究史は、建久四年の銭貨禁令、嘉禄二年の銭貨通用の容認について、国家の貨幣発行・統制権との関係でどのように位置づけるべきかの議論を中心として展開した。

滝沢武雄氏は嘉禄二年の解禁について、銭貨の使用は例外的に認められたに過ぎないとした[15]。保立道久氏は、建久四年銭貨禁令などで、その理由としてあげられている沽価法を、朝廷の物資調達の価格を肯定したものであり、物ごとに定められた公定価格表とした。さらに治承三年の「銭の直法」が採用されたことを、王権による宋銭流通の公認と評価して、造幣を伴わないとしても、中世の国家権力による貨幣統制権の行使の例としてあげられる、とした。また中島圭一氏は、皇朝十二銭廃絶後の、米・絹・布といった物品が貨幣的使用をされていた様子を「平安貨幣」として概念化し、それを前提として院政期の財政・貨幣政策を通観するなかで、嘉禄の幕府令はすでに公認された銭貨流通を前提とした、准布の忌避に重点があるとし、銭貨流通は嘉禄以前に、明確な撤回なしで「なしくずし的」に受容されたとした[16]。

これに井原今朝男氏は、文治三年の「今銭」停止の申請と、建久四年銭貨禁令において、ともに出挙利息の制限令がセットで出されていることを指摘し、利息制限と銭貨禁令の関係に注目して異議を唱えた。律令法における銭貨出挙の利息は半倍、米出挙の利息は一倍に制限されている。[17] それに対して、建久二年[18]と建暦二年（一二一二）の新制[19]にみえる利息制限令では、出挙の利息は一律に一倍までとされている。井原氏はこれを、本来利息半倍である銭貨出挙の否定であり、銭貨禁令と対応しているとみなした。そして嘉禄元年一〇月二九日新制の「可二禁断一私出挙利過二一倍一、幷挙銭利過二半倍一事」[20]条を、銭貨出挙本来の利息半倍への復帰・銭貨出挙の公認とみなし、これを明確な銭貨流通禁止の撤回と主張した。[21]

井原説は、過去注目されてこなかった利息制限令と銭貨禁令との関係について説明し、嘉禄年間における明確な銭貨流通の容認の存在を明らかにした点で評価されよう。[22]

その後、桜井英治氏は、米・絹・布といった物品貨幣は、宋銭の流入によって貨幣機能を宋銭に奪われる過程のなかで、貨幣としての購買力を低下させ、価値が極端に下落したのではないかという見解を提起した。さらにその後、経済学の立場から井上正夫氏が、銭貨流入による米等の物品貨幣の価値下落から説明を試みた。[23]

ここまでの研究では、渡来銭と財政の関係について、渡来銭の流入による貨幣価値の混乱、特に商品貨幣の価値下落による影響が指摘されてきた。だが特に嘉禄年間の銭貨容認についての議論に顕著であるが、井原説も含め先行研究は銭貨流通の禁止・容認の時期区分に終始して、その要因や契機にまで十分な検討が及んでいない。

例えば中島圭一氏はその後の論考で、銭貨禁令の推進者としての九条兼実に注目し、その政治的な地位の変動やその「保守的な政治理念に基づく政策の実現」への邁進として銭貨政策の変遷を論じている。[24] 同様に政権の理念が貨幣政策を左右した、との立場をとる論者としては、中島氏のほかには保立道久氏[25]、井原今朝男氏[26]があげられる。仮にこの立場の議論を「政治史論」と呼称する。

例えば、文治・建久年間の銭貨政策の紆余曲折については、保立氏は中島氏と同様に、銭貨禁令の制定を兼実の政治的勝利とみなしている。ただし中島氏がこの時期の政策基調を銭貨容認と考え、建久三年の銭直法の制定はそれに沿ったものとみなし、兼実の銭貨禁令をはばんだのはこの間の後白河院との政治的対立である、とするのに対し、保立氏は、文治年間の銭貨禁令を本格的なものととらえ、建久三年の銭直法の制定を銭貨需要容認派で兼実の政敵である源通親の巻き返しとみなす点が異なる。(27)

これら政治史論の問題点を指摘しておく。一般的に中世の法令というのは、具体的に対処する対象があって発せられることが多いにもかかわらず、検討の対象である銭貨禁令がなぜそのタイミングで発せられたのか、それはどういった構造的要因によるのか、という説明があいまいである。また、建久の銭貨禁令と嘉禄の銭貨容認の検討が、両者の関連について考察することなく、まったく別途になされている点も問題である。鎌倉初期を通じた朝廷の、銭貨禁令から容認にいたる貨幣政策・銭貨対策の変遷の要因・契機について、一貫した形での再検討が必要である。

さて、政治史論に対し、沽価法の財政法としての性質を重視し、財政構造から銭貨禁令の契機と要因を構造的に説明する立場の論者として、筆者と渡邊誠氏があげられる。(28)仮にこの立場の議論を「財政論」と呼称する。財政論の内容は第一部の趣旨と深くかかわってくるので、行論のなかで逐次述べていくが、銭貨禁令が、役夫工米・一国平均役の収取や公事用途調達などの「国家的収取を契機に、それを実現する手段として審議・執行された(29)」とみる点が共通している。貨幣政策とかかわる史料だけでなく、当時の朝廷がおかれた状況全体を、財政構造を中心に俯瞰したうえで、貨幣政策全体を構造的に論ずる立場といえる。財政論の問題点としては、特に治承年間の銭貨禁令について、財政的な要因の検討が弱いことが指摘できよう。

三　本書第一部の課題と構成

以上のような問題意識をもとに第一部では、渡来銭受容期である鎌倉時代初期の、財政政策と貨幣政策の関連について論ずる。

第一部第一・二・三章は二〇〇八年（平成二〇）に公表した論考[30]と、それに対する中島圭一氏の批判への回答として二〇一四年に発表した論考[31]とを、改稿して再構成したものである。さらに補論として、その後の中島圭一氏によるご批判[32]についての回答を含めて、議論の中心となっている「沽価法」についての見解を追加した。二〇〇八年の筆者の論考発表後、渡邊誠氏[33]・中島圭一氏[34]・保立道久氏[35]・井原今朝男氏[36]がつぎつぎに論考を発表して、改めてこの時期の貨幣政策にかかわる議論が盛り上がっている。これらの論点についても、鎌倉時代初期の貨幣政策研究の主な論点や問題点を可能な限り整理して、展望を付してみたい[37]。

第一章においては銭貨政策の要因となった沽価法について、財政における役割を中心に論ずる。第二章においては建久年間における銭貨禁令と嘉禄におけるその解禁を中心に、それぞれの貨幣政策の契機となった大規模造営・一国平均役徴収との関係をもとに再検討を加える。補論では、特に保元年間から嘉禄年間にかけての沽価法の性質と運用から、その財政上の役割の時代的変遷と一国平均役等との位置づけ、そして市場価格統制の役割とその実効性について考える。

注

(1) 宋銭などの渡来銭と皇朝銭は区別されるべきではあるが、この時期流通していた銭貨の大半は渡来銭と考えられ、史料でも両者が区別されないことがほとんどである。本章では断りのない限り、両者を区別せず銭貨と表示する。

(2) 小葉田淳『日本の貨幣』（至文堂、一九五八年）。玉泉大梁「室町時代における貨幣の流通状態」・同「鎌倉時代の経済」（『室町時代の田租』吉川弘文館、一九六九年）。森克己「宋銅銭の我が国流入の端緒」（『続々日宋貿易の研究』国書刊行会、一九七五年）等。

(3) 佐々木銀弥「荘園における代銭納制の成立と展開」（『中世商品流通史の研究』法政大学出版局、一九七二年、初出一九六二年）。滝沢武雄「鎌倉時代前期の貨幣」（竹内理三博士古稀記念会編『続荘園制と武家社会』吉川弘文館、一九七八年）。松延康隆「銭と貨幣の観念」（『列島の文化史』六号、一九八九年）等。

(4) 足立啓二「中国からみた日本貨幣史の二・三の問題」（『新しい歴史学のために』二〇三号、一九九一年）・同「東アジアにおける銭貨の流通」（荒野泰典・石井正敏・村井章介編『アジアのなかの日本史Ⅲ』東京大学出版会、一九九二年）。大田由紀夫「一二～一五世紀初頭東アジアにおける銅銭の流布―日本・中国を中心として―」（『社会経済史学』六一巻二号、一九九五年）ほか。

(5) 黒田明伸『貨幣システムの世界史―〈非対称性〉をよむ―』（岩波書店、二〇〇三年）。

(6) 桜井英治「日本中世における貨幣と信用について」（『歴史学研究』七〇三号、一九九七年）。中島圭一「日本の中世貨幣と国家」（歴史学研究会編『越境する貨幣』青木書店、一九九九年）。

(7) 小葉田前掲注(2)文献四〇頁。松延前掲注(3)論文。

(8) 桜井英治「中世の貨幣と信用」（桜井英治・中西聡編『新体系日本史一二　流通経済史』山川出版社、二〇〇二年）。

(9) 小葉田前掲注(2)文献。

(10) 『玉葉』治承三年七月二五・二六・二七・二八日条。

(11) 『玉葉』文治三年六月一三日条。

(12) 『仲資王記』文治五年九月六・八日条。

(13) 『法曹至要抄』「一、銭貨出挙以米弁時一倍利事」建久四年七月四日付後鳥羽天皇宣旨。

(14) 『吾妻鏡』嘉禄二年八月一日条。

(15) 滝沢前掲注(3)論文。
(16) 中島前掲注(6)論文。
(17) 弘仁一〇年五月二日格(『裁判至要抄』)。
(18) 『中世法制史料集　第六巻』第一部、公家法、八三条。
(19) 『同』同一〇九条。
(20) 『同』同一三五条。
(21) 井原今朝男『日本中世債務史の基礎的研究』(国立歴史民俗博物館科研費研究成果報告書、二〇〇六年)。
(22) 井原氏は、宋銭はまず出挙においての使用が先行したと考え、宋銭流通と宋銭出挙を同一視するが、これに対しては井上正夫氏の次のような批判がある。「借り入れた宋銭で財購入ができなければ、借入自体に意味がなく、宋銭の交換手段としての使用は宋銭出挙の前提条件として必ず先行するからである」(井上正夫「一二世紀末の宋銭排除論とその背景」〈『社会経済史学』七〇巻五号、二〇〇五年〉)。
(23) 井上前掲注(22)論文。
(24) 中島圭一「『中世貨幣』成立期における朝廷の渡来銭政策の再検討」(『日本史研究』四二二号、二〇一四年)、同「渡来銭流通の開始と確立を巡って」(同編『日本の中世貨幣と東アジア』〈アジア遊学二七三〉、勉誠出版、二〇二二年)。
(25) 保立道久「中世前期の新制と沽価法—都市王権の法、市場・貨幣・財政—」(『歴史学研究』六八七号、一九九六年)。同「平安末期から鎌倉初期の銭貨政策」(悪党研究会編『中世荘園の基層』岩田書院、二〇一三年)。
(26) 井原前掲注(21)文献のほか、井原今朝男「中世の計算貨幣と銭貨出挙」(『日本中世債務史の研究』東京大学出版会、二〇一一年、初出二〇〇一年)。同「『後鳥羽院日記』逸文と懸銭の流行」(『日本歴史』七一四号、二〇〇七年)。
(27) 保立前掲注(25)二〇一三論文。
(28) 渡邊誠「平安末・鎌倉初期の宋銭流通と国家」(『九州史学』一五三号、二〇〇九年)。特に断らない限り、本章で引用する渡邊氏の所論はこの論文による。
(29) 渡邊前掲注(28)論文。
(30) 伊藤啓介「鎌倉時代初期における朝廷の貨幣政策」(上横手雅敬編『鎌倉時代の権力と制度』思文閣出版、二〇〇八年)。

(31) 伊藤啓介「中島圭一氏の「中世貨幣」論と中世前期貨幣史研究」(『日本史研究』六二二号、二〇一四年)。
(32) 中島前掲注(24)二〇一二論文。
(33) 渡邊前掲注(28)論文。
(34) 中島前掲注(24)二〇一四・二〇一二論文。
(35) 保立前掲注(25)二〇一三論文。
(36) 井原今朝男『中世日本の信用経済と徳政令』(吉川弘文館、二〇一五年)など。
(37) なお、本章であげた論者のなかには、研究会での口頭報告などで、その後の新たなご見解やご批判に接した方もいる。だが本章では、執筆段階で公表・刊行された論考のみに言及する。悪しからずご了承願いたい。

第二章　沽価法と貨幣政策

一　一二世紀後半の朝廷財政における沽価法の役割

1　沽価法と貨幣政策

銭貨禁令が貨幣政策である以上、そこになんらかの目的があり、さらには政策が打ち出されるにあたっては、そこになんらかの契機があったのは明らかだろう。先行研究は銭貨禁令の目的について、「沽価法を遵守させる」ことにあった、という点で一致している。建久四年銭貨禁令には「自レ非レ止二銭貨之交関一者、争得レ定二直法於和市一哉」とあり、直法（沽価法）を遵守させるために銭貨禁令を行うと明記されている。(1) また銭貨対策の初見史料として有名な、治承三年（一一七九）七月二六日付高倉天皇綸旨（以下、治承三年高倉綸旨と略）から始まる、銭貨の使用可否についての一連の議論自体が、「万物沽価、殊以違法」という状況への対策として「万物沽価法」の改定を議題としているのである。そこでは「銭之直法」を定めるかどうか、を検討するなかで、銭貨（宋銭）の通用の可否が検討されているのである。(2) このとき銭貨の通用が認められたかどうかは不明だが、この年八月には確かに「市廛雑物沽価法」が定められ、一〇月には検非違使によって市で施行されている。(3) 鎌倉初期の朝廷の貨幣政策を論ずるにあたって、沽価法は決して無視できない。

では、沽価法とはいったいどのようなものであったのだろうか。ここではその朝廷財政における役割を中心に考える。

2　沽価法の性質—貨幣法・市場価格統制法・財政上の換算基準—

治承三年高倉綸旨には沽価法について、「寛和・延久之聖代、被レ定二下其法一了」とある。また『政事要略』巻八二に「寛和二年沽価官符云、銅一斤百五十文」ともある。同様の官符として「永延二年官符」「永延之官符」の存在が確認でき、[4]沽価法とは「沽価官符」によって定められる価格表であったと考えられる。

吉江崇氏は、一〇世紀の朝廷の貨幣政策を論ずるなかで、一〇世紀の沽価法についても論じている。そのなかで、①一〇世紀以来、治承三年までに、天暦三年（九四九）、応和二年（九六二）、寛和二年（九八六）、延久四年（一〇七二）の四回、沽価法が太政官符によって制定されていたこと、②天暦三年沽価法が延喜通宝、応和二年沽価法が乾元大宝を基準としていたこと、③天暦・応和の沽価法までは物価の上限規定であったのに対して、寛和沽価法では沽価を固定する形に変貌していること、④延久沽価法では、基準が銭ではないことが明白であることなどを論じている。[5]

ではその価格表はいったい何に適用されたのだろうか。この時期の沽価法について保立道久氏は、商品交換の量と質をめぐる「直法」をベースとしながらも、市場法・貨幣法・財政法という複合的な性格をもっている、とする。[6]

その一方で第一章でもふれたが、中島圭一氏はこの時期の沽価法について、「立法者の意識は常に商取引とその場に向けられている」こと、沽価法の管轄官庁が検非違使のみであることから、「沽価法や渡来銭の問題を市場の商取引以外に結びつけるのは困難である」としている。また吉江氏も先述の論文で、天暦沽価法から治承の沽価法に至るまで一貫して、沽価法が東西市を対象としていたことを明らかにしている。そのほか井上正夫氏が、「公定価格」と実勢価格の乖離の存在を想定しており、沽価法を市場における価格公定法と想定している。[7]

それに対して、沽価法の財政上の換算基準としての性質を重視するのが、井原今朝男氏・渡邊誠氏、そして本章初出時の筆者である。井原氏は、沽価法の色代納などに適用される国家・荘園領主財政の換算基準としての側面を指摘し、それを諸税の代納レートを定めたものとした。[8] 筆者や渡邊氏は、保立・井原両氏の意見を参照しつつ、沽価法によって定められる価格は、朝廷の官司間の物資のやりとりの際の換算レートとして適用されたとした。

さて、筆者は本章初出時に、沽価法における財政上の換算基準としての性質のみを強調した。結論から先にいえば、本章では初出時の理解を修正して、保立氏のいう「貨幣法・市場法・財政法の複合法」としての理解を支持したい。だが、「市場法」「財政法」というと、市場組織の全体や、財政体系の全体を規定する法律、との誤解を与えるため、本章では「貨幣法・市場価格統制法・財政上の換算基準」と言い換えておく。

中島氏や吉江氏の所論に鑑みると、確かに沽価法が市場を対象とした価格統制法としての側面をもっていたことは明らかである。特に治承三年八月に行われたとされる、検非違使の分番による東市での沽価法の施行が無視できない。また建久四年（一一九三）の銭貨禁令の官宣旨にも「自レ非レ止二銭貨之交関一者、争得レ定二直法於和市一哉」、すなわち「銭貨の取引を停止するよりほかに、どうやって（市での）取引価格（和市）に対して沽価法を定める（適用する）ことができようか」とあり、沽価法が市場での取引への適用を想定していることは否定できない。

また、「貨幣法」としての側面についても同様である。『玉葉』治承三年八月三〇日条をみると、先の「市廛雑物沽価法」と同日に、「新制卅二ヶ条」が発給されており、両者の関係は明白である。また建久三年八月の「銭直法」も、保立氏が指摘しているように、建久二年三月に発布されている後鳥羽の建久新制の一環としての沽価法とみなせる。[9]沽価法は新制の一環として発給されていることが明らかであり、銭直法にせよ、絹・米によって定められたものにせよ、貨幣にかかわる以上、貨幣法としての性質をもつことも否めない。

以上の理由から、沽価法の財政上の換算基準としての性質のみを強調した本章初出時の自説を修正して、沽価法は貨幣法・市場価格統制法・財政上の換算基準としての複合的な役割をもつ法、としたい。なお沽価法に市場価格統制法としての役割を認めるにあたっては、財政とかかわらない一般の市場での取引に対する実効性について検討する必要があるが、その点については後述する。

さて、以上のように沽価法の位置づけについて修正した。では沽価法の財政上の換算基準としての性質については、どうだろうか。結論からいえば、以前と見解の変更はない。その理由について、次に詳述する。

3　財政上の換算基準としての沽価法の運用

一三世紀半ばの時期であるが、実際に沽価法が財政上の換算基準として利用されていたことを示す史料をみてみよう。

『葉黄記』宝治元年（一二四七）三月一一日条である。この日、葉室定嗣は、この年四月一日に予定されていた宮中の更衣の公事用途の支配についての注進を、後嵯峨院で行われた評定に提出した。この注進は以前より、彼ともう一人、吉田為経に提出が命じられていたものだが、定嗣は自分の注申について「満座有㆓許容㆒、頗有㆓　叡感㆒」と、おおいに面目を施したことを記している。やや長文であるが、重要であるので引用しておこう。

蔵人方公事用途事、先日納言幷予可㆓注進㆒之由、有㆓　勅定㆒（中略）仍今日各々注㆓申之㆒、中納言為経卿注申之趣、只不㆑載㆓子細㆒、以㆓出納用途帳㆒、加㆓勘定㆒、頗無㆓其詮㆒歟。此事、御在位之時、顕雅奉行。以㆓彼用途帳㆒、可㆓勘定㆒之由、被㆑下㆓記録所㆒了。而寄人等評定申云。不㆑被㆑定㆓沽価之法㆒者、争可㆑定㆓布・絹之直㆒哉、可㆑被㆓定下一之由奏レ之、此条依二難治一無二沙汰一、而今中納言暗計定歟、非二九予（市イ）之商人一者、難レ知二其実一、就二注進一還有レ憚、仍予不レ注二其事一、只注二出代々沙汰趣一、

定嗣は、この時には自分のほかに吉田為経も注申を行っているが、そちらは用途の子細を載せず、ただ「出納用途帳をもって勘定を加う」だけのものだった、とする。すなわち、為経の注申は、更衣における調達物とその値を列記した「出納用途帳」の内容を合計した、その額を示しただけのものであって、それは「頗る其詮無きか」というものだった、と評価するのである。そして自分の注申について以下のように説明する。かつて後嵯峨院が天皇として在位していたとき（仁治三年〈一二四二〉～寛元三年〈一二四五〉）の奉行も、同様に「彼の用途帳」をもとに合計費用を提出せよ、と、そのまま記録所に命じたが、その際には「沽価之法を定められずんば、いかでか、布・絹等の直を定むべけんや」として、記録所寄人が沽価法の制定を求める奏上を行っていた。だが、沽価法の制定は難しく、しばらく行われていない。よって為経の出納用途の合計は「むやみに計り定むる歟（根拠なく合計したものだろう）」。それに対して、市の商人でもなければ、ものの価格を知り難いので、自らが提出する用途の注申には、合計額はしるさず、「只、代々沙汰之趣」のみを注申した、というのである。

当日条の最後に、定嗣が提出した注申と考えられる「蔵人方恒例公事用途事」の記載がある。そこには、「御帳帷十六帖／御几帳帷八帖」といった、具体的に更衣の際に準備するものが列記され、その物資の費用を負担した国々や諸司の前例、さらに諸国の所済の不足を任官功で補った金額の合計などの前例もあげられている。

つまり、後嵯峨院在位期の先例では、単純に「出納用途帳」をもとに、費用の合計額が機械的に提出されていたし、実際宝治元年のときも合計額だけの注申を行う公卿もいた。だが、実際それだけでは「沽価法が定まっていないと、絹布の値段が決められない」という差しさわりがあるので、定嗣は合計額を出すことをあえてせず、「代々の沙汰の

趣」、すなわち個別の物品について誰が負担したのか、あるいはどのように調達したのか、といった先例の一覧を提出することで、面目を施した、というのである。

この記事からは、後嵯峨院在位期と宝治元年の時点での行事用途調達の実情と、儀式で用いられた文書がどれだけその実情と乖離していたか、がわかる。実情と文書・儀式との乖離、沽価法と財政の関連については、第一部補論で論じるのでそちらに譲り、ここでは本章と関連するところのみについて述べる。行事ごとに、その用途物についての「出納用途帳」が存在し、個別の行事ごとにその用途物が記載されていたことと、そして行事に必要な総額を実務的に算出するにあたっては「沽価之法」の制定が不可欠であったと考えられていたことに注目したい。これらの記載からすると、沽価法は、まさに保立氏が指摘したような「財政計算に関連する法」(10)と認識され、内裏での儀式において、用途物の換算価格の基準として運用されていたことがわかる。

さてこのように、一三世紀半ばに、沽価法が財政の基準として運用されていたことがわかったが、そうすると当然、同じことが本章の主たる対象である鎌倉初期の沽価法にもあてはまるのか、次にこの財政上の換算基準がどの範囲でどの程度の実効性を持っていたのかという、二つの疑問が浮かんでくる。この二点については、第一部補論で詳述するが、ここでは、鎌倉初期の沽価法との関係について確認しておく。

治承三年高倉綸旨が記された『玉葉』治承三年七月二五日条には、沽価法の先例を問い合わせる相手として、法家や検非違使庁・太政官のほか、「当時官行事所及蔵人所色代検納之制、諸国済例」があげられている。法家をのぞいて、これらは沽価法を運用していた官司という位置づけになろう。この時期の朝廷においては、造営や臨時の大規模行事などの用途は行事所などが、そして平常の行事などの用途は蔵人所や太政官などがそれぞれ、あらかじめ必要な用途額を合計し、各国に割り当てて、不足分は任官功を募集するという形で調達されていたとされる(11)。太政官・行事所・蔵人所といった中央官司、および諸国で沽価法が運用されていたということは、諸行事の予算見積もりや、諸国所課・成功・一国平均役といった用途調達の際の諸国への割当てと収納において、沽価法が適用されていたということにほかならない。実際、前記『葉黄記』宝治元年三月一一日条の続きにも、行事用途は「中古以来、以二蔵人所御牒一、催二諸国一」とあり、『玉葉』の記載と一致している。また、吉田為経が行った単純な「出納用途帳を足し算するだけ」の勘申について、定嗣は「其詮無きか」と非難してはいるけれども、先例として後嵯峨親政期にそのような財政管理が存在したのは確実といえる。保立氏が論じたように、保元年間に同様の財政上の換算基準が用いられていたことに鑑みると、この記事の内容を鎌倉時代初期にさかのぼらせて、沽価法が財政上の換算基準として適用されていたと考えても問題ないだろう。[12]

4　沽価法と諸国済例

だが、例えば受領が自国の所済を色代納する際に、官符によって全国一律に決められた換算価格に従っていたと考えるのは違和感がある。一一世紀の例になるが『中右記』寛治八年（一〇九四）八月一・二日条で、駿河国が伊勢遷宮役を造宮使へ弁済する際に、「以二白布一段一、宛二米一石一」という「白布直法」を、「甲斐国例」を参考に申請している。井原今朝男氏は治暦三年（一〇六七）に駿河国が東大寺に対して絹一疋を准米三石とする「坂東諸国済例」を主張して訴えた例をあげ、[13]「全国一律の沽価法とは別に、地域ごとの色代の換算比率の公定が一一世紀ごろから史料に登場する」としている。[14]諸国の受領からの色代による徴収にあたっては、実務上「沽価官符」だけでなく、「諸国済例」として蓄積されていた当該国や近隣国の前例も参照して、都度、換算価格が決定されていた、と考えられよう。既述のように、兼実は参照されるべき先例のなかにその「諸国済例」もあげている。「沽価法」という概念は、「沽価官符」によって一律に定められた価格表のみならず、行事所や蔵人所などに蓄積された「諸国済例」も含めて、各国と中央官司との換算価格の交渉の際に参照される、より体系的なものだったのであろう。

以上の検討から沽価法とは、朝廷の財政運用の実務に適用される、「沽価官符」「諸国済例」などに基づく、公定の換算基準の価格体系であったことがわかった。繰り返しになるが、吉江崇氏はそれまで価格の上限規定であった沽価法が、寛和沽価法において「沽価の固定へ変貌を遂げた」とし、贖銅銭の計算に沽価法が用いられた事例や、贓物の直銭と寛和沽価法の調布の沽価とを照合して算出している事例をあげて、「固定的な沽価法が、それに基づく種々の換算を可能とした点を看過してはならない」としている(15)。

中央官司・行事所は「沽価官符」の換算額に基づいて用途を見積もり、各国へ負担額を割り当てていた。一方各国はその割り当てられた額を中央官司・行事所へ納入する際の色代換算額について、「沽価官符」だけでなく、自国や近隣国の前例である「済例」も参照して個別に交渉して決定していた、と考えられる。沽価法は、財政実務の全ての段階において重要な役割を果たしていたのである。

二　沽価法と銭貨禁令――絹の価値と財政――

では次に、沽価法による価格体系を遵守させるにあたって、なぜ銭貨禁令が有効であると考えられたのか、その理由を考えてみよう。

沽価法が価格の体系であったとすれば当然ながらその表示基準は統一されていたはずである。吉江氏は「銭貨に基づく寛和の沽価法から銭貨ではない延久の沽価法へ更新された」(16)、と考えている。また、小葉田氏はこの時期の沽価法について、准米あるいは准絹で表示されていたと推定している。[17]前節であげた諸記録をみる限り、公事の予算や成功の必要額は全て「疋」を単位として算出されており、筆者も延久以降の沽価法は、准米、あるいは准絹を単位として定められていた、と考える。文治年間の用途計算の実例をみてみよう。

『玉葉』文治二年（一一八六）七月五日条には、宇佐宮遷宮に伴う仮殿建設用途の成功について、仮殿自体の費用が七〇〇〇疋、正殿の遷宮費用が二万疋余りと見積もられており、合わせて三万疋が肥前国司に割り当てられたが、国司との交渉によって、結局二万疋に決している様子が記されている。

これらの記載からは、行事・造営用途の総額を合計し、それを諸国所課や成功という形で受領等に割り当てる段階までは絹表示がされていたことがわかる。そして受領等が割り当て分の絹を納める際に、米ほかの諸物による色代納も認められていた、と考えてよいだろう。例えば先の二万疋の成功を割り当てられた肥前国司であれば、沽価法に基づく換算額で絹二万疋分にあたる、米ほかの諸物を遷宮行事所に納めたであろう。[18]

さて井上正夫氏は、銭貨流通が「米等物品貨幣の価値下落」をもたらしたであろうことを理論的に説明している。[19]また桜井英治氏は「宋銭使用の拡大がもたらした経済的影響としてまっさきに考えられるのは貨幣機能を宋銭に奪われた米・絹布が諸物資に対する購買力を著しく低下させた可能性である。（中略）米・絹布建て財政をとっていた朝廷や国衙に大きな経済的打撃をあたえたのではなかろうか」として、渡来銭流入による絹の購買力の低下を想定している。[20]先にみたように行事・造営用途の総額算出と各国への負担割当が、絹建てで行われていた以上、絹の購買力の低下は出費の増加もさることながら、絹一疋あたりに納められる物資の絶対量の減少——即ち中央官司にとっては収入の、各国等にとっては支出のそれぞれ減少——につながる。両者の間で絹の換算額を巡っての混乱や紛争の発生は必至であり、収納の実務には大きな混乱が起こっていたに違いない。だがこの時期、はたして絹の購買力低下は確認できるのだろうか。

櫛木謙周氏は一一世紀後半から一二世紀前半にかけて、一般の絹（凡絹）[21]の価格低下があったことを指摘している。[22]そして一二世紀半ばには銭貨の使用が始まるのだが[23]、この時期、銭の使用は絹使用の忌避と一体で史料に現れることが多い。例えば、検非違使による銭貨禁令違反のおとり捜査として有名な『天台座主記』六四世弁雅、正治二年（一二〇〇）六月二四日条をみると、代価を「絹布類」で受け取るのを嫌うことが、銭貨の使用を持ちかける口実とされている。[24]また先述のとおり、銭貨流通を認めた嘉禄二年（一二二六）の幕府令では「止二准布一、可レ用二銅銭一」とあるが、これはむしろ、絹布利用の忌避が重点との指摘もある。[25]銭貨の使用が進展していく時期に、ますます絹の価格・購買力の低下に拍車がかかっていき、治承三年（一一七九）の「万物沽価、殊以違法」という状況に至った、とみることは可能だろう。もちろん、当時の官人たちに、絹布価格低下による忌避と銭貨の流通とを、直接結びつけるような知識はなかっただろう。だが、銭貨の利用の進展と、軌を一にするように絹の購買力が低下していくなかで、取引における絹の忌避が銭貨の使用と一体だったならば、当時の官人が、絹の価値を守り、実務上の混乱をおさめるためには銭貨流通の禁止が必須、と認識したとしても不思議ではない。

つまり朝廷が銭貨禁令を行った目的は、絹基準で計算される公事用途調達の、実務円滑化の手段として、「沽価法による価格体系の維持」を実現するために、絹の価値を守ることにあったのである。

だとすると、銭貨禁令を含めた当時の貨幣政策は、財政運営のための技術的問題の、さらに補助的な手段として位置づけられよう。中島氏が指摘したとおり[26]、貨幣政策に多くの公卿が興味をもたなかった所以がここにある。

実務の円滑化の手段というと効果が限定的に感じられるが、収納における混乱は、免除をめぐる訴訟、暴力的な徴取やそれに対する抵抗といった紛争やそれをめぐる訴訟、さらには役負担の対捍につながりかねない問題であり、決して軽視できるものではない。やはり銭貨禁令の契機は、朝廷財政の状況と密接に関連してくると考えられる。

三　沽価法とその実効性

1　沽価法による市庭での「価格統制」の実効性

以上、沽価法の財政上の換算基準としての性質を通じて、沽価法が貨幣政策・銭貨禁令に影響するその要因については明らかになったと考える。

ここでは、沽価法の実効性について考えてみたい。まず「市場価格統制法」の議論の際に保留としていた、市庭での価格統制について検討する。

市庭で沽価法による価格統制が行われていた根拠としては、既述のとおり、治承三年八月に行われたとされる検非違使の分番による東市での沽価法の施行が無視できない。またいわゆる建久四年（一一九三）の銭貨禁令の官宣旨の内容も、沽価法が市場での取引への適用を想定していることは否定できない。

だが、沽価法に市場価格統制法としての役割を認めるにあたっては、一般の市庭での取引に対する価格統制の実効性について検討する必要がある。

次の史料をみてみよう。

京のならひなに事につけても、みなもとは田舎をこそたのめるに、絶えてのぼるものなければ、さのみやは、みさをも作りあへむ。念じわびつゝ、さまざまの宝もの、かたはしより捨つるがごとくすれども、さらに目みたつてり。

る人もなし。たまたま易ふるものは、金をかろくし、粟を重くす。乞食道の辺におほく、うれへ悲しむ声耳にみ

これは養和元年（一一八一）の飢饉についての『方丈記』の記載である。ここでは「金をかろくし、粟を重くす」と、はっきりと穀物価格の高騰による京都の人々の苦しみが描かれている。だがこの記述からは、飢饉に伴う価格高騰に対して、沽価法に基づく取り締まりが行われた様子はまったく読み取れない。それだけではない。このわずか二年前に東市で厳重に行われたはずの、沽価法に基づいた検非違使による価格統制が、貴族の一員である鴨長明にとってすらまったく意識されていないこともわかる。飢饉による非常事態だから例外である、という説明も可能ではあるが、この記述をみると、財政上のやりとりに対してはともかく、市場法としての沽価法による価格統制の、商取引一般に対する実効性については疑いをもたざるを得ない。

そもそも当時の市場や取引に対する「価格統制」の実態や、例えば銭貨流入によるインフレーションが存在したかどうか、といった貨幣経済の事情について史料から明らかにするのは大変難しく、詳細な解明は今後の課題とせざるを得ない。ただ当時の「価格統制」の意味あいやその実効性を、近代国家によるそれのように厳格なものと考えること自体が、そもそも不適当ではないだろうか。

例えば時期はさかのぼるが、平安時代の都市京都における治安対策として、「大索（おおあなくり）」と呼ばれる捜盗行事が存在した。高橋昌明氏は、その「儀式化」を指摘しつつ、治安対策としての実効性について、「儀式だから実効性がなかったわけでなく」「地味な犯人逮捕の努力より、むしろ目に見える派手な検挙が、秩序回復と人身の安定にとって、より大きな心理的効果をもたらす」としている(27)。保立氏も指摘しているように、検非違使の市場支配にあたっては、着鈦政など儀礼的な取り締まりも重視されていた(28)。新制の一環としての検非違使による輪番や宣旨の読み

上げといった儀礼的な取り締まりについて、朝廷や貴族たちがどう考えていたのかは、この大索の例などを参考にして考える必要があるだろう。彼らの考える沽価法の実効性は、現代人の考えるような個々の取引に対する厳密な統制によって担保されるものではなかったのではないか。検非違使によって市で取り締まり儀礼が行われ、朝廷の威信が目に見える形で示されることにこそ、彼らは重大な関心をよせていたのではないだろうか。

2　沽価法による財政計算の実効性

実効性、および実態との乖離の問題は、沽価法の財政上の換算基準としての側面にも存在する。先に用途計算の実例としてあげた、『玉葉』文治二年（一一八六）七月五日条における、宇佐宮遷宮に伴う仮殿建設用途の成功についての兼実と肥前国司との交渉の様子をみてみよう。

親経又馳来云、肥前国司賜二仮殿成功一、而可レ給二三万疋功一之由、官令レ申、当時可二造営一殿舎四宇、細殿三宇、前殿一宇、准七千疋歟。所レ残二万余疋、可㆑割㆑置正殿遷宮用途一之由、有二沙汰一。而件四宇之外、其力不レ可レ及之由、再三固辞、事已違乱。然而様々仰含、所詮可レ進㆑済二万疋一之由、所レ申レ請也。如何云々者、余仰云、近代管国如レ無、随又事急速也。賜二二万疋功一、全非二公損一歟。但可レ奏レ院之由、仰レ之。（後略）

この年行われた宇佐宮の仮殿への遷宮にあたり、その造営についての成功の負担額について、太政官と肥前国司との間で交渉している様子がわかる。これをみる限り、「殿舎四宇」の費用については「准七千疋」と細かく積算して予算を算出している様子がみられる。この算出にあたっては沽価法が用いられたと考えられる。だが肥前国司には、正殿遷宮の費用に「割き置く」と称して、「三万疋」の成功額がまず呈示され、交渉の末に最終的には「二万疋」が呈示されている。

つまり大規模造営の負担を各国に割りふるにあたっては、費用の積算が行われており、その際に基準として沽価法が用いられていた、と考えられる。だが実際の負担額の決定にあたっては、沽価法に基づく費用の積算を基礎としつつも、「どんぶり勘定」で決定しているのである。沽価法による精密な計算や、物資と絹との交換比を厳密に守ることは、実際に負担額を計算する実務者にとっては必要不可欠な作業であり重要な意味があったが、実際に物資を確保するためにはそれよりも、個々の負担者と交渉し、実際に物資を納入させるための政治力のほうが重要だったのではないか。とすると、兼実以外の貴族たちが、貨幣政策や沽価法について、大して興味をもたなかったことも理解できよう。

そしてこれこそが、筆者が「貨幣政策はあくまで財政政策の補助手段でしかない」と論ずる所以でもある。沽価法にせよ貨幣政策にせよ、費用の概算や物資の受け渡しといった、財政文書作成の実務上重要ではあるが、収取を実現し財源を確保するといった、財政上の本質的な問題からすると、その重要性は一歩減じるのである。特に文治から建久年間にかけては、内乱後の財政再建の実務的な要請と、原理主義的に法制を運用しようとする九条兼実の個性とがあいまって、盛んに銭貨禁令が発給されているが、当時の社会の実情をどれだけ反映しているのか、という点には疑問が残るといえよう。

おわりに――沽価法の実効性――

最後に、沽価法・銭貨禁令の実効性の限界を論じたが、読者のなかには「実効性に限界があるならば、それらの法令を検討することになんの意味があるのか」と感じたむきもあるかもしれない。だが実効性に限界があることと、実効性がないこととは明確に違う。例えば平安時代の京都の治安が、控えめにいっても悪かったことは周知に属するが、だからといって、検非違使などによる、儀礼的なものも含めた治安維持の対策がまったく無意味だ、ということにはならないだろう。

また、沽価法に基づいて算出した予算の額と、実際に受領などと交渉する額が大きく乖離していることは、近代的な財政システムに慣れている人間からみれば奇異に感じる。だが「ふっかけ」「ぼったくり」をするにしても、もともとの基準額の把握は欠かせない。財政を運営するにあたって、その精度や正確性に疑問はあっても、総費用の見積もりは必須であり、中世の朝廷においてもそれが行われていた様子は、第一節でみた『葉黄記』宝治元年（一二四七）三月一一日条に記された、「出納用途帳」による更衣行事の費用見積もりの様子からも明らかである。財政上の物資のやりとりにあたり、計数貨幣ではなく、商品貨幣である米や絹が基準とされていた以上、その換貨基準はなんらかの形で制定される必要がある。沽価法は中世なりに有用だったのであろう。

以上のように本章では、沽価法と財政との関係を論じた。沽価法の性質については、保立説のいう「複合法」、すなわち貨幣法・市場の（中世なりの）価格統制法・財政上の換算基準の三つの機能をもっていた、との見方を支持する、というのが結論である。[29] 続いて第一部第三章では、ここまでに論じた沽価法の性質をもとに、貨幣政策の目的と契機を朝廷の財政構造の変化から論じたい。

注

（1）『中世法制史料集　第六巻』第一部　公家法　八九条。

（2）『玉葉』治承三年七月二五日条。

（3）『大夫尉義経畏申記』（『群書類従』七）。

（4）『平安遺文』（以下、『平』と略）三五五・四三九号。
（5）吉江崇「銭貨発行の途絶と乾元大宝」（『日本歴史』八七五号、二〇二一年）。吉江氏はこの論文で、天徳二年（九五八）三月発行の乾元大宝の最大の特質は、応和三年（九六三）に旧銭が停止されて銭貨に一本化された点とする。また乾元大宝の発行は、天暦元年（九四七）の価直減定法制定から、天暦三年の沽価法発布の延長で、応和二年の沽価法の制定と連動している、とした。
（6）保立道久「中世前期の新制と沽価法―都市王権の法、市場・貨幣・財政―」（『歴史学研究』六八七号、一九九六年）。
（7）井上正夫「日本への宋銭流入―一二世紀末の宋銭排除論とその背景―」（『東アジア国際通貨と中世日本―宋銭と為替からみた経済史―』名古屋大学出版会、二〇二〇年、初出二〇〇五年）。
（8）井原今朝男「宋銭輸入の歴史的意義―沽価法と銭貨出挙の発達―」（池享編『銭貨―前近代日本の貨幣と国家―』青木書店、二〇〇一年）。
（9）保立前掲注(6)論文。
（10）保立前掲注(6)論文。
（11）本郷恵子『中世公家政権の研究』（東京大学出版会、一九九八年）。
（12）保立前掲注(6)論文。
（13）『平』一〇一五号。
（14）井原前掲注(8)論文。
（15）吉江前掲注(5)論文。
（16）吉江前掲注(5)論文。
（17）小葉田淳『日本の貨幣』（至文堂、一九五八年）。中島圭一氏も同「日本の中世貨幣と国家」（歴史学研究会編『越境する貨幣』青木書店、一九九九年）にて、一一世紀の一般的な交換媒体を米・絹・布とし、一二世紀にかけて国家的なシステムとして定着していく、としている。
（18）治承三年高倉綸旨で、「銭の直法」を定める際の前例が寛和沽価法までさかのぼるのは、寛和以降の沽価法に銭貨による価格表示が存在していなかったことを示すのではないか。
（19）井上前掲注(7)論文。

(20) 桜井英治「中世の貨幣と信用」（桜井英治・中西聡編『新体系日本史一二　流通経済史』山川出版社、二〇〇二年）。

(21) ここで言及されている『平』三五五・四三九号での絹は「調絹」とされている。他にも唐絹・八丈・白布といった高級絹織物が絹基準で表示されている例が指摘されており（『大日本古文書　阿蘇家文書第二　阿蘇家文書二』家わけ一三の一）、沽価法の基準となる「絹」は高級品でなく凡絹であったと考えられる。

(22) 櫛木謙周「平安時代の絹価格の変化」（桜井英治・中西聡編『新体系日本史一二　流通経済史』山川出版社、二〇〇二年）。

(23) 滝沢武雄『日本の貨幣の歴史』（吉川弘文館、一九九六年）。

(24) 『華頂要略』巻一二一　天台座主記　六四世　弁雅　正治二年六月二四日条。

(25) 中島圭一「日本の中世貨幣と国家」（歴史学研究会編『越境する貨幣』青木書店、一九九九年）。

(26) 中島圭一「「中世貨幣」成立期における朝廷の渡来銭政策の再検討」（『日本史研究』六二二号、二〇一四年）。

(27) 高橋昌明『武士の成立・武士像の創出』（東京大学出版会、一九九九年）。

(28) 保立前掲注(6)論文。

(29) この点については、伊藤啓介「鎌倉時代初期における朝廷の貨幣政策」（上横手雅敬編『鎌倉時代の権力と制度』思文閣出版、二〇〇八年）初出時には、沽価法の市場法としての性質を否定したが、同「中島圭一氏の「中世貨幣」論と中世前期貨幣史研究」（『日本史研究』六二二号、二〇一四年）発表時に撤回し、本章のように訂正した。

第三章　大規模造営と貨幣政策

一　貨幣政策と大規模造営

鎌倉時代初期の朝廷の貨幣政策については第一部第一章でもふれたが、ここでもう一度簡単に整理しておく。初めて中国渡来の銭貨について、その使用の可否が議論されたのは、治承三年（一一七九）七月とされる。(1)その後八年ほどの空白をおいて、文治三年（一一八七）に三河国が「今銭」の通用禁止を申請している。(2)翌年には検非違使によって「七条面市幷銭直高法」の禁止と、銭貨禁令が行われ、(3)建久四年（一一九三）には銭貨禁令が宣旨で定められた（以下、建久四年銭貨禁令と略）。(4)その後、再び三〇年余りの空白をおいて、嘉禄二年（一二二六）八月に、鎌倉幕府が「止₂准布₁、可ₗ用₂銅銭₁」と命令し、銭貨使用が容認された、とされる。(5)

第二章でみたように、鎌倉初期の銭貨禁令は、沽価法による価格体系の維持を実現するために発せられており、両者の関係は明らかである。そして沽価法には、王権の貨幣法・市場価格統制法・財政上の換算基準の三つの側面が存在した。とすると銭貨禁令が発せられる契機としては、①朝廷にとって望ましくない貨幣流通の存在、②市場価格の混乱、③財政上の悪影響、の三つが考えられる。

①については中島圭一氏が指摘したように、(6)当時の朝廷で渡来銭の流通状況に関心を持っていた公卿が九条兼実くらいしかいなかった、という点からも、そもそも「あるべき貨幣流通」という観念が当時の朝廷に存在しなかったこ

とが想定できる。そしてこのうち②の、市場価格の混乱のなかで沽価法の価格体系を維持することと銭貨禁令との関係は、第二章第二節で述べた。本節では、特に当時の朝廷にとって重要であり、彼らが敏感にならざるを得ない③の財政的な要因、特に大規模造営のための費用調達との関係を中心に、建久四年までの個別の銭貨禁令、およびその後の嘉禄の銭貨流通解禁にいたるまで、個別の貨幣政策についてその契機と要因を検討してゆく。

二　建久四年銭貨禁令と建久の伊勢・宇佐遷宮事業

行論の都合上、最初に、建久四年銭貨禁令について検討する。建久四年銭貨禁令は、『法曹至要抄』中巻、「銭貨出挙、以米一倍利事」条に引用されていることによって知られる。該当する部分を抜き出して引用しよう。

〔史料1〕

建久四年七月四日宣旨云、応㆔自㆑今以後、永従㆓停止㆒宋朝銭貨事、右、右大臣宣、奉㆑勅云々、自㆑非㆑止㆓銭貨之交関㆒者、争得㆑定㆓直法於和市㆒哉、仍仰㆓検非違使并京職㆒、自㆑今以後、永従㆓停止㆒者、[7]

さて、建久四年銭貨禁令は『鎌倉遺文』にも六七六号文書として収められているのだが、当該の部分、古文書編第二巻七八頁をひらくと、建久四年（一一九三）七月四日という同じ日付をもつ官宣旨が他にも二通、収められているのに気づく。[8]紙幅の関係で引用は控えるが、この官宣旨は伊勢神宮・宇佐神宮それぞれの役夫工米について例外なき勤仕を命じ、いわゆる「三代起請」による免除地についてのみ、国衙ではなく荘園領主がとりまとめ、直接行事所に納める「本所沙汰」を認める、という内容であり、一国平均役の研究史上「建久四年官宣旨」と称されて議論の対象となってきた重要な史料である。[9]

平山浩三氏の研究によると、建久元年に内宮、建久三年に外宮でそれぞれ予定されていた遷宮について、文治四年（一一八八）ごろから建久三年にかけて、一国平均役として役夫工米賦課が行われた。各国において、国内の各所領の田積や、幕府との関係も含めた領有関係の資料が調査され、そうやって把握された全国の各荘園・公領について、それぞれ賦課の量・免除の可否が確定され、さらには使が派遣されて済・未済の状況を踏まえつつ催促が為されていた、とされる[10]。

だが、その実務には少なからず混乱が見受けられる。平山氏は、このとき鎌倉幕府が行事所からの訴えに応じて、弁済の実現を図るべくさまざまな処置をしていたことを論証しているが[11]、その一例が『吾妻鏡』建久元年四月一九日条である。当該条には「造太神宮役夫工米地頭未済事」として、朝廷から役夫工米の未済の報告があった知行国や荘園について、幕府が沙汰した子細を記して京都に注進した書状の内容が記されているのだが、知行国の「国務沙汰人」や当該の地頭への弁済の下知といった処置の報告に混じって、「件所一切不二知行一」や、「非家人知行之所、付二本所一可レ有二沙汰一歟」といった記載が散見し、朝廷が必ずしも正確に領有関係を認識していたわけではなかったことがわかる。

また同じ書状で、行事所によって地頭が対捍しているとされた「別紙廿ヶ所」について「家人知行地内、未レ請二取配符一、庄々同分之由分明也、就レ之尋二子細一、造宮始之後、至二于今一不レ付二配符一云々」とあり、そもそも催促が行われていないにもかかわらず、対捍をとがめられた地頭すらいたことがわかる。治承・寿永内乱後、初めての伊勢遷宮役夫工米徴収であったため、朝廷の側にも相当の混乱があったのであろう。

ここからは役夫工米賦課の実務のうち、特に領有関係の確認と催促において混乱が存在したことがわかる。とすると他の実務、例えば割当てや免除の申請・許可においても、同様の混乱が存在したことは容易に推察できよう。そうすると、前年に遷宮行事が全て終わっていたとしても、役夫工米の徴収が未だ続いていた可能性も高い。建久四年にはさらに、宇佐八幡宮の遷宮も予定されていた。宇佐遷宮の役夫工米賦課においても前述の確認・賦課・免除・催促といった同様の作業が当然予定されていたと考えられる。いってみれば建久四年銭貨禁令は、前年までの伊勢遷宮事業とそこにおける混乱を受けて、建久四年の宇佐遷宮役賦課における役負担の換算基準を明らかにし、いまだ続いている可能性のある建久の伊勢遷宮役賦課も含めて、一国平均役徴収の実務円滑化のために発せられたものと考えられよう。

さて銭貨禁令が、沽価法による価格体系の維持を通じて、朝廷の公事用途調達を含めた財政実務を円滑化する目的のために発せられた、ということは第一部第二章ですでに述べた。まったく関係のない法令ならともかく、同様の目的をもつ法令が、同日に発せられたのであれば、両者は関連しているとみるべきで、それは偶然ではありえない。

さらにいえば、建久の伊勢遷宮役夫工米賦課が始まったとされる文治四年の九月にも、次のような銭貨禁令が、「七条面市」にて発せられていることが、『仲資王記』の記載から判明している。

〔史料2〕

九月六日癸亥、被レ止二七条面市幷銭直高法一云々、今日違犯之輩被二搦取一云々、

八日乙丑　検非違使等向二市辺一（七条、騎馬）銭停廃宣旨令二下知一云々(12)

「七条面市」あるいは七条の「市辺」において、検非違使による「銭停廃宣旨」の読み上げと、「銭直高法」の取り締まりが行われている。市庭での検非違使での取り締まりと、銭貨禁令との関係については、第一部第二章で論じたとおりである。内乱直後という条件から混乱が必至な、伊勢遷宮役夫工米の徴収の開始に伴い、色代の換算価格の決定についての混乱を防ごうとして、「七条面市」での価格統制令として発せられたのが、文治四年の銭貨禁令だった

のではないか。

以上の検討から、文治・建久の銭貨禁令は、建久の伊勢・宇佐遷宮という造営事業を契機として発せられていたことがわかった。先行研究では建久四年銭貨禁令と、建久の遷宮事業が関連づけて論じられることはまったくなかった。だが財政の実務において、沽価法が非常に重要であったことは第二章で述べたとおりである。沽価法のための銭貨禁令が、朝廷の大規模な用途調達を契機として発せられるのは当然といえよう。

なお、井原今朝男氏が指摘した、建久四年銭貨禁令と同年一二月の利息制限令の関係について検討しておく。一二月の利息制限令は、①銭貨禁令のために銭貨での返済ができなくなった「銭出挙」の、元本返済時の銭貨の米への換算基準明確化と、②「米出挙なら一倍まで、銭出挙なら半倍まで」という制限利息の銭貨禁令への整合との、二つの目的があったと考えるのが妥当であろう。制限利率の変更と銭貨禁令もまたリンクしていることには疑いがないが、井原氏がいうような銭貨流通の禁止と銭貨出挙の容認の並列ではないと考えられる。(13)

三　文治三年の銭貨禁令申請と治承三年の銭貨流通公認の議論

以上から建久四年銭貨禁令が、建久の伊勢・宇佐の遷宮事業を契機として発せられたことがわかった。このときの遷宮のための役夫工米の徴収が始まるのは文治四年（一一八八）ころとされている。その前年に行われた、三河国からの銭貨禁令の申請と、そもそも治承・寿永の内乱の以前である治承三年（一一七九）の銭貨の使用に関する議論、それぞれの契機については、別途検討が必要となろう。

まず、文治三年の三河国からの銭貨禁令申請について考える。この申請の存在は、『玉葉』文治三年六月十三日条の記載によって知られる。

〔史料3〕

親経来申、三河国中二両条宣旨一、一、出挙利加増事、一、今銭停止事、先可レ宣二下出挙利事一、於二銭事一者、猶仰二外記一召二勘文一、経二沙汰一可レ有二停否之左右一、於二今銭一者、不レ可レ及二議定一、早可二停止一、但宣下仰詞分別可レ載也者、

この史料からは、文治三年六月の時点で、三河国から「出挙の利率の加増」と、「今銭停止」の二条について、宣旨の発給が要請されていることがわかる。

当時の三河守源範頼は、『吾妻鏡』同年五月一三日条で、頼朝から閑院内裏造営役無沙汰を責められており、六月の時点では、内裏造営役の徴収を開始、あるいは少なくとも準備を始めている、と考えられる。とするとこの銭貨禁令の申請は、文治から建久にかけての銭貨禁令と同様に、三河国内における内裏造営役の賦課、および行事所への納入の円滑化が目的ととらえることができる。だがこの時、建久四年銭貨禁令と同様に、利息制限令がセットで申請されており、その理由が問題となる。

この時期の受領の財政状況については、文治六年四月日付の、主殿寮年預伴守方注進状が参考になる(14)。主殿寮の年預が、諸国の油・大粮米等の済否や便補保などの負担の有無を列挙したうえで、治承以来の各国の弁済状況を次のように述べている。

〔史料4〕

(前略)抑自二去治承二年一、迄二于去元暦元年之比一、永無二弁済国一之間、両度大嘗会・内侍所御灯(中略)年中恒例神事仏事以下用途料油等、一時□二懈怠一励勤了、(中略)文治以降、天下落居之処、彼国々之受領、永忘二弁済之

心二了（後略）

これによると治承二年から元暦元年（一一八四）にかけては本来、主殿寮に納められるべき「用途料油」について、「弁済国無し」という状況であったとされている。そのため守方は個人的な負担で行事のための用途料を納めたとしている。このような状況は主殿寮だけではなかったようで、上賀茂社には「借上物」を利用してしのいだ、という史料が残っている[15]。一一世紀には受領の経営に借上による金融が組み込まれていた事はすでに指摘されている[16]。治承・寿永の内乱による収納の途絶によって、受領の経営においても「借上物」の利用が増加したであろう。さて、荘園・公領からの収納は、収穫の関係から基本的に年に一度となる。とすると「借上物」の返済も年を単位としていたであろう。であれば利子をめぐる紛争が顕在化してくるのは、その返済あるいは借り換えを迫られる、内乱から数年後の時点になってくると考えられる。平家滅亡から約二年後、義経が没落してから一年と半年後という文治三年六月に、「借上物」の利子が問題になったのは当然といえる。しかも文治年間に入り、「天下落居」してなお「彼国々之受領、永忘二弁済之心一了」という状況が続いており、さらなる「借上物」の利用が見込まれていたとすればなおさらといえよう。

範頼が三河守となったのは内乱以降ではないか、という反論もあろうが、治承以前の範頼の地位を考えると、内裏造営役の納入など、三河守としての負担に堪え得るだけの十分な財産の蓄積が、彼にあったとは想定しにくい。どちらにせよ、範頼は「借上物」の利用を切実に必要としていた可能性が高く、制限利息に関心をよせる動機は十分だった、といえよう[17]。

桜井英治氏は、治承年間の銭貨に関する議論が、その後「鳴りを潜めてしまう」理由について、「養和の大飢饉によって米価がもちなおし、当面する財政危機が一時的に回避されたため」である可能性を指摘している[18]。傾聴すべき意見だが、飢饉と内乱は、収納自体の途絶という、より深刻な危機をもたらしていたのである。所詮は補助手段に過ぎない銭貨禁令や沽価法などかまっていられなかった、という理解のほうがより合理的であろう。むしろ、いったん途絶した収納が回復してきたからこそ、内裏修造や伊勢・宇佐遷宮といった大規模造営が可能となり、沽価法や銭貨禁令に向き合う余裕が生まれてきたのではないだろうか。

時系列上は逆になったが、最後に治承三年の銭貨停否をめぐる議論について、その契機を考えてみよう。

当該の議論は、九条兼実の日記『玉葉』の治承三年七月二五日条から二八日条にかけて、当時の高倉天皇から頭中将源通親を通じて行われた、兼実あての諮問と、それについての兼実の回答と所見、という形で記載されている。この議論は銭貨政策についての議論の初見でもあるため、財政的な契機のほかに、なぜこの時期に銭貨政策が初めて議論されるようになったか、についても検討が必要である。

保立氏と井原氏はこのときの沽価法を、平氏政権が意図し、源通親が主導した、銭貨流通公認の受け皿ととらえている[19]。これらの議論については、いわゆる治承三年クーデター直前であるこの時期の朝廷を平氏政権と評価できるかどうかもさりながら、沽価法の性質と銭貨政策の要因が混同されていて、「なぜこの時期の朝廷が（あるいは平氏政権が）、このときに銭貨流通公認をはかるのか」という、要因と契機の関連についての説明がほとんどなされずに、平氏政権の意図が論じられている点に問題がある。

まず、この諮問がなされた治承三年七月という時期と、朝廷の大規模な用途調達の関係からみてみよう。

この当時の大規模な朝廷の支出、あるいは収納を示す史料としては、治承三年八月一八日付後白河院庁下文[20]に注目したい。禅林寺・石山寺・観心寺に対して「所㆓宛課㆒之臨時国役、及践祚・大嘗会・初斎院・初斎宮勅院事等」を免除する下文である。

まずは践祚・大嘗会についてみてみよう。高倉天皇の践祚・大嘗会は仁安三年（一一六八）であり、関係は薄そうである。安徳天皇の践祚は治承四年だが、これはいわゆる治承三年クーデターの結果なので、銭貨停否をめぐる議論が行われた根拠とすることはできないだろう。

だが斎宮・斎院役についてみてみると、治承三年という年は、二年前に斎宮に卜定された功子内親王が、正月に母の喪によって群行前に退下した年であり、前年に範子内親王が斎王に卜定されたばかりの時期でもある。斎宮・斎王の交代にかかわって、行事にかかわる用途の調達が始まっていたとしても不自然ではない。

とはいえ、これらの行事用途調達と、文治三年や建久四年（一一九三）の財政危機を同列に並べるのは不自然であろう。平家によるクーデター以前の治承三年に、内乱の結果である財政危機に匹敵するほどの危機感が、後白河院政下で存在したとは到底いえないからである。

とすると、この治承三年の沽価法は、財政政策としての意味合いを見出すよりも、新制の一環として解釈したほうがよさそうである。後白河にせよ平家にせよ、あくまでも新制の一環として治承三年の沽価法を制定した。とすれば源通親は、関係する財政官司の一つである蔵人所の頭として、沽価法それ自体の制定などの新制にかかわる実務の一環として、高倉の意をうけて兼実に諮問した、ととらえられよう。実際、『玉葉』にも兼実が新制の一環として諮問をとらえている記述がある。

以上から、治承三年の沽価法は、実務者がごく実務的に新政の一環として制定した、と位置づけたい。そして兼実が銭貨流通の許容に反対した意図は、法家の勘申に素直に随った結果、と考える。中島氏は、源通親による現状追認案に対して、兼実が原理主義的な態度を取ったことから政治問題化した、ととらえているが(21)、的確な分析と考える。

もう一つ治承三年の沽価法については、「銭直法」すなわち、銭貨の利用が沽価法のなかで位置づけられているかどうかについて議論がある。『玉葉』治承三年七月二五日条の当該部分から検討してみよう。

〔史料5〕

申刻、頭中将通親朝臣送二書於基輔一云、万物沽価法可レ被二定申一者、其状如レ此、近日万物沽価殊以違法、唯市人之背法、殆及二州民之訴訟一云々、寛和・延久之聖代、被レ定二下其法一了、随二去保延四年一、且用二中古之制一、且任二延久之符一、宜二遵行一之由、重被二宣下一了、今度猶可レ被レ用二彼法一歟、将又（中略）新可レ被二定下一哉、銭之直法、還背二皇憲一、雖レ宜二停止一、漢家・日域、以レ之為レ祥、私鋳銭之外、交易之条、可レ被二寛宥一歟、其法可レ用二寛和沽価准直一歟、又可レ依二諸国当時之済例一歟

ここでは、「近日万物沽価、殊にもって違法」と、沽価法による市場での価格秩序の維持の必要を述べたあと、そのための処方箋としては、「万物沽価法」を制定することと、銭貨流通を公認し銭貨基準の沽価法を制定すること、という二つの選択肢が呈示されている。

特に、ここでは銭貨の流通について「還りては、皇憲に背く」ため停止すべき、とはしながらも、「漢家・日域、これを以って祥となす」ことを理由に、銭貨による交易を「寛宥」することの検討が諮問されている。このときは同二七日条に書いてあるように、「所業旨、私鋳銭に同じ」という法家からの見解を受けて、兼実は反対したわけだが、この時の沽価法が、銭貨基準だったか、そうでなかったかについて、検討しておく必要があろう。[22]

保立氏、中島氏はこの時「銭直法」が定められた可能性が高いと考えており、筆者も賛成である。治承の沽価法が実務的に制定されたとすれば、財政運営の実務が容易になるように定められた、と考えるのが妥当だからである。治承三年時点で銭貨流通が一定の度合いで進展していたのは明らかであり、当然、銭貨を組み込んだ形で沽価法を定めることが実務者には都合がよかった、と考えるのが自然であろう。

既述のとおり、銭貨の使用は一二世紀半ばには確認され、その後拡大していったと考えられている。治承三年の流行病が「銭病」と名づけられた[23]ことからは、銭貨が珍奇な外来からの異物として、人びとに身近なものとなっていたことがうかがえよう。朝廷が新制において意識するようになるほど、銭貨流通はこの時期に盛んになっていたのである。

そもそも一国平均役の徴収に朝廷が積極的に関与するようになったのは、後白河親政期以降とされている[24]。治承三年に沽価法が議論されたことは、銭貨流通の影響もさることながら、一国平均役の徴収への関与の結果、中央貴族の沽価法への関心が、より高まっていたことも読み取ることができよう。

四　建久三年の「銭直法」——銭貨禁令以外の選択肢——

さて、建久四年銭貨禁令が記録されている『法曹至要抄』中巻「銭貨出挙、以㆑米弁時一倍利事」条には、建久三年（一一九二）八月六日付の宣旨によって「一貫文別以㆓米一斛㆒、為㆓正物㆒」という「銭直法」（以下、「建久三年銭直法」と略）が定められたことも記録されている[25]。

この建久三年銭直法については、渡来銭公認の意図があったかどうかについて議論されている。保立氏が宋銭流通の公認が一時的にせよなされた、と評価している[26]のに対し、中島氏は「一般に中世の法令は、先行法との整合性を十分考慮せずに発せられることが多」いとして、渡来銭公認との解釈は危険とする[27]。

だが治承年間の議論をみる限り、沽価法による価格秩序が維持できるならば、絹基準の沽価法にこだわる発想がなかったことに注目する必要がある。場合によっては沽価法を銭貨基準に変更してもよいという認識も朝廷内には存在していたと考えられる。

さらにいえば、高倉治世下の治承三年沽価法がもし「銭直法」だったとすれば、高倉の子である後鳥羽院治世下の、建久新制の一環としての沽価法とみなせる「建久三年銭直法」にも、父帝の吉例として、「銭直法」が含まれるのは当然とみることもできよう。

とすると建久三年銭直法に銭貨流通容認の意図があったことは十分にありうる。その意味で、建久三年一〇月一日に行われた、「銭貨停否事」に関する僉議における、中山忠親の発言に注目したい。

〔史料6〕

（前略）群卿、一同申下可二停止一之由上、内府独申云、直法事、使庁不二遵行一、最不レ可レ然、先件条、任二宣下旨一、可二施行一之由、可レ被二仰下一歟、其条不レ拘二制法一者、停止又同歟(28)（後略）

銭貨停否についての僉議において、群卿が全員一致して銭貨禁令を主張するなか、内大臣中山忠親がひとり、「検非違使が銭直法の遵行を怠っているのが良くない。まずくだんの条（筆者注：建久三年銭直法）を宣下のとおりに施行せよ、とご命令なさるべきである。「直法」が守られなければ銭貨禁令を行ってもまた結果は同じ（効果なし）であろう」と答えている。

ここでも銭貨禁令はあくまでも「直法（＝沽価法）」施行の手段であるという認識が示され、検非違使による遵行の不徹底が糾弾されている。だが、検非違使の強制による物価統制は治承三年(29)（一一七九）と文治五年(30)（一一八九）にも行われているのである。「強制による沽価法の遵行」が機能しないからこそ、このとき「銭貨禁令」の是非が議論されているのではないか。それにもかかわらず、検非違使別当をつとめた経験もある彼が、なおも検非違使による沽価法の遵行を要求したのには理由があるはずである。

その理由こそが、建久三年八月六日付の宣旨によって定められた「米一石＝銭一貫文」という「直法」の存在にあるのではなかろうか。この「銭直法」によって、渡来銭と米との交換比率を決定することにより、渡来銭を従来の価格管理体系たる「沽価法」に組み込もうとしたという可能性が十分考えられるのである。

この理解のうえで、忠親発言の真意と僉議までの流れを解釈すると次のようになる。建久三年八月に価格秩序の維持のため、銭貨を含めた沽価法である「銭直法」が施行された。だが、それでも物価統制の効果があがらないことが判明し、改めて銭貨禁令の実施が一〇月一日の僉議の議題にあがる。そこで中山忠親の発言が行われたのである。この僉議では、「群卿」は「一同」して銭貨禁令に賛成し、左大臣三条実房も忠親の意見自体には賛同したものの、銭貨禁令の実施にも賛成しており、銭直法の制定自体は失敗と評価されている。建久三年銭直法の制定後、わずか一年たらずで銭貨禁令が出されるという、短期間での貨幣政策の大きな変化は、この「銭直法」の失敗による揺り戻しの結果ではないだろうか。

ここで重視すべきは、治承以来朝廷の選択肢のひとつとして存在した、銭貨による沽価法の制定、すなわち財政全体を絹基準から銭貨基準に変更するという試みが、建久三年銭直法の失敗によって潰えたことである。これは銭貨禁令が何度も繰り返し発令されているのとは、まったく対照的である。

銭貨禁令は、従来の制度と先例を守る方向の政策であることから、効果が少なくても何度も繰り返された。だが、「銭直法」の制定、すなわち銭貨を沽価法に組み込むという政策は、従来の制度を大きく変革するものであったため、一度の失敗で試みられなくなってしまったのであろう。

建久三年の「銭直法」については、文治年間から建久四年にかけて銭貨禁令が定着していくなかで、銭貨流通容認へ政策がぶれたようにみえるため、さまざまに議論があった。だが文治年間から建久四年までの間に、銭貨停止の動

きは存在するが、朝廷の政策としての銭貨禁令は未確立であったという、中島氏の指摘が正鵠を射ていると考える。(31)

五　建久以降の銭貨禁令の実効性

建久四年（一一九三）以降、嘉禄年間まで貨幣政策にかかわる史料は空白となる。銭貨禁令が社会に定着しており、禁令を繰り返す必要がなかった、という想定も可能かも知れない。だが先行研究は一致して、この時期にも社会における銭貨の使用は続いていたとしている。この貨幣政策の空白をどう解釈すればよいのだろうか。

政治史論の立場の論者はどう論じているのか。兼実が一貫して銭貨禁令を主導したと考え、建久四年の銭貨禁令を兼実の政治的な勝利とみなす点で政治史論者は共通している。だが建久七年の兼実の失脚以降も、銭貨禁令が継続したことについて、説明が必要だろう。中島氏は、「建久四年七月令で宋銭禁止が公式化」し、禁止の原則が確立してしまったために兼実失脚後も維持された、とする。(32)この中島説については、後ほど、第一部補論で検討する。

保立氏は兼実失脚以降も銭貨禁令が継続したことについてはこうとらえる。筆者が指摘した、建久四年の銭貨禁令と伊勢・宇佐の役夫工米・一国平均役徴収との密接な関連を認めたうえで、兼実と頼朝とが連携して推進した「鎌倉初期新制の政策基調の全体に関係していた」ために、「持続的な影響をもつことになった」とする。(33)だが保立氏は同じ論文で、まったく逆の政策である建久三年の銭貨直法の制定についても、頼朝が、そのときの検非違使別当であった妹婿の一条能保を通じて、保立氏自身が兼実の政敵とみなす源通親と連携していた、と想定しているのである。(34)

これを一旦おくとしても、保立氏が平氏政権の銭貨流通政策を正式に破棄した政治家とみなす藤原隆房は、ほかならぬ平清盛の娘婿として平氏政権の一翼を担っていた存在であったし、さらに保立説に従った場合、建久以降、頼朝のもと銭貨禁令を支持していたはずの鎌倉幕府が、三〇年余り後の嘉禄二年（一二二六）、こんどは「宋銭の使用を公認」したということになる。

政治家というものは、その時々の政治情勢によって提携する相手を鞍替えし、また、その時々の利害関係の変化によって政策を簡単に変更するものではあるので、政治史的な動きをすべて合理的かつ一貫した形で説明することが、大変難しいのは確かであるが、それにしてもなんらかの説明はあったほうがよいのではないか。

政治史的な理解はともかく、ここまでの検討からわかってきた、銭貨禁令と大規模造営による一国平均役賦課など、朝廷財政との関係から検討してみよう。文治から建久にかけて、確かに朝廷財政は収納において困難に直面していた。だが、その主因は銭貨流通による絹布の購買力低下というよりは、治承・寿永内乱による統制のゆるみにより惹起されたものということに注意しなければならない。それゆえに、統制の回復とともに用途の調達状況は改善し、貨幣政策への朝廷の関心が薄れていったのではないだろうか。

実際、承元三年（一二〇九）に内宮で、建暦元年（一二一一）に外宮で、それぞれ遷宮が行われているのだが、このときの役夫工米賦課にあたって定められた建永元年（一二〇六）の済例は、その後「建永の済例」と呼ばれて、それ以降の役夫工米賦課において規範とされているのである(35)。このときに銭貨禁令が発せられた様子はない。

つまり、この時点では銭貨禁令などなくとも、鎌倉期を通じて規範とされるような賦課・収納が行われていたということになる。もともと銭貨禁令は財政実務の円滑化のための手段としての沽価法による価格体系維持のための、さらに補助的な位置づけに過ぎない。銭貨禁令について兼実のみが関心が高く、それ以外の貴族社会が根本的に無関心だったという点は、中島氏も指摘している(36)。この時期の中央貴族たちは、造営事業のための大量用途調達という本来の目的さえ達成されればよく、貨幣政策についての関心を減じてしまっていたのであろう。

六　嘉禄の銭貨容認と朝廷財政の変化

嘉禄初年の銭貨容認については、すでに述べたように議論がある。井原今朝男氏は利息制限令の変更から、嘉禄元年（一二二五）に明確な銭貨公認があったと主張しているのだが、(37)利息制限令以外にも嘉禄二年前後に、収納における銭貨容認や、銭貨による賦課が行われている例が散見する。嘉禄二年には吉田社領に対して、官行事所に納める造伊勢大神宮役夫工米を見米ないし銭で弁済させよ、(38)という下文が発せられているし、嘉禄三年には、相馬御厨から伊勢外宮への上分布について、布一段あたりの銭を三〇文から四〇文へ増額することを認める関東下知状が発せられている。(39)これらが銭貨による収納を容認する法令であることは明らかである。

中島氏は当初、渡来銭使用の公認が明確に打ち出されることがなかったことをもって、朝廷の渡来銭受容を、社会の現実に引きずられる形での消極的な黙認としてとらえていたが、(40)その後考察を進めて、朝廷の政策変換の画期を、正治二年（一二〇〇）の検非違使官人と大津神人との間の銭貨取引取り締まりのトラブルにより、大津神人の銭貨使用を摘発した検非違使別当が解任されたことに求めている。(41)だがこの前後に財政上の危機または大規模な収納、新制、あるいは市場の統制などでの政策の変換は、必ずしも確認できない。嘉禄元年一〇月二九日新制の「可㆓禁断㆒私出挙利過㆓一倍㆒、幷挙銭利過㆓半倍㆒事」(42)条を、出挙の利息制限の変遷から銭貨出挙の公認とみなし、これを明確な銭貨流通禁止の撤回とする井原説の理解で問題ないと考える。(43)

そもそも銭貨流通の可否は、中央貴族にとっては、所詮、収納の際の技術的な問題の、さらに補助的な要素に過ぎない。明確な銭貨流通の解禁令が発せられなくとも、一年たらずの間に連続して、銭貨の収納を容認する複数の法令が相次いで発布されたことからは、やはり朝廷の政策変更の意図を読み取るべきであろう。

さて、嘉禄年間に銭貨流通の容認という貨幣政策の転換があったとして、その契機はどのようなものだったのだろうか。『百錬抄』嘉禄元年条の末尾に次のような記載がある。

〔史料7〕

今年宇佐宮、卌三年一度遷宮延引了、庄々勤不二合期一之故也

これによると、この年、宇佐宮の遷宮は延引された。「庄々勤」、すなわち、遷宮用途の勤仕が、期日に間にあわなかったからである、とある。つまり銭貨公認がなされた嘉禄元年とは、用途調達の失敗により宇佐宮遷宮が延引された年だったのである。ここでは「庄々」とあるが、『宇佐宮記』には「国郡庄之地頭名主等、皆募二権勢一、猶依レ致二自由之対捍一」とあり、一国平均役の徴収が不調に終わったことが示唆されている。(44) さらにこの後、安貞二年（一二二八）に伊勢神宮の内宮、寛喜二年（一二三〇）に外宮の遷宮が予定されていた。

そもそも、先に朝廷が銭納を認めた例としてあげた嘉禄元年の下文自体、伊勢神宮役夫工米の徴収にあたって、行事所が銭納を認めるという史料である。前後関係からみて、嘉禄における宇佐遷宮役徴収の失敗により、安貞・寛喜の伊勢遷宮のための役夫工米の徴収において、銭貨による収納が容認された、と考えるのが妥当であろう。

だが考えてみると、建久四年銭貨禁令も同様に、伊勢・宇佐の遷宮用途調達が目的だった。なぜ建久と嘉禄で、目的が同一であるにもかかわらず、政策が正反対のものになったのか、その要因を検討する必要があるだろう。

治承年間、あるいは文治・建久年間においては銭貨禁令にせよ、あるいは銭貨流通容認にせよ、それに伴う最大の問題は、財政実務における沽価法の適用をどのようにするか、であった。だが嘉禄年間には沽価法の改定などがなされた形跡はない。(45) なぜだろうか。

第一に、承久の乱を契機とした朝廷の用途調達手段の変化がその理由としてあげられよう。本郷恵子氏は、嘉禄年間に朝廷の用途調達手段の変化があったと指摘した。本郷氏によれば、朝廷は承久の乱後、各国に用途を負担させる諸国所課による用途調達の困難の先鋭化に直面し、その解決策としてより一層、任官功の比重を拡大したとされる(46)。第一部第二章で指摘したとおり、諸国所課の際には、各国ごとに負担額の絹表示での割当てと、さらに行事所等と各国との間で色代の交渉が必要となる。それに対し任官功では、そのような色代の交渉は不要となる。つまり承久の乱以降、用途調達手段における任官功の比重が拡大した結果、色代をめぐる混乱・紛争の可能性が建久年間に比して低下し、朝廷財政の実務全般において、沽価法による価格体系維持の必要性が著しく減じていたのである(47)。

第二に技術的な対応として、本来絹の単位であった「疋」の、銭の単位としての読み替えが行われたことがあげられる。鎌倉中期以降、一疋が銭一〇文を示すようになることはよく知られている。嘉禎四年(一二三八)八月一二日付で、小槻季継が提出した任官功程(任官成功の値段表)の勘文には任官功の額が全て准絹で記されているが(48)、その「絹百疋」が「近日銭一貫文」にあたる、としたうえで「以二十文一一疋」と記されている。任官功の実務にあたった官人たちは、本来絹の単位である「疋」を銭一〇文と読み替えることによって、絹基準で定められた沽価法の建前と、銭貨による収納という現実との辻褄を合わせたのであろう(49)。

そもそも銭貨の通用を認めないということは、銭貨による収納を拒否することでもある。これはかえって円滑な収納を妨げる要因となりうる。嘉禄の銭貨容認が、銭貨による収納の容認という形であらわれているのは、収納における制限を取り払うことによって、その円滑化が図られた結果なのではないだろうか。

まして絹の価格は低落傾向にあった。いったん沽価法による絹基準の価格体系維持の必要性が減じれば、朝廷が絹納を忌避し銭納を志向するのは自然の流れであろう。もはや各国に対して用途の納入それ自体を強制しきれなくなった朝廷に、銭貨による収納の拒否などできようもなかったのである。

結局のところ、朝廷にとって貨幣政策は、「あるべき貨幣流通」の実現が目的ではなかった。用途調達が円滑に行われることが朝廷の至上命題であり、貨幣政策はそのための技術的手段、それも補助的なものに過ぎず、その時点の財政構造に従属していたのである。

通説では、日本社会における銭貨使用の拡大により、朝廷は銭貨の使用を消極的に追認したと理解されてきた。現実の社会状況が朝廷に銭貨の使用を強制した、といいかえることもできよう。だがここまでの検討をみる限り、社会が国家に銭貨の使用を強制したというより、内乱に伴う朝廷の統制の弛緩によって財政構造が変化し、社会で広く通用している銭貨を国家が受容せざるを得なくなった、と理解すべきであろう。

通説は、社会における既成事実に国家が敗北した、という意味では必ずしも間違いとはいえない。だが、朝廷の貨幣政策の敗北を論じるにあたって、朝廷自身の財政構造の変化や、造営事業などの大量の用途調達といった契機が、まったく捨象されてきたのは問題ではないだろうか。

その後、寛喜二年、外宮遷宮の終了後、寛喜の飢饉が始まりを告げる凶作の年に「以二銭一貫文一、可レ被二直米一石一」という基準が宣旨によって定められた[50]。建久三年（一一九二）に一度放棄された、沽価法の価格体系への銭貨の導入は、嘉禄の宇佐遷宮役徴収の失敗を経てここに実現したのである。この後、二度と銭貨禁令が発せられることはなかった。一三世紀後半に成立する代銭納制の基礎は、ここに定まったのである。

おわりに——中世前期貨幣政策史の課題と展望——

以上、鎌倉時代初期の貨幣政策の変遷と沽価法との関係について論じた。中世前期の貨幣経済研究について今後の展望を述べて、第一部の結びにかえたい。

貨幣政策史研究の目的は貨幣経済の実態の解明にある、と指摘したが、それには史料的な制約が多いことも事実である。その点で重要となるのは、井原氏の利息制限令と銭貨出挙に注目する観点である[51]。利息制限令は治承・建久・建暦と新制の度に確認されており、目先の用途調達が終われば忘れられてしまう貨幣政策よりもむしろ重要視されていた。今後は利息政策や財政政策も含めて、貨幣政策をより総合的かつ構造的に把握したうえで、銭貨受容期の貨幣流通の実態に迫る必要があるだろう。

一般的に、ある政策の変遷とその紆余曲折を詳細に検討することの利点は、政策の変遷に反映されているはずの、社会や経済などの変化をあぶりだすことにあるはずである。本章で明らかにできたのは、あくまでも沽価法や銭貨禁令を含めた当時の貨幣流通の実態の一端に過ぎない。一端に過ぎないが、主に古記録の記述に現れる貨幣政策の変遷を対象としてきた本章を含めた研究史の、実態との乖離は、想像以上に大きいことを示しているのではないだろうか。

かつて小葉田淳氏によって先鞭がつけられた、鎌倉時代初期の貨幣政策の変遷については、その後、新制・沽価法との関連が論じられ、利息制限令との関連が明らかにされてその画期が確定した。そして朝廷の財政構造の変化との関連が構造的に説明され、最終的にその変遷が政治史に跡付けられつつあるなど、精密な議論が行われ、豊かな成果があげられてきた。だがそこに反映されているはずの社会や経済の変化をあぶりだすことに、本章も含めて成功しているとは必ずしもいえない。当然、史料的な限界はあるが、「なぜ日本の国家・社会が貨幣を自鋳せず、大陸から渡来した銭貨を受け入れたのか」という課題を明らかにするためにも、中世前期貨幣経済研究は今後、「貨幣政策変遷史」の段階から脱却し、貨幣流通の実態とそれに伴う社会の変化を明らかにすることを目指すべきではないだろうか。

注

(1)『玉葉』治承三年七月二五・二六・二七・二八日条。
(2)『玉葉』文治三年六月一三日条。
(3)『仲資王記』文治五年九月六・八日条。
(4)『法曹至要抄』「一、銭貨出挙以米弁時一倍利事」建久四年七月四日付後鳥羽天皇宣旨。
(5)『吾妻鏡』嘉禄二年八月一日条。
(6)中島圭一「「中世貨幣」成立期における朝廷の渡来銭政策の再検討」(『日本史研究』六二二号、二〇一四年)。
(7)前掲注(4)参照。なお引用にあたっては、『陽明叢書　記録文書篇　第九輯　法制史料集』(思文閣出版、二〇一四年)所収の『法曹至要抄』にて校訂を加えた。
(8)『鎌倉遺文』(以下、『鎌』と略)六七七・六七八号。
(9)上杉和彦「鎌倉期役夫工米の賦課と免除—中世前期国家財政の一側面—」(『史学雑誌』一〇四巻一〇号、一九九五年)。
(10)平山浩三「役夫工米の済例と機能」(『日本歴史』五九九号、一九九八年)。
(11)平山浩三「一国平均役賦課における鎌倉幕府と荘園」(『日本歴史』五六五号、一九九五年)。
(12)『仲資王記』文治五年九月六・八日条。
(13)井原今朝男「『後鳥羽院日記』逸文と懸銭の流行」(『日本歴史』七一四号、二〇〇七年)。井原氏は建久四年一二月二九日宣旨によって、米による利息支払を前提に、銭貨による貸付が認められた、と考えている。だが宣旨の本文に「一貫文別以㆓米一斛㆒、為㆓正物㆒」とあり、「正物」すなわち元本も米に換算するように求めているのは明白である。
(14)文治六年四月日付主殿寮年預伴守方注進状案(『壬生家文書三』六四六号文書)。

(15)『鎌』四一二八号。
(16)戸田芳実「王朝都市と荘園体制」(『初期中世社会史の研究』東京大学出版会、一九九一年、初出一九七六年)。
(17)ここでは否定的に書いたが、利息制限令と銭貨禁令との関連性を否定するわけではない。制限利息の変更自体は、銭貨禁令もしくは容認という貨幣政策との整合性をとるためのものだったと考えられる。だが、「制限利息の変更」と「利息を制限すること」自体を混同してはならない。利息制限令は、治承・建久・建暦と新制の度に確認されている。目先の用途調達が終われば忘れられてしまう貨幣政策よりもむしろ重要視されていたのではないか。
(18)桜井英治「中世の貨幣と信用」(桜井英治・中西聡編『新体系日本史一二 流通経済史』山川出版社、二〇〇二年)。
(19)保立道久「平安末期から鎌倉初期の銭貨政策」(悪党研究会編『中世荘園の基層』岩田書院、二〇一三年)。井原今朝男「中世の計算貨幣と銭貨出挙」(『日本中世債務史の研究』東京大学出版会、二〇一一年、初出二〇〇一年)。
(20)『平安遺文』三八八四号。
(21)中島圭一「日本の中世貨幣と国家」(歴史学研究会編『越境する貨幣』青木書店、一九九九年)。
(22)井原今朝男氏は、同「宋銭輸入の歴史的意義—沽価法と銭貨出挙の発達—」(池享編『銭貨—前近代日本の貨幣と国家—』青木書店、二〇〇一年)にて、平氏政権が政策として中国渡来の銭貨の流通を容認しようとした、と評価し、その滅亡が銭貨禁令の採用につながったと考えている。他に利光三津夫氏も平氏政権と銭貨禁令について論じている(同「建久四年の銭貨禁令について」『古代文化』五一巻二号、一九九九年)。だが、銭貨容認=平氏・銭貨禁令=反平氏というとらえ方では平氏滅亡後に定められた建久三年銭直法の存在や、嘉禄年間の銭貨流通の容認を説明できない。
(23)『百錬抄』治承三年六月条。
(24)上島享「一国平均役の確立過程」(『日本中世社会の形成と王権』名古屋大学出版会、二〇一〇年、初出一九九〇年)。
(25)前掲注(4)。
(26)保立前掲注(19)論文。
(27)中島圭一「日本の中世貨幣と国家」(歴史学研究会編『越境する貨幣』青木書店、一九九九年)。
(28)『玉葉』建久三年一〇月一日条。
(29)『大夫尉義経畏申記』(『群書類聚』七)。

(30)『仲資王記』文治五年九月六・八日条。
(31) 中島前掲注(6)論文。
(32) 中島前掲注(6)論文。その後中島氏は、同「渡来銭流通の開始と確立を巡って」（同編『日本の中世貨幣と東アジア』〈アジア遊学二七三〉、勉誠出版、二〇二二年）にて、中世において「構造的分析の対象となり得るような貨幣政策が果たして存在したのかがそもそも論証を要する命題」としたうえで、「朝廷の公卿層が抱いていたのはせいぜい「物価高騰は悪い」というプリミティブな観念に過ぎず、実務官人層もあまり変わらないレベルだ」という見解を述べている。
(33) 保立前掲注(19)論文。
(34) 保立前掲注(19)論文。
(35) 平山前掲注(10)論文など。
(36) 中島前掲注(21)論文。
(37) 井原今朝男『日本中世債務史の基礎的研究』（国立歴史民俗博物館科研費研究成果報告書、二〇〇六年）。
(38)『鎌』三五〇五号。
(39)『鎌』三六四九号。
(40) 中島前掲注(21)論文。
(41) 中島前掲注(6)論文。『天台座主記』六四世、弁雅、正治二年六月二四日条。
(42)『中世法制史料集　第六巻』第一部、公家法、一三五条。
(43) 井原前掲注(37)文献。
(44)『鎌』三四三〇号。
(45) 後述するが、鎌倉時代に入って、銭貨による直法が初めて定められるのは寛喜二年（一九三〇）のことである。
(46) 本郷恵子『中世公家政権の研究』（東京大学出版会、一九九八年）。
(47) 第二章で引用した『葉黄記』宝治元年（一二四七）三月一一日条は、沽価法の本来の機能を示すと同時に、この時期すでに、沽価法の改定が行われなくなっていたことも示している。詳細は補論参照。
(48)『鎌』五二九六号。

(49) 本郷恵子氏は嘉禄の前後から、成功および行事や造営用途については、官人たちによって公式の書類上の数値は何倍にも水増しされ、実態から大きく乖離するようになったと指摘している（本郷前掲注(46)文献）。嘉禄年間には、沽価法の制定も行われなくなり、その適用も実態と乖離していた様子は、第二章で示した。

(50) 『百錬抄』寛喜二年（一二三〇）六月二四日条。

(51) 井原今朝男「中世の計算貨幣と銭貨出挙」（『日本中世債務史の研究』東京大学出版会、二〇一一年、初出二〇〇一年）。同前掲注(13)論文。

補論　沽価法の性質とその運用
――中島圭一氏の批判に答える――

はじめに

第一部ではここまで、朝廷財政、特に一国平均役徴収とのかかわりで貨幣政策の変遷を説明した。また沽価法については、受領などから中央官司などへの物資の納入の際に使われる、色代などの換算基準としての公定価格の体系とし、大規模造営の際の一国平均役徴収などのときに、貢納物の換算をめぐる混乱・紛争を回避するために沽価法の価格体系が適用され、そして銭貨禁令は、その遵守を強制するための補助手段であったとした。

詳細は第一部第一章で論じたが、沽価法を基軸として展開した、一二世紀末から一三世紀初頭の朝廷の貨幣政策の検討にあたって、沽価法を財政上の換算基準とみなし、財政上の画期、特に一国平均役徴収との関係で、貨幣政策の変遷を論ずる立場の先行研究とあわせて、拙論のことを仮に「財政論」と呼称している。「財政論」は、それまで必ずしも十分に検討されてこなかった、「なぜ貨幣政策に沽価法がかかわるのか」を正面から議論し、その財政上の換算基準としての性質から、貨幣政策変遷の要因と時期について、財政的要因から説明した点に意義があると考えている。特に、貨幣政策が「渡来銭流通禁止」から「なしくずしの解禁」へ変化した理由を一貫した論理で説明した点は、政権担当者の個性で貨幣政策の変遷を論ずる、「政治史論」にみられない利点と考えている。

この「財政論」の立場に対しては、同じく第一部第一章で論じたとおり、中島圭一氏から批判をいただいている。特に第一部第二章で批判への応答を行ったが、その検討・記述の過程で、拙論において、特に沽価法の機能とその実効性についての検討が不十分であったことと、沽価法と財政との関係を裏づける史料の不足とが、批判をいただく原因であったことに気づいた。

そこでこの補論では、まず論点を整理したうえで、第一部第二章・第三章との重複を惧れず、史料を詳細に検討して、中島氏の批判に改めて詳細にお答えする。そのうえで沽価法の財政上の役割とその実効性、さらに時期的な変遷について論じたい。

一 中島圭一氏による批判

公刊されている中島氏による拙論の批判としては、中島圭一「『中世貨幣』成立期における朝廷の渡来銭政策の再検討」（『日本史研究』四二二号、二〇一四年。以下、「中島（二〇一四）」）と、同「渡来銭流通の開始と確立を巡って」（同編『日本の中世貨幣と東アジア』〈アジア遊学二七三〉、勉誠出版、二〇二二年。以下、「中島（二〇二二）」）が主なものである。その論点は多岐にわたるうえ、見解の変遷も見受けられるため、基本的に中島（二〇二二）を中心に批判の内容を検討していく。以下、特にふれない限り中島氏の所論は中島（二〇二二）による。

中島説の拙論との最大の相違点は、沽価法と財政のかかわりを否定し、あくまで銭貨禁令は価格高騰対策とする点である。

中島氏はどのように沽価法と銭貨禁令の関係を理解しているのであろうか。中島氏は、沽価法について「物価高騰を抑えるために価格を公定する」とする。そして銭貨禁令は九条兼実の「日本の政府が発行したものではない宋銭の使用を私鋳銭に準じて禁止する」という、「保守的な政治理念に基づく政策の実現」とする。

中島氏は中島（二〇一四）において銭貨流通についての兼実の理解を、治承年間の法家による答申、「他国の銭貨の利用は私鋳銭の罪と同じ」に添ったものととらえる。その根拠は、『玉葉』治承三年（一一七九）七月二五・二六・二七・二八日条の記述から、平家・源通親・高倉天皇・後白河院は銭貨流通追認派であるとしたうえで、兼実は法家の勘申をうけて、「所行旨、同㆓私鋳銭㆒」という理由でこれに反対し、その後の態度も一貫していることに求める。そして建久四年（一一九三）銭貨禁令は、こうした問題意識を持っている兼実が、後鳥羽の摂政として執政した時に銭貨禁令を実現した、ととらえている。

そして拙論ほか、財政と沽価法のかかわりを論じた研究については、「渡来銭使用をめぐる朝廷の議論で取り上げられるのが専ら市場における物価の問題であって、朝廷財政との関連への言及は一つも見られない」ことを根拠に、いわゆる「財政論」について、「経済・財政に対する現代の知見をそのまま中世に持ち込んで過度な深読み」をした、と断じたうえで、「朝廷の公卿層が抱いていたのはせいぜい『物価高騰は悪い』というプリミティブな観念に過ぎず、実務官人層もあまり変わらないレベルだというのが、穏当な史料解釈と考える」とする。

中島氏が、公卿層や実務官人層が「プリミティブな観念」しかもっていないとする根拠は、沽価法と銭貨禁令の政策プロセスについて書き記しているのがほぼ九条兼実のみであり、他の貴族の古記録類ではほとんどふれられていないことである。(1) 兼実以上に銭貨禁令について詳細かつ執拗にふれている同時代人がいないのは確かで、中島氏の「十二世紀末期、宋銭に対して九条兼実ほど強い問題意識を抱いた公卿はいなかっただろう」という指摘自体には同意するところである。

第一部第一章で論じたように、この兼実の銭貨禁止の持論に注目して、貨幣政策の変遷を政権担当者の個性で説明する研究者は中島氏に限らない。仮に「政治史論」と呼称した、これらの議論の問題点は、建久七年の兼実の失脚後も、銭貨禁令が継続したことについての説明が難しい点であろう。なお中島氏は、銭貨禁令について、「貴族層全体としてはおそらく無関心」であり、治承年間、さらに文治年間の銭貨禁止についての議論は、「兼実が外国貨幣の排除を求める原理主義的な立場を取ったことで政治問題化」した、と論じたうえで、朝廷が無関心であるがゆえに「禁止の原則がひとたび確立してしまうと、兼実が失脚しても維持され続けた」と説明している。(2)

中島氏のこの批判に答えるために本補論では、沽価法と財政との関係について改めて史料から時期ごとに精査し、沽価法の機能とその実効性について、時期的な変遷を含めて論じることで、沽価法が財政上の換算価格として重要な役割を果たしていたことを明らかにする。そして、なぜ沽価法や銭貨禁令にかかわる公卿たちの議論で市場における物価の問題に関心が集まったのか、当時の貴族たちの考える、沽価法と市場価格との関係について論じたい。

さて、沽価法と財政の関係は保立道久氏により、保元年間までは確認されている。(3)保元～建久までの間に、沽価法と財政制度について大きな変換は見出されていないが、直接的に沽価法と財政の関係を語る史料はない。よってまずは、保元前後と建久以降で、沽価法と財政との関係を精査・比較することで、批判への回答とし、さらに治承三年の議論について見解を述べたい。

二　保元年間の財政法としての沽価法の運用事例

まず保元年間に沽価法が、一国平均役の収納上の換算基準として利用されていて、かつ換算基準を巡って紛争が起こっていることを示す史料をあげる。これにより、まず沽価法による、収納時の換算基準の明確化が、収納にあたっての混乱・紛争を避ける手段となりうることを示す。次の史料に注目する。

〔史料1〕

「言上　覚仁所レ進玉瀧杣造内裏野宮等材木以下雑事結解状不審事

一、造内裏野宮材木以下雑事結解事

右、先覚仁所二注進一材木等直法者、是自二官行事所一々二定下一歟、若亦覚仁私所二注付一歟、若行事所評定者不レ及二沙汰一、但宣旨斗定歟、無二斗付差別一之条不審事也、若又覚仁恣注付者、頗任二胸憶一難二指南一事歟、早召二覧切符正文於公文所一、且者被レ比二交材木等数一、且者任二傍例一可レ被レ定二下材木等之直法一也、落居一定之後、可レ致レ弁之故也(4)

（後略）

これは黒田荘領家東大寺尊勝院能恵と、預所覚仁との間で争われた、玉瀧杣の造内裏・野宮役にかかわる有名な相論に関連する、保元三年（一一五八）九月一一日付の能恵の言上案である。文書自体は、預所覚仁の「能恵が不当に材木を奪った」との主張に対する能恵の陳状として位置づけられる。意味のとりにくいところは大意を取って、解釈してみよう。

先の結解状で、預所覚仁が提出してきた材木等の直法は、是は官行事所が定めて命令したところのものだろうか、もしくは覚仁が勝手に書き加えたところのものであろうか。もし行事所が定めたものならば問題はない。ただし、（行事所が定めた直法ならば、その直法は）宣旨枡で定められているのではないだろうか。枡付（使用する枡の明示か）や、（材木の）等級ごとの（値段の）差が付けられていないのは不審である。もしまた、覚仁が勝手に（材木の値を）書きつけてあるのならば、自分の思い通りに値段をつけることは大変よくないことである。早速に、公文所から切符の正文を取り寄せて確認して、（要求されている）材木等の数を確認して、一方では傍例に従って、材木などの直法をお定めになるべきである。それらが一通り決まったあとに、弁済するためである。

ここで注目すべきは、造内裏役として納めるべき材木の値を記した注申について、その価値を定めた「直法」が正式のものか、勝手に書かれたものかどうかが相論のなかでの争点になっている点である。ここで「直法」の決め方は「行事所評定」によるが、覚仁が提出してきた注進には「斗付」も、材木の等級別も記載がないので、行事所が定めた直法ではなく、彼が勝手に書き込んだものではないか、この点が不審である、というのが能恵の主張である。

行事所が定めたものならば「宣旨斗定」になっているはず、というその「宣旨斗」は、後三条天皇のときに定められた延久の宣旨升と考えられよう。実際、『百錬抄』延久四年（一〇七二）八月一〇日条に「定沽価法」とあり、また、『玉葉』治承三年（一一七九）七月にみられる沽価法についてのやりとりでも、二五日条に延久年間に沽価法が定められたこと、保延四年（一一三八）に「延久の符にまかせ」て、沽価法を遵行せよと定められたことや、二七日条に「延久（の沽価法）が最も委細なり」とする記載があり、延久年間に沽価法が定められていることがわかる。

これらに鑑みると〔史料1〕は、明らかに、沽価法（直法）が一国平均役収取の現場で、物品（ここでは材木）の換算基準として運用されている様子と、そして物品の換算基準をめぐって紛争が起きている様子を示している、と考える。

とはいえ、筆者が『玉葉』治承三年七月二五日条にみえる「当時官行事所及蔵人所色代検納之制、諸国済例」が沽価法と同じものである、という見解を取っているのに対し、中島氏は、ここで引かれている行事所や蔵人所の色代や諸国の済例は、市場公定価格の制定の際の参考資料に過ぎない、と考えているので、この材木の「直法」は、行事所が決めているものとはいえても、必ずしも「延久沽価法」そのものとはいえないという反論が想定される。

だが中島氏の見解に従ったとしてもこの史料からは、保元年間に荘園からの一国平均役収納の現場で、貢納物（ここでは材木）の受け渡しにあたって、そこで換算基準として適用される「直法」について行事所が定めていたこと、そしてその換算額をめぐって紛争が起こっていることが確認できる。(5)

だとすると、この史料は、「沽価法の目的は、財政上の換算価格をめぐる紛争を防止するため、その換算価格を明確化することにあった」という筆者の「財政論」の傍証になるだろう。保元年間の役徴収の現場において、換算価格をめぐる紛争が確かに存在しているからである。保元と治承とで二〇年の差はあるが、その間に大きな収納構造の変化はみられないと考える。

中島氏のいうとおり、銭貨禁令をめぐる議論において、貨幣政策を財政と関連づける同時代の史料はないが、「沽価法」「直法」が、収納の現場で物資の換算基準として運用されている同時代史料、あるいは、その換算基準をめぐる収納の現場での紛争の存在を示す同時代史料は、確かに存在していたのである。銭貨禁令の目的が、「直法」「沽価法」による換算基準の体系を維持するためであったことは、第一部第二章ですでに論じた。第一部第三章では、銭貨禁令をはじめとする鎌倉時代の貨幣政策が、一国平均役などの収納に問題を抱えている時期に発動されていることを論じた。そしてこの補論では「直法」をめぐって収納の現場で紛争が起こっていたことを示した。以上の三点に鑑みれば、銭貨禁令をはじめとする、鎌倉時代初期の貨幣政策が、財政と深いかかわりをもっていたことは自明となった、と考える。

このように一二世紀の後半、一国平均役徴収の現場では、「直法」をめぐる紛争が起こっていたのであり、徴収を行う行事所・太政官にとっては、それへの備えが必要だった。それが沽価法による換算基準の体系を維持するための補助手段としての、貨幣政策だったのである。

三　後嵯峨親政・院政期の財政法としての沽価法の運用事例

続いて、後嵯峨親政・院政期の沽価法の運用の様子を語る史料をみてみよう。

次にあげるのは、第一部第一章でもふれた、『葉黄記』宝治元年（一二四七）三月一一日条である。『葉黄記』は、葉室定嗣（一二〇八〜七二）の日記であり、寛元四年（一二四六）〜宝治二年の後嵯峨院政の様子がよくわかる古記録とされる。当該部分では、宝治元年の蔵人方の公事用途についての院評定の顚末が語られている。蔵人方公事用途、すなわち蔵人所が各国の知行主から徴収する宮中行事の費用を、どのように各知行国主に支配するか、を後嵯峨院のもとの評定で定めるにあたり、前もって吉田為経と葉室定嗣に原案の作成が命ぜられた。これについて葉室定嗣がどのように準備をしたのか、どのような原案を作成し、提出したのかを語る史料である。これをもとに、一三世紀半ばの沽価法の運用について、検討してみよう。

〔史料2〕

三月十一日甲子　評定式日也、摂政・前相国・内府・吉田納言・予等参仕。（中略）蔵人方公事用途事、先日納言并予可二注進一之由、有二　勅定一。来月更衣事、被待此沙汰、仍今日各々注二申之一、中納言為経卿注申之趣、只不レ載二子細一、以二出納用途帳一、加二勘定一、頗無二其詮一歟。此事、御在位之時、顕雅奉行。以二彼用途帳一、可二勘定一之由、被レ下二記録所一了。而寄人等評定申云。不レ被レ定二沽価之法一（市イ）者、争可レ定二布・絹之直一哉、可レ被二定下一之由奏之、此条依二難治一無二沙汰一、而今中納言暗計定歟、非二九予之商人一者、難レ知二其実一、就二注進一還有レ憚、仍予不レ注二其事一、只注二出代々沙汰趣一、予注進之趣、満座有二許容一、頗有二　叡感一、可レ謂二面目一歟、大略被レ用二予申状一、賀茂祭調進物ハ、猶可レ為二任官一功之由、予同計申了、諸国支配事、予委可二注進一之由、有レ仰、又辞退国々事、以二　院宣一可レ有レ催云々、予一向可レ申二沙汰一之由、有二　勅定一、注二進草一、続加之、翌日殿下幷相国有レ尋、進覧了、殿下種々被二感仰一、可レ被レ秘二筥底一云々、随二落居之様一、又々可レ記レ之。

傍線部の解釈は以下のとおりである。

（蔵人方公事用途のうち、四月の更衣の用途について）吉田為経卿の注申の内容は詳細を載せず、「出納用途帳」の内容をもって合計しているが、まったく意味がない。この事については、後嵯峨院在位時（一二四二〜四五）に、顕雅が奉行として、彼の用途帳をもって、宮中行事の費用を分配し勘定せよ、と記録所に命令したことがある。だがそのとき記録所寄人の評定が「沽価法を定めていただかないと、どうやって布・絹などの値を定めることができるでしょうか。まず沽価法を定めてくださいませ」とお答えした。此条（沽価法の制定）は大変難しいので、沙汰が無かった。さて今年、吉田為経は（沽価法の制定なしで）むやみに費用分担の配分を定めたのだろうか。市の商人でもなければ、その実際の値段はわからない。そのことを院評定に注申することはためらわれたので、私は注申に値段のことを記さず、ただ代々、どのように負担を配分していたか、だけを書きだした。私の原案は評定全体で許容され、後嵯峨院はとてもお歓びになった。私は面目を施した。

内容を整理しよう。この記載からは後嵯峨院在位時と宝治元年には、各国知行主に分担させるべき宮中行事の費用を算出するにあたり、蔵人所が「出納用途帳」を利用していたことがわかる。この「出納用途帳」をもって費用を分担させる場合、「沽価法なしでは、布・絹などの値を定められない」とある。つまり行事費用の総額計算にあたっては、この「出納用途帳」に書かれている物資それぞれについて、絹・布を単位として定められた沽価法をもとに必要な物資の値段を算出・合計する、という手順が踏まれていたことがわかる。であれば、沽価法の制定は必須といえよう。だが仁治年間には、沽価法制定は「難治」として沙汰止みになっていたこともわかる。必須のはずの沽価法の制定なしで、どのように費用を算出し、各国に配分していたのか、という点については後ほど検討する。

これに対して、宝治元年の例はどうなっていたかをみてみよう。定嗣は、吉田為経はおそらく「出納用途帳」をもとに費用分担を書き上げたのだろう、と推測していて、その際の物資の価格は新たな沽価法の制定なしで「暗に計定めたか」とも推測している。

その一方で葉室定嗣は、沽価法制定が必要な「出納用途帳」による方法を使わず、「代々沙汰趣」つまり、どんな国が費用をどれだけ負担したのかについての先例を書いて提出している。その注申は一同の激賞を受け、後嵯峨院の「叡感」まで賜わり、大いに面目を施した、と記している。

幸い、定嗣が注申した「代々沙汰趣」の内容は、『葉黄記』の同日条に「夏間蔵人方恒例公事用途事」として記載されている。以下、一部を引用する。

〔史料3〕

（前略）

夏間蔵人方恒例公事用途事

一　四月一日鋪設

御帳帷十六帖

御几帳帷八帖

已上往古之例者、納殿沙汰也、任二近例一可レ被レ定レ宛二諸国一歟

建仁年中支配国々
和泉　甲斐　隠岐
但馬　若狭　信乃
安芸　淡路　石見
出羽　能登　已上御帳帷、各々一帖
上総　下総　尾張
伊豆　加賀　伊予
讃岐　土左　近江
常陸　丹後　因幡已上御帳帷各二帖
上野　佐渡已上四幅御几帳帷各二帖
出雲　美作　備後
伯耆　已上五幅　御几帳帷各二帖
近年所済国々
上総　伊予　讃岐已上御帳帷各一帖
石見　安房　伊豆已上御几帳帷各一帖
武蔵国絹三疋・白布三反
相模同
駿河国絹二疋・白布五反

出雲筵卅枚

（中略）

一　最勝講

（中略）

御布施

仏布施一裹　絹裹十二　紙裹十二

造花一前

赤綱五十丈

燈台打敷八枚

年中行事障子

簡袋往古内蔵寮沙汰

已上用途、如二仁治勘定一者、准絹百一疋云々、諸国之勤不二合期一者、可レ給二少成功一歟

（後略）

これらの記載は、宮中行事の用途を国宛で徴収した際に、どこの国から何をどれだけ徴収したのか、その先例を記したものと考えられる。つまり、宝治年間における「蔵人方公事用途」の収納の実態は、「出納用途帳」と沽価法に基づいて算出した額とはまったく関係なく、「先例に基づいて各国に必要な物資の現物を分担させて納入」させる、という形で行われていたことになる。

ここで注目するのは、引用した部分のうち、「最勝講布施」の項である。傍線部にはこうある。「已上の用途（最勝

講布施の用途）について、仁治年間（一二四〇〜四三）の勘定では、総額で准絹百一疋ということである。諸国の納入が遅れた場合は、少しく成功を募るか」。この記載と、先述の吉田為経の書き上げについての定嗣の推測に鑑みると、仁治年間においては、絹単位で記載された「出納用途帳」に基づく勘定がなされて、「沽価法」に基づいて総額が計算されていたと考えられる。その一方ですでに書いたように「代々沙汰」では、その計算された総額とはまったく関係なく、前例に基づいて各国に負担が割り当てられ、物資が調達されているのが収取の現場での実態であったことも確かである。

ここから導きだされる、沽価法の財政上の位置づけについて、どのように考えればよいのだろうか。

行事所や蔵人所などが、造営事業や宮中行事を行う場合、その費用は国宛に負担を割り当てる、あるいは成功を募る形をとるのだが、その際、事業や行事に「必要な分」を都度徴収する建前になっていることは、よく知られている。ならば、負担を割り当てる・成功を募るためには、必要な物資の量を計算し、さらにそれを各国に国宛として負担を分配するために、予算を策定しなければならないのは自明の理である。その本来あるべき予算策定の際の手順を、この『葉黄記』の記載から導きだすとこうなる。

①まず「出納用途帳」に基づいて必要な物資（御几帳・帷子など）を書き上げる。
②沽価法に基づいて、それらの物資の総額が絹単位で計算される。
③絹単位で導きだされた総額を、各国に分配して割り当てがなされる。

つまり、沽価法は「出納用途帳」に記載された必要物資の値段表として機能したことになる。本来はさらに、「代々沙汰」が示すこの割り当てに基づいた徴収の実際のありようにおける沽価法の実効性も検討すべきだが、行論の都合上、次節で検討する。

さて、このような沽価法の運用は、保立道久氏が指摘した、保元の大内裏再建の際の沽価法の運用とまったく同じである[6]。ではこのような財政運用はどこまでさかのぼれるのだろうか。国宛や行事費用調達とかかわって「用途帳」が使用されている事例としては、『小右記』長元二年（一〇二九）八月一一日条、『民経記』寛喜元年（一二二九）六月一九日条・貞永元年（一二三二）三月一八日条で確認できる。つまりこのような財政における沽価法の運用は、一一世紀までさかのぼる可能性があることになる。そして後嵯峨院の在位中にも、実態はともかく、建前上は同様の財政運用が行われていたことになる。中島氏のいうように、沽価法が財政と関係ないとすれば、治承・建久・嘉禄年間だけ、財政換算の方式が保元以前から変化し、仁治年間にもとに戻った、ということになるが、これは考えづらいのではないだろうか。本章で検討の対象とした、一二世紀末から一二三〇年ころまでの間、一貫して沽価法は必要物資の値段表、すなわち、財政上の換算基準として運用されてきた、と考える方が自然である。

以上、ここまでの検討から、保元年間以前から鎌倉時代半ばにかけて、沽価法（直法）は官司間の貢納物受け渡しの際の、物資の換算基準として運用されていたこと、かつ貢納物受け渡しの際の換算額が、紛争の原因となりうる状態であったことの二つを明らかにできた。中島氏のいうとおり、確かに治承〜文治・建久年間（一一七七〜九九）というぴったりの同時代の史料では確認できないが、だが、保元三年（一一五八）の〔史料1〕の事例と、仁治年間の〔史料2〕の事例とから、当該の時期の前後に、銭貨禁令がその維持を目的としていた沽価法と財政との関連が確認できる以上、中島氏の「貨幣政策は財政と関連がない」という批判への合理的な反論としては十分と考える。

以上から治承から文治・建久年間の、沽価法を守らせるために行われた貨幣政策と、財政政策は明確にリンクしていたと考えて問題ない。

もう一つ、この補論で解決しておかねばならない問題として、保留していた財政上の換算基準としての沽価法の実効性の問題がある。

四　財政上の換算基準としての沽価法の実効性

沽価法は財政上の換算基準として運用されたことを前節で明らかにしたが、その重要性にもかかわらず、史料上にほとんど現れてこなかったことについては、不審の念を抱く向きも多いと考える。そもそも〔史料2〕の蔵人方公事用途の計算にあたって、後嵯峨院在位時の記録所寄人は「沽価法が定められなければ、布・絹の値段が決定できない（それゆえに勘定ができない）」と主張しているのは確かだが、だからといって、沽価法が定められることはなく、ましてやそれを理由とした行事の延引があったというわけではないのである。また〔史料3〕の内容は、沽価法による換算とまったく関係なく、諸国への所課とその収納が行われていたことを示している。はたして財政上の換算基準としての沽価法には、いかほどの実効性があったのだろうか。

〔史料2・3〕の『葉黄記』の記載によると、確かに仁治年間には沽価法に基づいて負担額が定められるべき、と考えられているわけだが、一方で実際の徴収は、この割り当てにまったく基づいておらず、蔵人所と各国の間で、前例に基づいて必要な物資を割り振り、現物で納めさせていることがわかる。

つまり「出納用途帳」と沽価法に基づく割り当ては、あくまで記録所や蔵人所での評定で使われる書面上に留まり、沽価法による換算基準は、現実の物資の受け渡しには適用されていないと考えられる。言い換えると「出納用途帳」と沽価法の「効力」は蔵人所や行事所内の儀礼に用いられる書面から、実質的に一歩も出ていないことになるのである。

だが一方で〔史料1〕でみたように、保元年間には行事所が定めた「直法」が、荘園での収取の現場を規定していた。また治承年間に九条兼実は、沽価法を定める際に検討すべき事項について、以下のように述べている。

〔史料4〕

先法家勘㆓申本条㆒、幷使庁官底止注㆓進度々制符㆒、且当時官行事所及蔵人所色代検納之制、諸国済例等、斟㆓酌彼是㆒、且訪㆓有職㆒、且及㆓群議㆒、可㆑被㆓定下㆒也(7)

〔史料1〕にある「直法」は行事所が定めるものであり、必ずしも太政官符によって定められる沽価法と同じとはいいきれないが、〔史料4〕にみえるとおり、沽価法を定める際には、「官行事所、及び蔵人所の色代検納の制」が「諸国済例」とともに参照されることになっており、関連性が高いことは間違いない。さて、行事所が定め、色代換算の訴訟において参照されている〔史料1〕の保元「直法」と、仁治年間の沽価法との効力・権威の差を、どう考えるべきだろうか。

ここで、第一部第二章で論じた『玉葉』文治二年（一一八六）七月五日条に改めて注目したい。宇佐宮の仮殿への遷宮造営にあたり、成功の負担を肥前国司との間で交渉している史料である。このとき、負担額の交渉にあたっては、沽価法に基づく費用の積算を基礎としつつも、実際には太政官・行事所が「どんぶり勘定」で負担額をふっかけ、国司の側も「どんぶり勘定」で値切り、両者の政治力によって最終的な納付額が決定している様子を紹介した。

この事例と〔史料1・2〕の時系列を整理してみよう。沽価法と関連の深い、行事所の定める「直法」が荘園の収納を規定していた保元の事例と、儀礼上の書面にのみ生きながらえている仁治年間との間に、この「費用積算は沽価法に基づいて行われるが、実際の納付額は交渉によって定まる」という事例が存在していることになる。

つまり、朝廷の権威が高く、知行国主あるいは受領、さらには荘園の預所たちが、太政官や行事所の要求どおりに物資を納入してきた保元年間には、直法・沽価法は収取の現場を規定していた。だが、治承・寿永の内乱を経た文治年間では、必要な費用総額の計算に沽価法は利用されてはいるものの、最終的には政治力による交渉に基づいた「どんぶり勘定」で収納額が決定するようになる。さらに承久の乱の後、国宛による費用徴収が機能不全になっていた仁治年間には、国司からの徴収額の決定にあたってはもっぱら前例が参照されるようになる。いいかえると、前例以上に各国から収納することができなくなり、直法・沽価法は朝廷の儀式で用いられる帳面を作成する際にのみ適用される、形骸化した価格表と化してしまっているのである。

つまり沽価法は、保元年間には収納の現場を規定するだけの実効性のある換算基準だったが、治承・寿永の内乱と承久の乱を経て、朝廷の文書・儀式上の書面のみでしか意識されない、実態と乖離した価格表へと、形骸化していったのである。

沽価法による物資と絹との交換比を厳密に守り、精密に予算を算出することが、実際に負担額を計算して儀礼文書を作成する場において必要不可欠な作業であることは、時代を問わず変わらない。また保元年間のように、行事所が命令すればそのとおりの物資が収納できた時期には、収納の現場でも重要な意味があったといえる。だが治承・寿永内乱を経て、そもそも役の収納自体が滞るようになると、実際に物資を確保するための個々の負担者との交渉や、実際に物資を納入させる政治力のほうが重要となってくる。そして最終的に承久の乱を経た後、朝廷が一国平均役の徴収にも事欠くようになった後の沽価法は、ほぼ儀式の書面作成者だけしか意識しないものとなっていたのである。

九条兼実が沽価法について書き記した時期は、朝廷は治承・寿永内乱を経て、物資の換算基準どころか、物資それ自体を実際に確保することに汲々とするような時期であった。とすると、兼実以外の貴族たちが貨幣政策や沽価法自体に興味をもたなかったことも、理解できよう。

第一部第三章でも論じたが、以上の根拠から、鎌倉初期における貨幣政策は、あくまで財政政策の補助手段でしかない、と筆者は考える。沽価法にせよ銭貨禁令にせよ、費用の概算や物資の受け渡しといった財政の実務上では重要ではあるが、収取を実現し財源を確保することが難しい事態のもとにおいては、その重要性は一歩も二歩も減じていたのである。

五　沽価法と市場価格についての観念

最後に、沽価法と市場価格統制との関連について検討する。すでに述べたように中島氏は拙論を含めた「財政論」を批判するにあたって、「渡来銭使用をめぐる朝廷の議論で取り上げられるのが専ら市場における物価の問題であって、朝廷財政との関連への言及は一つも見られない」ことを根拠に、沽価法は財政とは関係なく、市場での価格統制のために制定されたとする。この中島氏の批判に答えるためにはなぜ財政上の換算価格の体系を守るために市場価格を統制しようとしたのか、を明らかにする必要があるだろう(8)。

この問題については、〔史料2・3〕の『葉黄記』の記述の検討を中心に、朝廷が市場の価格と沽価法の関係についてどのような観念をもっていたのか、を明らかにすることで、回答としたい。

先行研究の多くは、沽価法による価格統制の動機について、絹安（米・銭高）のために、朝廷が収納する貢納物の価値が目減りしたために、その是正のために公定価格を押し付けようとした、とする。だがそもそも諸国所課による納入物が不足したとき、朝廷・行事所はどのような対応を行ったのだろうか。

ここで、再度〔史料3〕の傍線部に注目する。ここでは「諸国からの物資の納入が間に合わなかった場合は、少しく成功を募るか」とある。すなわち不足分については、成功で調達していた、ということになる。また、〔史料2・3〕では引用を省略したが、『葉黄記』宝治元年（一二四七）三月一一日条には、「諸国所済不足之間、賜二任官功一」「嘉禎年中賜二任官功一、准絹五万疋、此間賜二十三万疋一云々、纔十許年之間、功程加増如レ此」といった記載がある。

これらの記載からみるに、諸国からの所済が不足したら、蔵人所は成功を募って不足分を補塡していた、その成功の額は年々増加していた、ということになる。それでも物資が不足した場合はどうしたのだろうか。〔史料3〕の「一、四月一日鋪設」の物資の量をみると「建仁年中」と「近年」とでは、明らかに所済した国の数と、調達した物資の量とが減少している。このことに鑑みると、調達物資の不足に対しては、行事などの規模を縮小することで対応した、と考えられる。

なお、このことが拙論で「沽価法の価格体系を守ること」の目的に、「絹の価値の下落によって減少する中央の収入の確保」を含めない理由である。沽価法の目的は決して絹の価値を防衛して収入を確保するところにはなく、あくまでも収取の際の貢納物の換算額をめぐる紛争への対応だったのである。

さて、沽価法による価格統制の動機が、絹安による収納物の価値の目減りへの対応ではない、と確認したところで、改めてその動機について検討しよう。

ここで改めて〔史料2・3〕の記述に注目する。〔史料2〕で葉室定嗣は、「蔵人方公事用途」を計算するにあたって、「出納用途帳」をもとに沽価法を用いて用途を算出するという、前例どおりの方法を採用するには、沽価法を改めて定める必要があるが、その注進を「憚って」いる。その理由について「非二九（市イ）予之商人一者、難レ知二其実一」、すなわち商人でなければ沽価法の「実」を知りがたいことをあげている。だがその一方で、〔史料3〕からもわかるとおり定嗣は、実際の行事用途は、「出納用途帳」に基づいておらず、前例に基づいて、諸国に対して課せられていることを知っているのである。この一連の矛盾した記述からは、定嗣が、沽価法がすでに形骸化しており、実際の収取の場では用いられていないことを知っていることと、それにもかかわらず、そこに記載された価格は、市場価格と一致しているべきと考えていることがわかる。

儀式の場での勘申という文書の上でのみ用いられ、実際の収取の場では用いられていないのであれば、本来、沽価法が実際の市場価格と一致している必要などない。実際に吉田為経は「暗に計らい定めた」価格で勘申を作成しているし、後嵯峨親政期に沽価法制定の要請があっても、その後に沽価法が定められた様子はまったくない。実際の収取は、先例に基づいて行われており、沽価法と市場価格の一致などは不要だったのである。

だが定嗣のしるすところでは、それにもかかわらず、「沽価法は実際の市場価格と一致していなければならない」という観念が存在していた、ということになる。もはや、収取の場ですら実効性を失っている時期の沽価法について、実際の市場価格と一致しているべきである、という観念が存在したとすれば、まがりなりにも実効性があった治承や建久の時期の朝廷に、同様の観念が存在していたとみてもおかしくない。

そして、商品市場や貨幣流通について「プリミティブな」観念を持っていた朝廷であれば、「沽価法と実際の市場価格との一致」とは、公定価格を市場価格に基づいて定めるのではなく、「沽価法で市場価格を統制する」という考えをもっていたとしてもおかしくないだろう。これが、財政上の換算価格である沽価法が、もっぱら市場にかかわる議論で言及された理由と考える。

なお、治承・建久年間における市場価格統制の実効性についての問題が残るが、これは別途、本書の終章で論ずる。〔史料2・3〕でみられる、このような、ある意味「いい加減」な対応は、「蔵人方公事用途」についての院評定への勘申が、まったく形骸化しているからこそ可能となっている、と考えられる。沽価法の運用についてのみならず、このような形骸化した文書が作られ続けたこと自体、先例主義も極まれり、といった評価にならざるを得ない。とはいえ、葉室定嗣が実態に即した勘申を作成して激賞されてもいることは、手続きが形骸している、という認識自体は、公家たちの間で共有されていたのだろう。そこにみられる「実態」からは、律令制的な色代による換算から、先例に基づいて貢納物の量を配分するという、中世一般にみられる習慣への変化を見て取ることも可能だろう。

おわりに

中島氏は、拙論について、「経済・財政に対する現代の知見をそのまま持ち込んで過度な深読みをするのには慎重でありたい」と批判した。本補論ではこの批判に答えるために、史料をもとにした実証を試みたつもりである。どちらにせよ、渡来銭流通開始期の朝廷の貨幣政策は「沽価法」との関係で展開した。本補論で示したとおり、「沽価法」は太政官、あるいは諸国司間の貢納物受け渡しにあたっての換算基準と先例の集合でもある。商品貨幣に基づいた財政運営においては、現代の知見とかかわりなく、物資の換算基準の整備は必須といえよう。

本補論での検討からは、「沽価法」と朝廷財政との関係について、時系列的な変化も明らかにできた、と考える。保元の時点で、荘園での収取の末端まで行き届いていた「沽価法」の影響力は、治承・寿永の内乱を経て朝廷の権威が下がるにつれ収納の現場では低下していき、承久の乱の後は、朝廷の儀式で使用される文書の費用計算と負担分配の文面にのみ、利用されるようになる。その影響力が低下していく過程で、朝廷財政とは関係なく「民間」主導で渡来銭が受容されていったため、銭貨禁令が「沽価法」とのかかわりで実施される論理が、後世からみて非常にわかりにくくなった、といえるのではないだろうか。

注

（1）中島圭一「『中世貨幣』成立期における朝廷の渡来銭政策の再検討」（『日本史研究』六二二号、二〇一四年）。
（2）中島前掲注（1）論文。
（3）保立道久「中世前期の新制と沽価法—都市王権の法、市場・貨幣・財政—」（『歴史学研究』六八七号、一九九六年）、同「平安末期から鎌倉初期の銭貨政策」（悪党研究会編『中世荘園の基層』岩田書院、二〇一三年）。
（4）保元三年（一一五八）九月一一日付僧能恵言上案（『平安遺文』二九四八号）。
（5）ほかに、換算額の決定にあたって、「傍例」が参照されているが、これは換算額の「傍例」が行事所の「直法」のほかにあったということではなく、「換算額は行事所の『直法』に則って算定する」という傍例、と解釈する。行事所の「直法」が「傍例」によって相対化されるのであれば、「覚仁の注進してきた『直法』が、行事所のそれと異なっている」ということでの訴訟が成立しないからである。
（6）保立前掲注（3）論文。
（7）『玉葉』治承三年七月廿五日条。
（8）中島氏の拙論批判の問題点について、以下の点を指摘しておきたい。中島氏は朝廷が価格統制の必要性を認識した理由について、「朝廷の公卿層が抱いていたのはせいぜい『物価高騰は悪い』というプリミティブな観念に過ぎず、実務官人層もあまり変わらないレベルだ」と説明している。だがそれについて特に史料的な根拠を示すことなく、これが「穏当な史料解釈である」と述べるにとどまっている。
　また中島前掲注（1）論文では、「中世の公権力が経済・財政のメカニズムを十分に理解していたのか」という疑問を呈しているが、それならば「絹基準で動いていた当時の市庭において、銭貨禁令を出せば、絹基準での物価高騰を抑えることができる」と、朝廷が考えた理由を、「プリミティブな観念」で説明する必要があるのではなかろうか。
　朝廷が銭貨禁令で絹基準の物価高騰を抑えることができる、と考えた理由についての筆者の仮説は、第一部第二章第二節で詳細に述べているが、かいつまんで述べると、貨幣同士の選好といった「経済のメカニズム」を理解していない当時の朝廷（あるいは実務に携わった官人）は、絹の購買力の低下が進むなかで、取引における絹布利用の忌避と銭貨の使用が一体として起こっているのを見て、「絹の価値を守るためには銭貨流通の禁止が必須」と認識した、というものである。「過度な深読み」ではないか、という批判は成立するとしても、決して中島氏がいうような「経済・財政に対する現代の知見をそのまま中世に持ち込ん」だ結果ではない、と認識している。

第二部　中世手形文書の決済システム

第一章　東大寺封戸物輸納と寺使

はじめに

一〇世紀末ころから、諸司・諸家・大寺院などの支払委託文書や返抄（受領書）が、経費の調達の際に給付手段として手形的に用いられており、研究上、切符系文書と総称されている。[1]切符系文書の研究は、大石直正氏によって先鞭がつけられた。大石氏は一一世紀の東大寺封戸物徴収について、東大寺から切符文書である仮納返抄・催牒の交付を受けた「寺使」が、納所等の受領の流通機構や、郡など現地の徴税単位から受け取る形で行われていたこと、寺使たちが流通業者と密接な関係にあることを明らかにした。[2]その後、勝山清次氏、[3]福島正樹氏、[4]川本龍市氏[5]などによってその実態が明らかにされた。

そして佐藤泰弘氏はこれら切符系文書の運用のなかに「信用」の発生を見出した。[6]佐藤氏は「文書の授受が現物の授受を代行するという了解は、授受された文書によって現物を確実に受け取ることができることを前提として」いるとし、「それは受領が構築した徴税制度、つまり収取と輸納を実現する組織・機構に支えられている」とした。[7]すなわち切符系文書を手形とみなし、その手形としての信用は、郡・郷などの徴税単位所領と、納所等の受領に組織された流通機構によって構成される、「受領の財政・徴税機構」によって支えられていた、というのである。

さらに佐藤氏は、納所等を「問丸」の源流とみなし、一一世紀の受領の財政・徴税機構を中心とした財政・徴税制度の運用を、一二世紀以降の商業発達の起点と位置づけた。この佐藤説は、主に封戸制度との関連で論じられてきた切符系文書を、信用の発生・商業の発達と関連づけた点で画期的であった。

一一世紀の流通構造については、佐藤説にそった形での理解が現状での通説的地位を占めている。その他、一一世紀の流通経済の特徴についての議論としては、勝山氏が公田官物率法の成立をもとに論じた、京都を中心とした求心的な地域間の分業・流通関係があげられる。また櫛木謙周氏は、そのような流通構造における、地域と首都とを結ぶ流通の担い手として、受領に再編された流通網を重視している。(8)

だが通説的理解にも問題が残されている。それは受領の財政・徴税機構から、仮納返抄・催牒を利用して封戸物を受け取り、東大寺へ輸納していた寺使たちの役割が捨象されている点である。実際に封戸物輸納に携わっていた寺使と、流通業・輸送業・商業とのかかわりは、大石氏をはじめ多くの指摘がある。(9) にもかかわらず、当時の流通構造を考えるうえで彼らが位置づけられていないのは問題であろう。以下本章では、東大寺封戸物徴収における仮納返抄・催牒の運用のあり方を中心に、寺使の役割と位置づけを検討してみたい。

一　寺使とその性格——領主の流通集団——

先行研究において、寺使は僧侶・受領層・下級官人の三種に大別されている。(10)

まず寺使として現れる僧侶については福島氏が、東大寺別当が私房の家産管理のために組織した流通集団に、その立場を利用して寺使として封戸物徴収請負をさせていた例を指摘し、(11) 高僧の家産管理のための流通集団が、大寺院の徴税請負をしていたことを明らかにした。

次に寺使として現れる受領層について大石氏は、納所等の受領の財政・徴税のための流通機構が、もともと受領の私的な家政機関であったことと、受領層である源頼房の寺使としての活動から、官物京上の機構を自ら持っている受領は寺使として徴税請負しやすい、とした⑫。

最後に寺使として現れる下級官人については明確に論じられていないが、大石氏は、前掲の源頼房が大規模な私営田領主でもあったことから、彼の寺使としての徴税請負・前納と私営田経営がその家政機関としての流通拠点を媒介として有機的に結合していたと論じ⑬、そのような拠点をもつ私営田領主の例として、『今昔物語集』の説話等で有名な藤原清廉をあげている⑭。頼房は受領層であり、「大蔵の大夫」と呼ばれる清廉は五位クラスと考えられ、彼らの大規模な私営田経営の様子をそのまま、下級官人としての寺使たちにあてはめることはできない。だが、これらの事例から寺使として現れる下級官人たちのなかに、その私営田経営のための拠点・流通集団を転用する形で活動しているものの存在を想定することは、十分可能であろう。

以上のような先行研究の成果からは、次のような寺使のあり方が見えてくる。高僧の私房組織や、私営田領主による流通集団の組織からは、領主たちには、所領の生産物・貢納物を輸納・管理するために流通集団を組織する必要があったことがわかる。結果、当時はさまざまなレベルの領主たちによって、多種多様な「領主の流通集団」が編成されていたと考えられる。当時の主従制のあり方に鑑みると、彼らが特定の領主だけでなく、複数の領主に奉仕していてもなんら不思議ではない。そういった「領主の流通集団」が、なんらかの契機によって東大寺封戸物輸納に動員された場合、「寺使」として封戸所在国の国衙に臨んだ、と考えられる。

ここで問題となるのは、受領層による寺使としての活動である。受領層の私的な家政機関に属する流通集団の動員、というそのあり方は、受領の流通機構のあり方とまったく同様だからである。もちろん受領の流通機構にはいわゆる国衙船所など、国衙の機構が転化したものが含まれており、他の「領主の流通集団」とまったく同一とみなすことはできない。だが受領層の組織した流通集団が、ある時には国衙の流通機構として、またある時には寺使として動員されることがありえたことは、寺使たちと受領の流通機構、それぞれを構成する流通集団が、「領主の流通集団」として一定の同質性をもっていたことを示す。

とすると、寺使たちに受領の流通機構と同等の評価を与えてもよさそうだが、ことはそう単純ではない。佐藤氏が受領の流通機構を高く評価するのは、単純に彼らが都鄙間の財政的な輸送・流通を担い、やがて商人に転化していったから、というだけではなく、彼らが仮納返抄・催牒の「信用」を支えていたからである。一一世紀の財政・徴税制度の運用に対する高い評価が、その信用によるのであれば、寺使たちを評価するには、切符系文書の信用構造のなかに、彼らを正しく位置づける必要がある。次節以降、東大寺仮納返抄・催牒を題材に、その信用構造と寺使の位置づけについて検討する。

二　仮納返抄・催牒による封戸物輸納事務

まず仮納返抄・催牒の事務手続きについて、先行研究を参考に概観しておく(15)。東大寺から仮納返抄・催牒を交付された寺使は、封戸所在国衙にそれを提出して決済を受け、その傘下の納所等へ支払いを命ずる国符・国下文等を受け取り、それをもとに封戸物を受領して(16)、引き換えに寺使請文（請文）を発行する。国衙はそれらの支払証拠文書をまとめ、個々の支払額を列記して合計額を算出した国勘文を作成し、支払証拠文書を添えて東大寺に提出する。東大寺は国勘文に記載された支払額と、証拠文書を突き合わせ、所定額の支払を確認（勘合）したうえで、封戸物全体の受領証であり、その完済を証明する惣返抄を国衙に対して発行する。

本郷恵子氏は国衙が仮納返抄・催牒を決済するのは、受領が国家の会計監査である勘会に合格するために必要な惣返抄の交付を受けるために必要な、封戸物支払証拠文書を入手するため、と論じた。(17)切符系文書の信用は、「受領の財政・徴税機構」による輸納の実現と、国家の会計制度による監理の二つによって支えられていた、というのが通説的理解といえる。

さて、国衙が封戸物の支払証拠文書を入手するために、仮納返抄・催牒を決済するのであれば、その信用の根幹は、国衙が提出した支払証拠文書を東大寺がチェックする「勘合」の手続によって支えられていることになる。よってまず勘合事務のあり方について、具体的に史料からの検討を行う。

なお寺使が封物を受け取る形態には、京都およびその近辺の納所等から受け取る「見下之弁」と国内の収取単位（名など）から直接寺使が徴収する「弁補」があるが、勘合事務上は差異が認められないため、両者の異同はここでは保留し、後ほど検討する。

三　勘合手続の実態

まず、若狭国から東大寺に提出された、天喜三～四年（一〇五五～五六）分の東大寺封戸物所済勘文のうち、若狭国の寺使に対する所済の明細を記した部分に注目する。

（前略）

所済肆佰拾参斛陸斗捌合

『斗欠卅石三斗』
百五十一石五斗　　　　　　　　　　天喜三年料、重兼宿禰請
『斗欠十二石』
六十石　　　　　　　　　　　　　　同四年、御寺使念慶請
『斗欠　卅石四斗二升一合六勺』
百五十二石一斗八合　　　　　　　　同五年、御寺使念慶請
『斗欠九石』
卅石　　　　　　　　　　　　　　　同五年十二月日、御寺使念慶請
『斗欠四石』
廿石　　　　　　　　　　　　　　　同五年十二月日、御寺使念慶請[18]

（後略）

この史料をみる限り、若狭国が提出した証拠文書は寺使請文のみであり[19]、仮納返抄・催牒が提出されている様子はみられない。つまり東大寺発給文書の提出が省略され、寺使の請文のみで勘合が完了しているのである。両年分の若狭国の封戸米輸納については、寺使念慶が独占的に請負っているため[20]、これを例外とみなすむきもあろう。だが同様に寺使の請文のみで勘合が完了している例が、寛徳二年（一〇四五）七月一一日付周防国雑掌秦成安解[21]（以下、「周防国雑掌解」と略）においても確認でき、決して若狭国のみの例ではなかったことがわかる。

さらに他の史料をみる。大石氏も検討の対象とした、天喜三・四・五年分の封戸物納入の報告と支払証拠文書の提出のために、康平元年（一〇五八）一一月日付で近江国衙が東大寺に提出した勘文と考えられている[22]、近江国雑掌秦成安解[23]（以下、「近江国所済勘文」と略）のなかに、

十五石　□十一月十九日仮納　甲賀東郡
（同）『□□請文、無仮納』

という一行がある。「十一月十九日仮納」にて甲賀東郡から受け渡された封戸物「十五石」について、朱書にて「□□請文、無仮納」との勘注がある。大石氏は「勘注ではこの仮納返抄はなかったことになっている」にもかかわらず、当該の請文と仮納返抄とが現存していることから、朱書がされた時点で勘文に添えられていたのは請文の

みで、仮納返抄は後で東大寺に提出されたとする。(24)

とすると近江国衙は、当初、受け取っていた仮納返抄を所済勘文に添えず、寺使請文のみを添えて東大寺に提出したと考えられる。だがそもそも勘合とは、支払証拠文書を東大寺に提出する手続きである。ところが近江国雑掌は、「仮納返抄による支払」と勘文に明記したにもかかわらず、所持していた肝心の仮納返抄の添付を怠り、寺使請文のみを添えて東大寺に勘文を提出したことになる。これはいったいどういうことであろうか。

近江国所済勘文に記載された所済の次の行には、次のような記載がある。

五百石　□（同）　十一月一日催牒

野洲南郡　三百石　　蒲生上郡二百石

これをみると、きちんと当初から催牒が添付されていたとみられる。同様に催牒あるいは仮納返抄が明記されている事例が同一の勘文に混在している。これは先述の周防国雑掌秦成案解の例でも同様である。

とすると、これらをミスや不正では説明できない。勘合事務には、仮納返抄・催牒の添付を省略し、寺使請文のみの提出で済ませる例が存在したのである。「近江国所済勘文」で「無仮納」が勘出されたのは、寺使と東大寺との間で、この点に関する見解の相違があったということになるだろう。この「寺使請文」の提出のみで勘合がなされている事例について、先行研究では必ずしも注目されてこなかった。だがこれは、寺使請文が東大寺発給の文書と同様の効力をもっているという点において、仮納返抄・催牒の信用構造に寺使を位置づけるためには決して無視できるものではない。以下、その要因を検討する。

四　勘合の基準

そもそも国衙は勘合事務にあたって、封戸物支払の証拠文書としての仮納返抄・催牒について、どのように認識していたのだろうか。次の史料をみる。

（前略）件御封始従二初任一、随二寺家勘文幷牒状一、副二色々雑事等一進済先了、而今所二進国勘〔文〕一之日、被二勘下一之処、多有二車力勘出一、抑使者請二取正物一之間、以二車力一為レ先、何今件車力被二勘出一乎者、早任二道理一、被二勘合一者、将レ知二勤節之不レ失之由(25)（後略）

永承三年（一〇四八）六月二日付で美作国が東大寺へと提出した解の一部である。これによると美作国は「寺家勘文幷牒状」に従って、東大寺の「使者」に封戸物と、「雑事」すなわち経費等を進済していたという。「寺家勘文」とは、前司から引き継いだ東大寺封戸物の勘文と考えられ、美作国衙は、そこから判る済例と「牒状（仮納返抄・催牒）」に従って、封戸物を進済したのだろう。

さて、ここで美作国雑掌は「車力」すなわち寺使への輸送手数料を封戸物支払いに含めた勘文を、東大寺に提出したにもかかわらず、東大寺が「勘出」すなわち封戸物支払いと認めなかったことについて抗議している。なぜこのような行き違いが発生したのだろうか。播磨国の例ながら、「車力」の記載がある寺使の請文をみてみよう。

謹辞　請米事

合弐拾弐石柒斗賀古本郷下

正米廿石　車力一石　雑用一石七斗

右、東大寺御封内、天喜四年五月廿三日仮納卅石内、見下十石残、僧勝範□（今カ）年
四ー七月十九日僧徒代（ママ）、国本斗定、所レ請如レ件
天喜四年九月六日　使　僧　勝範（花押）[26]

天喜四年（一〇五六）に行われた、播磨国あてとみられる額面三〇石の仮納返抄に基づく封戸物受け渡しの際に、寺使が提出した請文である[27]。合計二二石七斗の米を受け取りながら、仮納返抄の残高は「見下十石残」とされ、封戸物の支払い額としては「廿石」分しか認めていない。つまり「車力」のような手数料は、封戸物「正米」とは別建てだったのである。

「車力」の記載がこのようであったならば、先の永承三年の例で美作国雑掌は、仮納返抄・催牒の記載額に、寺使の請文に別建てで記載されていた「車力」分を含めて封戸物支払額とした勘文を提出した、ということが推測される。だがその「車力」分を封戸物支払に含めるかどうか、東大寺の側と見解が相違したため、その分の支払いを東大寺が認めず、勘出されて支払額の合計がその分だけ減少した。その結果、東大寺から封戸物完済が認められなかったことについて、抗議の解が送られた、と解釈できる。

この抗議に東大寺がどう対応したのかは定かでないが、ここで重要なのは、美作国雑掌が仮納返抄・催牒の額面以上の支払額を主張した点にある。もちろん支払額をより大きくみせようという雑掌の意図は明白であるし[28]、先例では「車力」の額を封戸物所済に含めることが認められていたものを、東大寺がこのとき突然勘出した、という可能性もある。だが仮納返抄・催牒の額面以上の支払額を東大寺が認める余地がある、と雑掌が認識していたからこそ、このような主張が行われたのではないだろうか。

すなわち仮納返抄・催牒は、東大寺の合意さえあれば、その額面以上の封戸物が支払われた、と認められるもの

だったのである。

さて東大寺の合意が封戸物の支払額だけでなく、仮納返抄・催牒の効力自体を左右している史料も存在する。天喜三年八月の、有慶から覚源への東大寺別当の交代にかかわって、丹波国あての仮納返抄の決済に混乱があった。この年の一一月一八日付で丹波国衙は東大寺に、前別当有慶の発行した仮納返抄の決済を拒否したことを報告し、改めて催牒の発行を要求してきた(29)。それを受けて現任の別当覚源は同国衙に、そのような「横返抄」を用いてはならない、と翌日付で通告している(30)。つまり、たとえ正式に発給された仮納返抄であっても、別当が交代すると、新任の別当によって効力が否定されることがあったのである。丹波国が前別当の仮納返抄の決済を拒否したのも、それを見越したからであろう。

以上から、仮納返抄・催牒の効力の源泉は、勘合において、それを封戸物受け渡しの証拠として認めるという、東大寺と国衙の合意にあったことがわかる。

勘合において両者の合意が重要だったとすれば、前節であげたような、仮納返抄・催牒を省略して寺使請文のみで済ませるという勘合事務の存在についても説明が可能となる。例えば最初にあげた寺使念慶の例においては、若狭国と東大寺との「寺使念慶の請文のみで封戸物支払の証明は十分」という合意の存在が想定される。

だがこの合意は、東大寺別当の交代など、両者の関係の変更によって簡単に覆されうるものでもあった。また前述の永承三年美作国雑掌解は、美作国衙と東大寺の間で、勘合に必要な証拠文書の解釈について見解の相違が生じうることを示している。これらは東大寺と封戸所在国の間で、これさえ満たせば必ず勘合を通過する、という明確な基準についての合意がなかったことを示している。

五　勘合・決済事務の問題点

仮納返抄・催牒の勘合に明確な基準がなく、また簡単に変更されうることは、国衙によるそれらの決済にも影響すると考えられる。残念ながらその基準を具体的に知ることはできない。だがここまでの検討からは、国衙は単純に文書の真贋等ではなく、「東大寺の勘合で認められるかどうか」という観点から、個別の仮納返抄・催牒ごとに、総合的に決済可否を判断していたと推測できる。前節の天喜三年丹波国衙の例は、仮納返抄が国衙の判断によって決済拒否された例といえよう。

このような決済事務のあり方を、同時期に同様に官司によって運用されていた手形制度である、宋の便換と比較してみる。草野靖氏(31)によると、便換のための銭物を受納した官司は基本的に、同様の文言の証票、交収由子（交鈔）と収附文状を一通ずつ作り、前者は銭物と引き換えに手形として受取人に与え、後者は支払機関に直接送る。支払機関は受取人が呈示してきた交収由子と、送られてきた収附文状、二通の別ルートで呈示された文書を照合して真偽を確かめたうえで、支払いに応じるという。

また『続資治通鑑長編』巻八五　大中祥符八年（一〇一五）閏六月庚寅一二日条によると、地方州軍支払いの便換の振出人である宋の京師左蔵庫は、商人に対して銭貨と引き換えに現銭の受取人であることを示す「券」を発行すると同時に、支払機関である諸州に「勅」を発し、該当の「券」の発行を知らせるとともに、「券」と引き換えに現銭を支払うよう指図していたという。

また『宋会要輯稿』（職官二　進奏院）端拱元年（九八八）正月条によると、商人に発行した便銭（便換）の内容を記した「便銭逓牒」は、丈夫な皮革（皮筒、皮製の文書容器）によって封送され、進奏院によって支払機関に送られるという。支払機関はこの逓牒と商人の持参した券との照合を行ったうえで、券を決済する、というしくみとなっている。

宋の為替手形においては、銭物を受納した官司により二通の文書が発給されることになっている。うち一通は受取人に交付され、もう一通は支払機関に直接送達される。つまり二通一組の文書が、「受取人による呈示」と「官司間の送達」というそれぞれ別のルートで支払人に呈示され、両者の一致が確認されて初めて決済されるというシステムをとっている。二通の文書の一致というシステム的な確認法によって、取引と受取人、二点の真偽を厳密に確認するわけである。勘合や勘会にあたる監査手続きについては言及されていないが、文書二通の照合事務の正確性がチェックされていることは容易に推測される。なお、後年の日本の割符取引でも同様の確認手続きがみられる(32)。

それに対して仮納返抄・催牒の場合は、そのようなシステム的な確認法はとられていない。先にみたように、寺使によって文書が呈示されるだけで、その決済の可否は、国衙の側の総合的な判断にまかされており、しかも受け取る文書・勘合に提出する文書の基準も、必ずしも明確ではない。先にみたような「証拠文書の勘合で、肝心の証拠文書が添付されていない」という背景の一つには、このような事務手続上の構造もあげられよう。

さて、システム的な確認法がとられていないと、どのような問題があるのだろうか。

第一には、受取人の真偽の厳格な確認ができないと、例えば盗難や拾得によって仮納返抄・催牒を不法に入手した人間が物資を受け取る、などのトラブルが予想され、円滑な運用が損なわれる点があげられる。第二には、勘合・決済の基準が明確でないと、仮納返抄・催牒それ自体の信用がゆらいでしまう点があげられる。勘合・決済の基準が不明確であると、同様の文書なのに決済されたりされなかったり、という事態を惹起し、「授受された文書によって現物を確実に受け取ることができる」という手形の信用の前提が崩れてしまうのである。また別当の交代のような、東大寺の事情で一方的に決済が拒否された場合には、寺使が損害をかぶることもあっただろう。だが実際には、このようなリスクの存在にもかかわらず、このシステムはおおむね円滑に運用されていた。一体それはなぜだろうか。

その疑問を解決するためには、寺使たちがリスクの存在にもかかわらず仮納返抄・催牒を受け取った理由を、当初の問題意識に戻って、寺使・東大寺・封戸所在国の三者の関係とその信用構造から考える必要がある。次節ではその検討を通じて、封戸物輸納のシステムにおける寺使の位置づけを明らかにする。

六　封戸物輸納のシステムと寺使の信用

寺使・東大寺・封戸所在国衙、三者の信用構造を考えるにあたっては、「寺使請文だけで封戸物支払いの証明は十分」という東大寺・国衙間の合意がなぜ成立しえたのか、その理由を明らかにすることが有効であろう。その際に問題となるのが、前節でみた寺使請文のみで勘合事務が完了する例と、そうではなく仮納返抄・催牒の添付がきちんと行われている例が、若狭国を除き、同一の勘文のなかに混在している点である。

ここからは東大寺と国衙とが、全ての寺使について寺使請文なしでの勘合という扱いを適用していたわけではなく、個々の寺使によって対応を区別していたことがわかる。この区別はどのような基準で行われていたのだろうか。勘合事務に限らず、東大寺が寺使によって取り扱いに差をもうけている例を検討し、そこからこの基準について考えてみる。まず注目するのは次の天喜四年（一〇五六）の史料である。

（端裏）「丹波国仮返抄貴職請文、天喜三年」

謹解　申請申東大寺御符借返抄事
合肆枚　載㆓米佰伍拾斛㆒
右、丹波国天喜三年御封之内、所㆓請申㆒如㆑件、
但至㆓于代㆒者、随㆓仰旨㆒可㆓弁申㆒、仍所㆑請如㆑件、以解、
天喜四年正月廿一日
掾多紀（花押）[33]

これは多紀貴職が、丹波国あて「御符」と「借（仮）返抄」合計四枚一五〇斛分と引き換えに東大寺に提出した請文であるが、ここで貴職は前渡しで仮納返抄の交付を受け、代価は後から納めると約束している。東大寺に納めた物資の代価として仮納返抄が交付されることについてはすでに指摘されているが、この史料からは、仮納返抄の交付にあたって物資を納める前に交付を受ける前渡しと物資を納めた後に交付を受ける後渡しの区別があったことがわかる。これはどういう基準で区別されていたのだろうか。

貴職は、前渡しで受け取った仮納返抄の「代」を「仰せの旨に随い」弁ずる、すなわち随時に東大寺に支払うと約束している。他にも前渡しを「借請申」と表現し、その「物之代」として「上紙檜大榑幷檜皮等」の弁進を約束している史料も存在する。[34] つまり仮納返抄の前渡しを受けると、東大寺への債務が発生するのである。そのような扱いを受ける寺使は、東大寺から金融的な信用を得ていたものに限られていた、と考えられる。

では後渡ししか認められていなかった寺使たちは、東大寺からまったく信用されていなかった、ということになるのだろうか。結論からいえば、それなりに信用関係はあった、と考える。例えば同じ天喜四年に寺使紀某は、「先日所進物代佰伍拾斛之内」として、額面一三五石の周防国あての仮納返抄を後渡しされている。[35] これほどの量の取引は、

事前に交渉や依頼があったと考えるのが自然である。紀某は東大寺からみて、貴職のような金融的な信用は不十分だったが、それだけの物資の調達を任されるだけの能力的な信用はあった、ということになる。

ではより小口の仮納返抄の場合はどうか。管見の限りでは、最も小額の仮納返抄の額面は五石である。こういった相対的に小口の仮納返抄のなかに、東大寺にとって信用関係のない、一見の相手に後渡しで発給したものが皆無、といいきることはできない。だが一一世紀当時において東大寺が、不特定多数の一見の相手から米や物資を仮納返抄で調達することが、はたして日常的だったか、というと疑問符がつく。

例えば大石氏によって寺使念慶が、若狭国封戸物の徴収請負と引き換えに、東大寺が要求する物資をその都度、米を数斗から十数石、絹数疋、牛一頭という単位で上納していることが指摘されている(36)。日常的に小口の物資を、随時に不特定多数から調達することが困難だったからこそ、このような形で寺使に物資を調達させていたのではないだろうか。だとすると例え小口の取引であっても、一見の相手ではなく、すでになんらかの関係がある相手から調達する場合が圧倒的に多かった、と考えられる。

もちろん一〇〇石の仮納返抄を交付される寺使と、五石の仮納返抄を交付される寺使とを、信用面で同列にみることはできない。東大寺は一〇〇石は一〇〇石なり、五石は五石なりに信用を判断したうえで、寺使に仮納返抄を交付していたとみるべきであろう。

では東大寺は寺使の信用を、どのような基準で判断していたのだろうか。例えば財力の多寡に基づく返済能力の差によって、前渡しの可否が左右されるということは十分想定されよう。他にも、念慶のように別当との関係によって寺使としての活動が認められている場合もあったし、逆に一見の相手でも、数石単位の仮納返抄を後渡しでなら交付する、ということも当然あっただろう。そういったそれぞれの寺使の背景と取引の事情、東大寺との関係等をもとに、個別に寺使の信用が判断されていた、と考えられる。

以上から、東大寺はなんらかの信用関係がある人物に対して、それぞれに応分の仮納返抄を交付して寺使とし、そのなかでも金融的な信用がより高いものには、前渡しで仮納返抄を交付する、といった扱いの差をもうけていた、と考えられる。

では次に、国衙と寺使との間ではどうだろうか。次の史料をみてみよう。

『至二于返抄一、以二後日一可レ成レ給レ之、』
『九月五日成二返抄一了、』
当年料』

請塩参拾捌斛伍斗事
右、東大寺讃岐国返抄柒拾柒石代、所レ請如レ件、
天喜四年七月廿一日　使僧連寿(37)

ここで讃岐国衙は、天喜四年の七月二一日に、寺使連寿に対して物資を渡し、対応する仮納返抄を九月五日に受け取っている。つまり七月二一日の時点で国衙は、将来、讃岐国衙にとってまるまる損失になる可能性があったにもかかわらず、仮納返抄なしで三八斛五斗もの塩を連寿に渡していたことになる。

もちろんこれは連寿自身に能力的・金融的な信用があることが大前提であっただろう。だが端書をみる限り、讃岐国衙としては、将来きちんと返抄が提出されるという前提でこの塩を交付したと考えられる。「連寿は手続きを誠実に行うはず」という、連寿の人格に対する信用の存在がそこには認められる。このような人格的な信用は、一見の相手との一回きりの取引では決して生まれない。連寿は、おそらくは以前から存在した取引関係を通じて培った実績と

人間関係から、讃岐国衙の官人から人格的な信用を得たのだろう。

国衙は仮納返抄・催牒が呈示された場合、それらの文書になんらかの瑕疵がない限り、基本的にはそれを決済しなければならない立場である。よって発給する対象の寺使を選べる東大寺とは違い、信用関係がない寺使に対しても仮納返抄・催牒の決済は行われていたと考えられ、連寿と讃岐国のような両者の信用関係を全ての寺使に敷衍することはできない。とはいえここで強調しておきたいことは、寺使が国衙との間に信用関係を構築することが可能だったこと、国衙もさまざまな要因から個別に寺使の信用を判断し、区別していたことである。

以上のように寺使と東大寺・国衙との間には、能力・金融・人格などさまざまな信用面において、さまざまなレベルの関係性が存在していたことがわかった。とすると、先に疑問としてあげた、寺使請文のみで勘合は十分、という合意が成立した理由についても説明がつく。つまり東大寺・国衙の双方から信用される寺使が存在した場合、そのような合意が東大寺と国衙との間に成立しえた、と考えられる。そしてその信用の度合いや封戸物輸納の形態が、寺使・国によって相違していたので、若狭のように全てが一人の寺使請文のみで勘合が完了する例もあれば、周防のように特定の寺使のみ認められる例もあったのである。

七　寺使の信用による仮納返抄・催牒のシステムの補完

前節での最後で決済・勘合の基準の不明確さにもかかわらず、仮納返抄・催牒のシステムがうまく機能していた理由を疑問としてあげたが、それを直接語る史料は残念ながら存在しない。前節でみた寺使の信用の存在と、第一節でみた寺使の性格とを前提に、仮納返抄・催牒の信用構造からその理由を考察することで実証にかえたい。

ここまでの検討からわかるように、寺使として活動ができるのは、基本的になんらかの形で、発給者である東大寺と信用関係を保持する「領主の流通集団」だけであった。その実態も東大寺別当の私房組織や、かつて大和守をつとめた受領の組織といった、東大寺との関係が深いものが多かったと考えられる。

東大寺から信用を得て寺使として活動していたということは、その信用を失えば、寺使としての活動から排斥されることを意味する。それだけならまだしも、寺使たちを組織していた領主たちと東大寺との関係を考えると、寺使の不正の情報は彼らにも容易に伝わったと考えられる。不正によってたとえ一時の利益を得ても、関係のある領主たちからも排斥され、生業を失うことになりかねない。

とすれば、寺使は一定の信用を保持していたと同時に、その信用を保持し続ける動機づけも持っていたことになる。これは寺使に対して、誠実に取引に従事することが期待できたことを意味する。仮納返抄・催牒のシステムは基本的に、誠実性が期待できるものにのみ受取人が限定された、クローズドなシステムだったのである。

このことが、勘合・決済事務にどのように影響してくるのだろうか。ここでまた唐宋の便換と比較してみよう。便換のシステムの原型を生み出したのは、唐代の櫃坊や寄附鋪と呼ばれた金融業者である。彼らは、当時の都市商業の発展と広域商業圏の成立による商業の活発化を背景として、[38]不特定多数の顧客の金品を預かり、不特定多数の受取人に対して支払いを行っていた。[39]また宋の便換についても、不特定多数に利用されていた点は同じである。つまり唐宋の便換は、金さえ払えば誰でも手形の振り出しを受けられるオープンなシステムだったのである。

そもそも手形決済時のチェックは、手形と受取人の真偽を確認するものである。唐宋の便換のシステムはオープンであるがゆえに悪意をもった受取人も存在するため、その決済時のチェックはシステム的に厳しく行わざるを得ない。

それに対して日本の仮納返抄・催牒のシステムは、基本的に東大寺によって信用面で選別済みの受取人しか参加できないクローズドなシステムであり、なおかつ受取人たちに信用を保持する動機づけがあったため、彼らの善意・誠実性に期待することができた。寺使の信用の存在ゆえに、決済事務にさほどの厳密さは求められなかったのである。

そうすると、なぜ寺使たちがリスクのある仮納返抄・催牒を受け取ったのか、という疑問についても推論が可能となる。寺使たちと東大寺・国衙との間の信用関係ゆえに、事務の非厳密性は寺使たちにとってリスクよりもむしろ、寺使連寿と讃岐国衙のような、事務処理の便宜や簡略化、というメリットとして現れることが多かったのではないだろうか。

以上、寺使が仮納返抄・催牒の信用構造において果たしていた役割をまとめると次のようになる。この封戸物徴収のシステムは、基本的に信用あるものに参加が限定されたクローズドなものであった。寺使たちの信用は、仮納返抄・催牒の運用を補完する役割を果たしていたのである。この寺使の信用による運用の補完は、日本の手形制度の出発点における大きな特徴である。これは唐の飛銭・便換が、当時の中国における、都市商業の発展と広域商業圏の成立を背景として民間から出現したのに対して、仮納返抄・催牒が朝廷の財政・徴税制度の改編のなかで考案された、という両者の差異をよく表している、といえよう。

八　一一世紀の財政運用における寺使の位置づけ——見下之弁と弁補——

以上、仮納返抄・催牒の勘合事務の再検討から、寺使が信用面において補完することで、東大寺封戸物輸納のシステムが円滑に機能していた様子がわかった。次の問題は、封戸物輸納の実態面における寺使の役割と位置づけである。

寺使が東大寺の封戸物を受け取るにあたっては、納所等、受領の流通機構から京都周辺で受け取る「見下之弁」と、封戸所在国現地の徴税単位から直接受け取って東大寺まで輸納する「弁補」の二つの方式がある。保留としていた両者の相違について輸納の実態面から検討する。ここで次の史料に注目する。

謹上　啓

一　返上野洲郡　御下文事「返納了、仍周防当年返抄六十石令二改成一給了、（花押）」

右、件米度々雖レ遣レ催、申下無二為術一之由上、合夕不二弁申一、仍所レ令二返上一也、猶改二下周防国返抄一給者、伏所レ仰也、(40)（後略）

弁補方式をとる近江国の野洲郡から、(41)「御下文(42)（＝催牒）」による封戸物の徴収を拒否された源頼房が、天喜四年（一〇五六）閏三月一八日付で周防国の仮納返抄への差替えを願い出て、後に東大寺から認められていることを示す史料である。弁補における支払拒否への対応については、正木有美氏が伊賀国黒田荘（名張郡久富・徳丸名等）の例から考察している。国司の切符による封物徴収が拒否された場合、東大寺は国司に問い合わせ、あらためて国司から封物弁済の指図が下される。(43)頼房もこの史料で、野洲郡に何度か催促をしている形跡はあるが、結局、請求相手国の変更を東大寺に願い出ている。

このように弁補において対捍を受けた場合、寺使は「国衙への問い合わせと改めて弁済命令を要求」、あるいは「請求相手国の変更」という対応をみせる。寺使が仮納返抄・催牒と引き換えに入手した国符・国下文によって国衙の徴税単位から封戸物を徴収していたこと、各徴税単位による封戸物支払が受領による「進未沙汰」によって監督されていたことに鑑みると、(44)弁補において寺使は、直接現地の徴税単位のもとに赴くとはいえ、封戸物の徴収には国衙の協力が、当然ながら不可欠であった、ということになる。

見下之弁においては、国符・国下文による徴収先が京都周辺の納所等になり、受領の流通機構から封戸物を受け取る点が弁補と相違する。文書手続き上でも、国衙の権限で徴収する点でも、見下之弁と弁補との間にさほどの差異はないが、実態上は大きな違いがあるようにみえる。すなわち、現地から京都周辺までの封戸物輸送について、見下之弁では受領の流通機構が行うのに対して、弁補では寺使が行い、受領の流通機構は関与していないのである。

だがそもそも受領の流通機構にしても、その構成者の多くは受領がその私的な流通集団を動員したものであったとされる。そして弁補においても封戸物の徴収は、国衙の権限で行われていた。ならば両者の違いは、徴収にあたる流通集団を動員したのが国衙か東大寺か、の違いでしかないことになる。去年国衙に動員されて、受領の流通機構の一員として徴収にあたった流通集団が、なんらかの事情で今年は寺使として徴収に現れる、といった事態すら想定しうるのである。前者がより直接的な強制力をもつなどの相違は当然あるだろう。だが「領主の動員した流通集団」が「国家と国衙の徴税・監査制度にもとづいて」現地の徴税単位から徴収を行う、という本質的な部分では両者にさほどの相違はない。

勝山氏によると、寺使が地方にまで下って輸納を行う弁補こそが、一一世紀後半の主流だったとされる。(45) 佐藤氏も「（弁補の）一般化は受納者――朝廷・諸司・諸家――が官物の納入を待つのではなく、自らの手で徴収に乗り出したことを意味する」と評価する。(46) とすると一一世紀の流通構造におけるその担い手として「受領の財政・徴税機構」のみが強調されてきたが、それでは不十分なのではないだろうか。

一一世紀当時、さまざまなレベルの領主によって、さまざまな形態の「領主の流通集団」が組織されていた。彼らが東大寺によってその封戸物輸納に動員された場合、「寺使」と呼ばれた。彼らは独自の信用を保持して、国家・国衙の会計制度と受領の財政・徴税機構に支えられた仮納返抄・催牒の信用を補完しつつ、実態上も受領・東大寺双方から動員されて、封戸物の徴収・輸納に従事していた。当時の国家的・財政的な流通は、受領の流通機構を中心として、そのほかさまざまな受納者が、多様な「領主の流通集団」を動員するという構造によって担われていたのである。

おわりに

以上、東大寺封戸物輸納の検討を通じて、一一世紀当時の「領主の流通集団」とその信用の存在、さらに流通構造における彼らの位置づけを明らかにした。最後に彼らが後の時代とどう接続するのか、展望を述べてむすびに代えたい。

一二世紀の荘園支配においては武士団や悪僧の関与が指摘されて久しい。悪僧と寺使としての僧侶の活動は類似しているし、初期の武士が国衙の京上官物の護送にあたっていたことは、戸田芳実氏の指摘がある。(47)所領の経営にあたり、流通集団を組織することは時代を問わず必須であり、武士団・悪僧による流通への関与も同様の説明が可能かもしれない。だが佐藤氏もいうように、これは受領の流通網を再編しつつ、荘園制の流通網が形成される一二世紀特有の動きとしてとらえるべきであり、(48)荘園制の成立との関連で検討されるべきである。今後の課題としたい。

注

(1) 桜井英治「日本中世における貨幣と信用について」(『歴史学研究』七〇三号、一九九七年)。

(2) 大石直正「平安時代後期の徴税機構と荘園制—解体期の封戸制度—」(『東北学院大学論集　歴史学・地理学』一号、一九七〇年)。

(3) 勝山清次「平安時代後期の封戸制—封戸制の再編と解体—」(『中世年貢制成立史の研究』塙書房、一九九五年、初出一九七八年）。

（4）本章で参照した福島正樹氏の論文は次のとおり（発表順）。
a「東大寺封戸関係文書に関する二・三の問題―近江国を中心として―」（『上智史学』二三号、一九七八年）。

b「僧戎禅書状とその周辺―覚源・念慶・戎禅・伊勢入寺・永入寺・信濃前司と東大寺封戸―」（『信濃』四〇巻六号、一九八八年）。

c「東大寺文書に見える封戸催牒の様式について」（『日本古代・中世史　研究と資料』一〇号、一九九一年）。

d「家産制的勘会の成立と展開」（『史学雑誌』一〇一巻二号、一九九二年）。

e「東大寺別当覚源と僧念慶」（永原慶二編『中世の発見』吉川弘文館、一九九三年）。

（5）川本龍市「切下文に関する基礎的研究」（『史学研究』一七八号、一九八八年）。

（6）本章で参照した佐藤泰弘氏の論文は以下のとおり（発表順）。
a「徴税制度の再編」（『日本中世の黎明』京都大学学術出版会、二〇〇一年、初出一九九〇年）。

b「国家財政・徴税と商業」（前掲書所収、初出一九九三年）。

c「東大寺の組織と財政」（前掲書所収、初出一九九七年）。

d「借上の予備的考察」（『甲南大学紀要　文学編』一二四号、二〇〇一年）。

（7）佐藤前掲注（6）b論文。

（8）櫛木謙周「商人と商業の発生」（桜井英治・中西聡編『新体系日本史一二　流通経済史』山川出版社、二〇〇二年）。

（9）大石前掲注（2）論文。福島前掲注（4）論文。佐藤前掲注（6）b論文ほか。

（10）阿部猛『律令国家解体過程の研究』（新生社、一九六六年）。

（11）福島前掲注（4）b論文。同e論文。

（12）大石前掲注（2）論文。

（13）大石前掲注（2）論文。

（14）大石前掲注（2）論文。

（15）佐藤前掲注（6）a論文の内容を中心に、適宜、大石前掲注（2）論文、勝山前掲注（3）論文の内容を参考とした。

（16）ここでは東大寺から国衙へ、国衙から収税単位・納所へ、という支払委託が二重に存在する。本章での検討対象は仮納返抄・催牒であるため、国衙による支払命令文書の交付から現物の引渡しまでを、まとめて仮納返抄・催牒の決済と呼ぶ。
(17) 本郷恵子『中世公家政権の研究』(東京大学出版会、一九九八年)。
(18) 『平安遺文』(以下、『平』と略)八八〇号。
(19) 重兼は念慶の使者と考えられている(大石前掲注(2)論文)。
(20) 河野通明「古代末期の徴税過程をめぐる貴族階級の動向」(『待兼山論叢』一号、一九六七年)。大石前掲注(2)論文。
(21) 『平』六二五号。寺使請文のみと、仮納返抄も添付されている例が混在している。
(22) 勝山前掲注(3)論文。
(23) 『平』九二〇号。
(24) 大石前掲注(2)論文。『平』七四六号・七五五号。
(25) 『平』六六一号。
(26) 『平』八一五号。
(27) 「賀古本郷」は播磨国賀古郡賀古郷に比定される。また残りの一〇石分と考えられる、同日付同額の仮納返抄による封戸物受け渡しの際の寺使請文に、「播万国本斗」と記載がある(『平』八三〇号)。よって播磨国あてと判断した。天喜四年当時、播磨が東大寺の封戸所在国であることは『平』八二五号から確認できる。
(28) 封物の負担額をめぐって、度々東大寺と国衙との間で相論があったとされる(勝山前掲注(3)論文)。
(29) 『平』七四三号。
(30) 『平』七四四号。佐藤泰弘氏が、仮納返抄には通用期限(発給した別当の任期内)があったことの根拠としているやりとりである(佐藤前掲注(6)a論文)。
(31) 草野靖「宋代で用いられた手形の名称とその形式」(中嶋敏先生古稀記念事業会記念論集編集委員会編『中嶋敏先生古稀記念論集上巻』中嶋敏先生古稀記念事業会、一九八〇年)。
(32) 本書第二部第二章。
(33) 『平』七五八号。
(34) 『平』九二八号。

(35)『平』七八四号。
(36)大石前掲注(2)論文。
(37)『平』八〇七号。
(38)気賀澤保規『中国の歴史〇六　隋唐時代―絢爛たる世界帝国―』(講談社、二〇〇五年)。
(39)加藤繁「交子の起源について」(『支那経済史考証　下巻』東洋文庫、一九五二年)。
(40)『平』七八六号。
(41)大石前掲注(2)論文。
(42)大石氏は寺使が催牒を「下文」と呼んでいた例を指摘している(大石前掲注(2)論文九頁)。
(43)正木有美「東大寺領伊賀国黒田荘の『成立』」(『日本史研究』五五六号、二〇〇八年)。
(44)佐藤前掲注(6)a論文。
(45)勝山前掲注(3)論文。
(46)佐藤前掲注(6)a論文。
(47)戸田芳実「初期中世武士の職能と諸役」(『初期中世社会史の研究』東京大学出版会、一九九一年、初出一九八六年)。
(48)佐藤前掲注(6)b論文。

第二章　割符のしくみと為替・流通・金融

はじめに

本章では、中世の代表的な為替手形である割符について、遠隔地送金取引としての資金決済がどのようなしくみで行われていたのかを、史料と為替取引の技術的な原理との両面から明らかにすることで、割符による為替取引と、荘園制下の流通・金融との関係を明らかにすることを目指す。

本章の初出は二〇〇六年と、本書の刊行時点ですでに二〇年弱が経過しており、その間に有力なご批判もいただいている。加筆修正のうえで本書に収録するにあたって、改めて研究史上に位置づける作業からはじめたい。初出後の論考も含めた先行研究整理を行ったため、やむを得ない論旨の重複が存在するが、その点、ご海容いただければ幸いである。

中世の遠隔地送金手段である割符や替銭などの為替取引については、中田薫氏、豊田武氏などの論考が先駆的な研究としてあげられるが、(1) 百瀬今朝雄氏の研究以降、(2) 長く論考はみられなかった。だが一九八〇年代に、井原今朝男氏によって替銭が借銭手段から発展してきたことが指摘され、(3) 経済学の側からは安倍惇氏により、為替の理論を史料にあてはめる形で中世・近世日本の為替が説明されるなど、新たな観点が与えられた。(4) そして一九九〇年代半ば、桜井英治氏による『東寺百合文書』に残る新見荘関連の割符史料の研究により、割符研究は大きく展開することになる。

桜井氏は、割符に替文から独立した文書としての位置づけを与え、割符が預かり状、および替文・替状から特化して一四世紀に成立したこと、そして送金手段のみならず借銭手段としても利用されていたことを明らかにした。さらに割符が定額化し、不特定多数の間で流通していたことから、中世的文書主義に基づく割符一般に対する信認が存在し、割符が紙幣的性格をもっていたと主張した。そして一五世紀に盛んに行われていた割符取引が一六世紀には影をひそめることを指摘し、その要因を先にあげた中世的文書主義等の中世的な経済観念が変化したことに求めた(5)。その後、宇佐見隆之氏が、割符が決済されるまでの文書としての伝達手順を詳細に検討して、桜井氏の論点を批判的に継承し、その流通の範囲から、割符の紙幣的性格を否定した(6)。池享氏は、桜井氏が割符の信用の根拠として、「中世的文書主義」「文書フェティシズム」を提示したことについて、観念ではなく、流通を支えていた実体的な流通や保障システムを明らかにせよ(7)、と批判を行った。

池氏の批判を受けて、二〇〇〇年代の割符研究の中心は、割符の流通と決済を支えていた具体的な方法へと移った。二〇〇六年（平成一八）には、辰田芳雄氏(8)、早島大祐氏(9)、そして筆者が本章初出時に(10)、割符が決済されるしくみについて、相次いで論考を発表した。辰田氏は商品輸送と割符の決済の関係を論じ、早島氏は割符の印判の分析から、割符と現銭輸送との関係を論じた。さらに割符の一六世紀における変化も、当時の遠隔地流通の変化との関連を無視できないと主張した。筆者は本章初出時に、割符による遠隔地送金を実現した物資と資金の受け渡しのシステムを「割符のしくみ」と呼び、遠隔地送金の資金決済が、後述するような送金関係の振り替えによって実現されていたことを明らかにすることで、当時の京都・畿内を中心とした、求心的な商品流通と荘園制との関係を明らかにした。

以上のように割符研究は、中世独特の経済観念や信用のありようであったり、経済構造と荘園制の関係であったりといった論点を提示することで、二〇世紀末から二一世紀初頭の貨幣史・流通史研究において、独特の位置を占めていたといえよう。

だが二〇一〇年代に入ると、中世独特の信用や経済・流通構造・荘園制との関係といった議論は後景に退き、筆者の「割符のしくみ」論も、文書論の観点から批判を受けている。井上正夫氏は「割符のしくみ」を文書による決済の動きのみに限定してとらえて、資金の受け渡しを含めて議論する筆者の説を批判し、そのうえで文書機能についての細部の整合性をつきつめることを通じて筆者の議論を批判している。(11) また佐藤泰弘氏は、割符の文面や印文を厳密に解釈して、割符案文に記された印文が割り印でないと指摘し、割り印の存在をもとに議論してきたそれ以前の先行研究すべてを批判した。(12) このように研究関心は割符の文書論に回帰し、「割符のしくみ」についても、文書決済のプロセスに限定されるようになり、その決済を支えた資金のやりとりの具体的な方法や、割符取引それ自体の中世社会での位置づけといった論点は大きく後退している観がある。

だが、割符の決済を実現するための資金のやりとりがどのように行われたのか、そしてそのやりとりが、どのような条件によって当時の社会で実現されたのか、を議論する意義が失われたわけではない。本章では、遠隔地送金を実現した物資と資金の受け渡しのシステム全体としての「割符のしくみ」の全体像を提示し、割符取引と、当時の京都・畿内を中心とした求心的な商品流通と荘園制との関係を明らかにするものである。

さて、そもそも為替取引とは、遠隔地間の貸借（債権債務）の決済のための逆方向の送金関係を、現金輸送を伴うことなしに同一地域内の代金決済に振り替えて行うこと、と定義できる。その様子を表したのが図1である。(13)
つまり割符に限らず為替取引を論ずるには、現金輸送によらない資金の受け渡しが、どのような送金関係をどのように振り替えることで実現されていたのか、が明確にされねばならない。にもかかわらず先行研究では、割符の文書としての動きのみを分析して事足れり、とするものが多い。辰田論文・早島論文はその例外といえるが、割符を単純

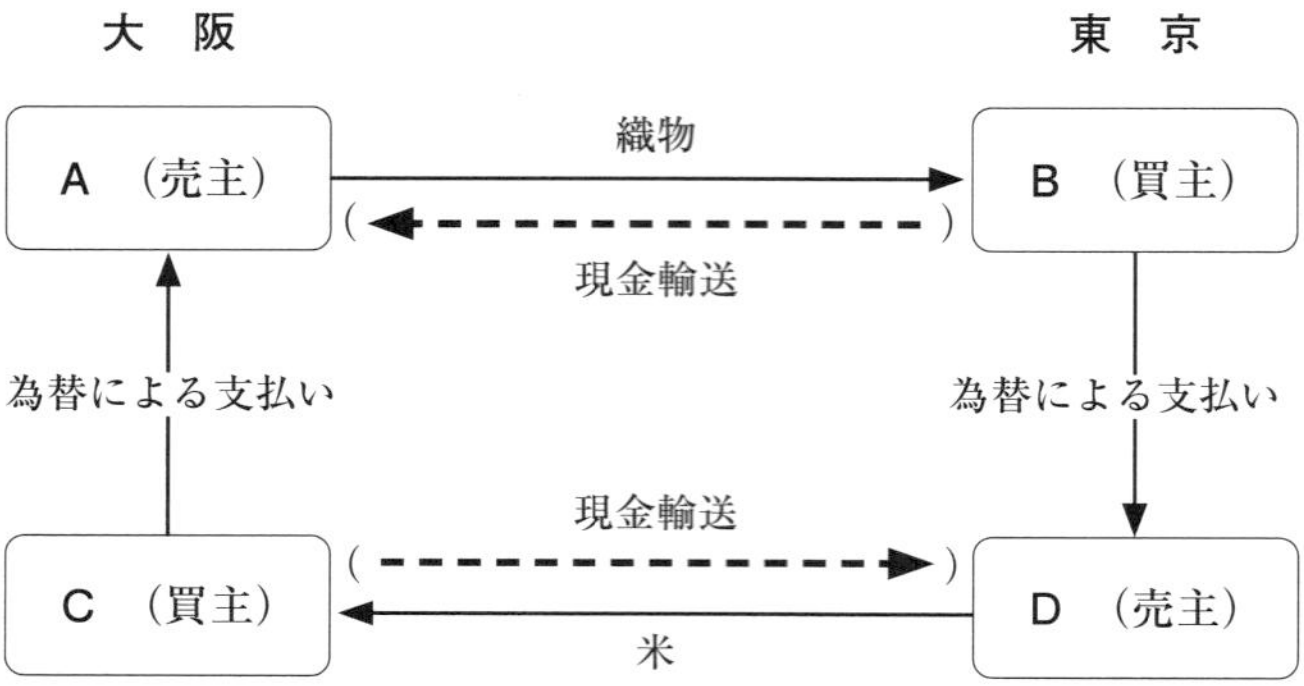

例えば、大阪のＡが東京のＢに対し織物を売却した場合、本来であれば買主Ｂが東京から大阪へ現金を運んで売主Ａに支払うことになる。
一方、東京のＤが大阪のＣに対し米を売却した場合、同様に、買主Ｃが大阪から東京へ現金を運んで売主Ｄに支払うことになる。
Ａ―Ｂ間の取引金額とＣ―Ｄ間の取引金額が同額で、しかも決済期日が同日であれば、その決済期日に大阪でＡがＣから、東京でＤがＢから支払いを受ける（それぞれ東京大阪同一地域内で代金決済を行う）ことにより、双方の取引の代金決済は同時に完了し、かつ現金輸送のリスクを回避し、経費、手間などを省くことができる。この決済が為替である。
実際の取引では同じ金額の取引相手を見つけるのは難しいため、銀行などが仲介にたち、差額を相殺する形で資金の決済を行っている。

図１　為替取引のしくみ

に輸送における照合用の符牒と理解し、輸送された現銭・商品によって割符が決済されるとの説明にとどまり[14]、必ずしも資金の流れ・操作についての分析は行われていない。割符取引を単なる輸送の代行ととらえ、為替取引を成立させた経済構造にまで踏み込んでおらず、やはり不十分といえよう。

このような研究状況は、先行研究での検討の多くが、寛正二年（一四六一）～応仁二年（一四六八）にかけて新見荘から東寺に送られた割符の案文と、その関連史料に集中していることに起因している。案文からの類推を基礎として割符のしくみを検討する、というスタイルでは、資金の流れについての検討はどうしても不十分にならざるを得ない。また、井上氏の論考を除き、これ以外の史料がほとんど省みられていないのも問題である。

そして割符のしくみが見直されれば、当然、借銭手段・送金手段といった割符の用途についても再検討が必要になる。特に、割符の発行を支えた需要と、発行から得られた利益の二つについては、より詳細な再検討が必要になってくるだろう。

本章ではこれらの課題を解決するため、第一節では、先行研究の多くがふれていない、建武年間の新見荘の割符史料に着目し、特に割符の振出人と支払人との間で行われた、資金のやりとり・決済を中心に、「割符のしくみ」を明らかにする。続いて第二節では、第一節の検討結果と先行研究の成果を比較し、割符の文言と発行のしくみとの関係について検討する。そして第三節では、割符がなんのためにどのように用いられていたのか、を通じて、割符取引と中世の流通経済や、荘園制との関連を論じていきたい。

なお、混乱を避けるために、本書で使用するいくつかの割符取引に関する用語についてここで定義しておく。割符の「決済」という場合には、支払人が割符の呈示を受けて現銭を支払う行為をいい、「発行」という場合には、割符の振出・決済といった、割符を提供するための行為全体のことをさす。そして「発行」する存在である割符の振出人や支払人の総体を「発行者」と呼び、「割符のしくみ」「割符発行のしくみ」といった場合には、振出人から受取人への資金の受け渡しなど、「発行者」が割符の振出・決済をするために行う一連の行為としくみをいう。そのほか、振出人・支払人・取次人といった用語については先行研究の定義に準じる。

一　割符発行のしくみ

1　建武元年の割符送進①——商品売上代価による決済——

割符発行のしくみを検討するにあたり、本節では建武元年（一三三四）に比定される、新見荘から東寺にあてて送進された割符取引に注目する。この年新見荘は、東寺にあてて三月・五月・七月の三回、「月宛銭」を割符によって先納したが、(15)このうち五月分として送進した割符が「相違」、つまり決済されなかった。その理由と対策について、新見荘地頭方の預所明了が東寺あてに説明しているのが〔史料1〕である。割符発行のしくみが当時の言葉で説明されている貴重な史料なのだが、辰田芳雄氏の論考を(16)除いて、必ずしもその意味で注目されてきたわけではない。(17)そして辰田氏の論考においても、筆者との解釈の相違が存在する。よって冗長を惧れず、該当部分を抜き出して引用する。

〔史料1〕

五月分月宛さいふの事、折節、国謀訴(叛カ)衆動乱之最中候之間、若路次もふさかり候ハん事、難治ニ存候て、随分心はかりハ細計仕候処ニ、さいふ相違候て、むなしく下候て、御寺家事闕候之間、衆中御所存も令レ察存候て、返々なけき入候、大方者始たるさいふなんとにて候ハんニハ、不審もきふくたつね申候へきにて候へとも、先々定ニ替付て候さいふにて候ほとに、尋得候事を幸と存候て、進上候処ニ、相違し候て、尚々失二面目一、仰天無レ極候、①彼等買物を京都へのほせ候て、買ときて候時ハ、早々進上仕候けに候、又不二買得一候時ハ、ちゝ仕候けに候、就中、②於二今度細附(ママ)候一者、漆を船ニつミて候けるか、当国の動乱ニよりて、国本を遅いてゝ候よし陳申候之間、無力次第にて候、大方路次之煩を仕候、下人なんとを進候之間、ゆめ〳〵心中ニおき候てハ、大師も御罰候へ、不レ存二疎略一之儀候処ニ、かやうニ失二面目一候之間、返々なけき入候、此仁等、如レ此候へハ、□人をも相尋候へきよし存候之処ニ、二〇(日)路より中ニハ、此仁等一両輩より外ハ不レ候候ほとに、ゆゝしき大事ニ存候、彼等も強ニ奸謀の儀を存事ハ候はす候けに候、③自然に買物等ちゝによりて候事にて候けに候、此段、まゝ向後も出来候ぬと存候、宜候やうニ御衆儀候て、今度御返状ニ委細之旨、被二仰下一候者、恐悦存候、尚々御察候ハ、畏入候、(18)

この書状の日付は年欠で「六月廿五日」とある。年代について、網野善彦氏は建武元年に比定している。(19)本書状を書いた明了が、新見荘預所として活動していた史料は建武年間に限られることから、(20)本章でも網野説にしたがう。

さて、〔史料1〕で注目すべきは傍線部①である。新見荘預所の明了が、送進した割符が相違した理由を東寺に説明するために、その決済のしくみについて説明している部分である。だが特殊な単語が多く、ただちには文意を理解し難い。難解な部分はとりあえず原文のまま、大意をとってみる。

(割符発行者である)『彼等』は、『買物』を京都へ上らせまして、『買ときて候』時は早々に進上申上げるようでございます。又『御買付候』時は、遅延いたしますようでございます。とりわけ、今度『細附(割符ヵ)』については、漆を船に積んでおりましたが、(その船が)当国の動乱によって国許を遅く出立した、と(『彼等』が)陳弁しておりますので、(私としては)どうにもならない次第であります。おそらくは、京都までの道中で何かあったのでしょう。

これをもとに、以下、個別の単語について検討を加えたい。

まず「彼等」とはなにもので、いったいなにを、だれに進上するのか、を考える。この部分で明了は、東寺に送進した割符が「相違」した理由を説明している。ならば「彼等」は割符の発行者、進上するのは割符と引き換えに支払われる銭貨、その相手は送金の受取人、と解釈するのが自然であろう。つまり割符発行者が「買物」を京都に運び、「買ときて候」時には割符が決済され、「御買付候」時は決済が遅れる、あるいは決済されない、ということになる。

次は「買物」の解釈である。明了は傍線部②で今回の割符が不渡りになった理由について、漆を積んだ船の出発が遅れたためと説明し、さらに傍線部③で「自然に買物等ち、によりて候事にて候けに候」つまり、「買物等」の到着が遅れたために、違い割符になったとも書いている。これらに鑑みると、この「買物」は明らかに、彼らが「買」った、船荷である漆をさしていると考えられる。

荷物の運送と割符の決済の関係については、宇佐見隆之氏の指摘がある。宇佐見氏は、新見荘あてに「荷が未着だという理由で割符の決済を断られた」と東寺が伝える寛正五年（一四六四）の史料をあげて、[21]「振出人は、何か月か（何年かもしれないが）後に荷を渡すことと引き換えに、京の割符屋を支払人とする割符を発行していた」と推定し、「この支払人も振出人からの荷さえ届けばよいのである。（中略）振出人からの契約が遂行されているか否かで、支払あるいは、違割符の判断をすれば良い」としている。[22]

だが、〔史料1〕をみると、単純に船荷である「買物」が届けばよいというものでもないようである。すでに述べたように、京都に送られた「買物」の到着が遅れたことが違い割符の理由になった、と明了は繰り返し書いており、荷物の到着の有無というより、到着が遅れたことを問題にしているように見える。とすると荷物が到着しないときはもちろん、遅れただけでも違い割符となると考えられる。逆にいえば割符が決済されるためには、単純に到着すればよいのではなく、荷物が遅れずに到着することが条件になるのであろう。荷物がきちんと到着すれば決済され、遅れれば決済されないのであれば、割符の決済を左右する要因は到着してからの時間の有無ということになる。つまり荷が到着して、「御買付候」から「買ときて候」になるだけの時間が必要なのである。

さて、割符の決済とはすなわち、割符の代銭一〇貫文を支払うことにほかならない。とすると、これらの記述からは荷物が着かない、あるいは着いても時間が足りないと銭貨の支払いができず、荷物が到着してから十分な時間があれば支払うことができる、ということになる。これらの事情を勘案すると、支払人は、一〇貫文をこの荷物を売却することによって準備する、としか考えられない。つまり船荷の漆は商品として運ばれ、それを販売した代価で割符が決済された、ということになる。

以上をふまえて、傍線部①の前半を、語句を補って解釈しなおしてみよう。

（割符発行者である）彼らは、備中で買い付けた商品を京都へ運び、（滞りなく到着して）それが販売された時は、（商品を販売したその代価で）早々に（割符の代銭を）進上するようでございます。又、（商品の到着が遅れて）商品が販売されていない時は、（商品を販売できないため）自然に（割符の決済が）遅延いたしますようでございます。

つまり、この割符の発行者である「彼等」は、割符の振り出しによって得た現銭を商品にかえて備中から京都に送り、京都でその商品を販売した代価で割符を決済していた、ということになるのである。

さて、〔史料1〕で明了は、割符発行者について「彼等」と複数のように表現している。これをどうみるべきだろうか。支払人に東寺が割符を呈示するには、京都の周辺、あるいは畿内の港湾都市に支払人が常駐していなければならない。そして京都周辺・畿内の港湾都市で、船荷の売買に携わっていたとすれば、彼らの業態については、それらの都市の「問」と考えられる。

また船は出航後であるのに、違い割符についての発行者との交渉が備中で行われていることから、支払人以外に備中に常駐している振出人がいたと考えられる。港湾都市に常駐しており、輸送業者と明了を引き合わせているその業態から、彼らはいわゆる地方港湾に存在する「問」とみてよいだろう。(23) さらに船で荷物を京都に運ぶ運送人が別にいたのも確実である。

つまり〔史料1〕の割符は、備中に常駐して割符を振り出す振出人（地方の「問」）と、備中から京都に船で商品を運ぶ運送人、京都で商品を販売した代価で割符を決済する支払人（畿内の「問」）の三者の協力により発行されていたと考えられる。振出人が支払人に荷を渡すことと引き換えに割符を発行していた、という先述の宇佐見氏の指摘は、こういった割符発行のしくみのうちの一部分を抜き出したものに過ぎないといえよう。

以上から、この割符の決済のしくみを図示したのが図2である。発行者たちは、備中で割符と引き換えに現銭を受け取り、その現銭で漆を購入して京都へ運び、京都で商品を販売したその代価で割符を決済していた。いってみれば、

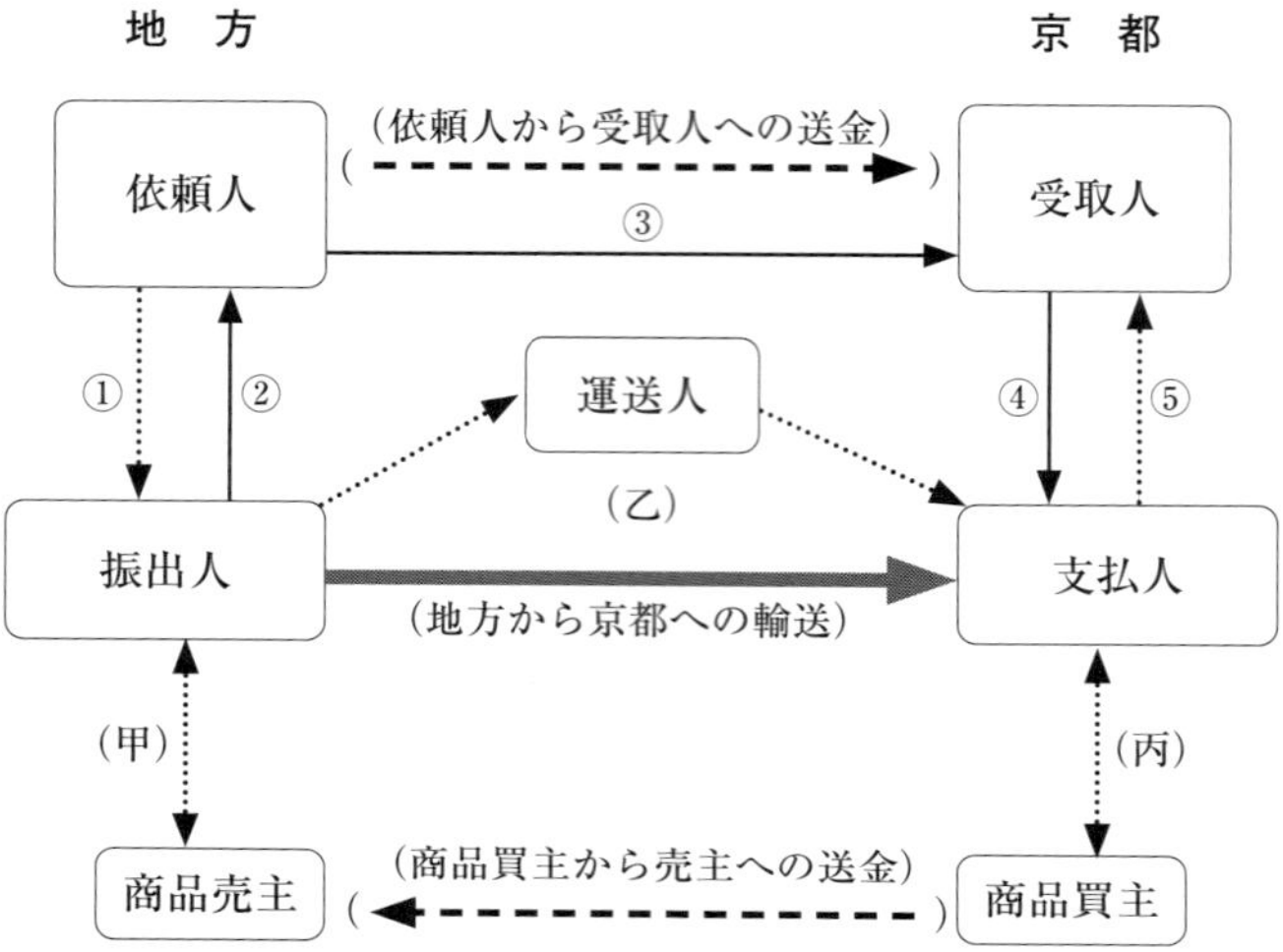

注）本章では文書の動きは実線、資金・財の動きは点線で示す。

〈割符の動き〉
①依頼人が振出人に10貫文を渡す。
②振出人が依頼人に割符を交付する。
③依頼人から受取人あて割符を送付する。
④受取人が支払人に割符を呈示する。
⑤支払人は10貫文を受取人に渡し、割符を決済する。

〈荷物の動き〉
（甲）振出人が地方で商品を購入。運送人に輸送依頼。
（乙）運送人が商品を京都の支払人のもとへ輸送。
（丙）支払人が商品を京都で販売し、その代価で割符を決済。

○依頼人から受取人への送金（地方→京都）と、商品買主から売主への送金（京都→地方）が、それぞれ同一地域内の現金のやりとりに振り替えられている。

図2　〔史料1〕に基づく割符決済

京都での「商品販売代価を受け取る権利」と備中の現銭とを交換することにより、割符を発行していたのである。図1に準じて説明すると、発行者の「京都から備中への商品代価の送金」と、新見荘三職から東寺への「備中から京都への年貢の送金」という遠隔地間の送金関係を、「新見荘三職から振出人へ」と「支払人から東寺へ」という、割符を媒介とした同地内の支払いに、「問」の仲介で振り替える、という為替取引によって、現金輸送を回避していた、ということになる。

この決済のしくみは、〔史料1〕に特有のものだろうか、それとも中世一般の割符に援用できるのだろうか。ここで応仁二年（一四六八）の「東寺最勝光院方評定引付（以下、「引付」と略）」に注目したい。[24] 第二部第三章でもふれるが、新見荘から東寺へ送進された割符が支払地の堺で決済されたあと、その銭貨が京都へ替銭で送られた例である。割符ではなく替銭の例であるが、当時の為替取引の実態を物語る貴重な史料である。

三月一一日に東寺に到着した割符は、紆余曲折あって、同年正月と同様に道仲が三月下旬に支払地の堺へ持参した。ところが、四月八日に道仲より、「住吉ニテ」襲われたとの注進状が到来したのである。[25] 道仲は翌日東寺に到着して事情を報告するのだが、その内容が「引付」の四月一〇日条からわかる。

〔史料2〕

一、道仲、自レ境、一昨日亥刻参洛、割符料足廿貫文、今月一日請取、則商人共ニ替二遣之一、三日、彼商人共ト同道仕罷上之処、於二境与住吉之間一、人・馬・荷人六人馬七疋被レ落レ取之安富勘解由左衛門申二子号禅念寺一取レ之間、付二和泉守護方一、致レ詫、令レ出レ状之間、付二彼寺一之処、不レ令二承引一之間、重而致二別了簡一、細川方へノ注進状ヲ取テ可二罷上一也、然ハ定荷も可レ出レ之也、仍□少雖二延引一、於二割符銭一者可二取進一之由、道仲申之旨、委細致二披露一了、[26]

道仲は、割符料足二〇貫文を四月一日に堺で受け取り、京都に送るために「商人共」に「替遣」わした。そして「商人共」と同行して京都に向かう途中の四月三日に、堺と住吉の間で、六人の人夫と七疋の馬そして「荷」を、安富勘解由左衛門の子という「禅念寺」に奪われた。その荷を取り戻すまで「割符銭」の引渡しは延引する、というのである。

ここで、奪われたのが銭貨ではなく「荷」と表現されていることに注目したい。道仲から二〇貫文の「割符銭」を「替遣」されたのが「商人共」である以上、彼らがその二〇貫文を現銭のまま運んだとは考えにくい。鈴木敦子氏も指摘しているとおり、彼らは商品を買い、それを「荷」として京都近辺まで運ぶ途中だったのである。[27]「荷」を売りさばいた代価で、道仲に二〇貫文を支払う目論見であった、とみるのが自然であろう。

その後の「引付」からは、この「商人共」が芹川の商人であること、また一旦これらの割符が、広瀬大文字屋を通じて堺で現金化されるはずだったのが、道仲の申し入れの結果、彼と芹川商人に現金化がゆだねられた、という事情がわかる。(28)つまり道仲が芹川商人を斡旋し、一体となって替銭を行おうとしたのである。道仲は同じ年の正月にも、割符銭を堺から京都へ替銭で送金しているが、このとき、「色々問了簡」によって、「淀ノ者」に替わした、とされており、(29)堺の「問」の仲介を受けて、淀の商人が商品荷物の仕入れと売却を行う、という形で替銭が行われたと考えられる。道仲はこのときにこの替銭のしくみを学んだのであろう。

これらの替銭のしくみはまさに、図2のしくみと同一である。振出人の役割を果たしているのは道仲、あるいは堺の「問」であり、芹川の「商人共」あるいは「淀ノ者」が運送人兼支払人として、道仲から「替」された現銭を堺で商品に代えて、堺から淀や芹川といった京都周辺に運び、そこで商品を販売した代価で道仲に替銭を支払っているのである。〔史料2〕は、〔史料1〕の「買物」を商品荷物とする解釈を補強するといえよう。(30)

この他にも、一五世紀末の新見荘の史料で、割符を「壱荷」と数えている史料もある。(31)また文明五年（一四七三）一〇月一五日付山門西塔院北谷雑掌申状(32)では、山門西塔院北谷の雑掌が、荷物を受け取りながら割符の料足を支払わないとして青苧商人を訴え出ており、同様に荷物の代金にて割符の決済を行っている様子がうかがえる。図2のような「商品売上代価によって決済するしくみ」をもつ割符は〔史料1〕のみに限定されるものではなく、中世を通じて一般的に存在したといってよいだろう。

2　建武元年の割符送進②—預け銭による決済—

さて、建武元年の事例に戻ろう。違い割符の発生の報に接し、明了は当然ながらただちに対応した。〔史料1〕と同じ書状の次の一つ書きで、明了は別の割符を急ぎ送信したことについて報告している。次にあげるのは、その経緯と内容を東寺に対して説明している部分である。

〔史料3〕

一、彼御用途とも、来月八日御仏事より内ニ可□逢之由、被二仰下一候之間、方々へ手を分候て、一日三日路を相尋候之処、大師も御照罰候へ、全分候はて、已可レ及二珍事一候之処、④或仁出来候て、京都の用途を百はかり持て候へハ、可レ替候之由申候ほとに、以前も替て候へとも、如レ此相違候之間、寺家御用闕如ニ及候之間、失二面目一候也、まして是ハ日をさしたる御仏事はうとうにて候ほとに、御事かけ候てハ珍事にて候へきよし申候ほとに、さやうニも候ハヽ、御使を給候て自身同道仕候、京都にて沙汰候へきよし申候之間、自余之さいふハ候はす、御事かき候かと相存候て、此用途を替進申候、京着候ハヽ、不レ移レ時、沙汰申候へきよし申候、抵地に彼仁宿仕を御尋候て、正員にて候うゐハ、呵《苛カ》法ニ可レ被二責召一候、⑤如レ此世間ニさいふの候ハぬ事ハ、当国動乱故にて候なり、かやうニ此さいふもしたゝめ進候へとも、なにとか違目候ハんすらんと、返々心苦[33]なけき入候〳〵、国作法ハ如レ此不レ存二疎略一候へとも、さいふちゝの時ハ、鼻をつき候ほとに、失二面目一候、

明了は、急ぎ代わりの割符を送ることを東寺へ伝えている。しかし〔史料1〕の割符と同じしくみの割符を送進しても、同様に違い割符になるかもしれない。割符の流通が極端に減少している様子は、傍線部⑤からもうかがえる。明了にしてみれば決済の見込みについて、東寺に対して説明する必要を感じたのだろう。傍線部④で、今度送る割符の決済のしくみが、〔史料1〕の割符とはまた異なっていることを説明している。解釈してみよう。

或仁が現れて、京都に百ばかりの銭貨を持っているので[34]、（明了のもつ現銭一〇貫文と）交換しましょう、と言って参りました。

素直に読めば、京都に「或仁」がもつ銭貨を、割符によって支払い指図を行うことにより受取人に譲り渡すということになる。だが、明らかに備中にいる「或仁」本人が、「京都に用途を持つ」とはどういうことなのだろうか。京都にある本人の住居に保管している可能性もあるが、京都での彼の逗留先は「彼の仁宿仕る」と表現されており、そのような大量の銭貨を管理できる恒久的な住居を、遠隔地間を往来しているとみられる「或仁」本人が所有しているとは考えにくい。

　ここで参考となるのが、桜井氏が指摘した「同地払約束手形としての割符」の発行のしくみである。桜井氏は一五世紀末に、銭貨借入れの際に預かり状が事実上の借状として作成されていたこと、その預かり状が割符と呼ばれていたこと、その呈示を受けて預かり人が決済するという形で借入れが返済される、「同地払約束手形」として機能していたことを明らかにしている。[35]

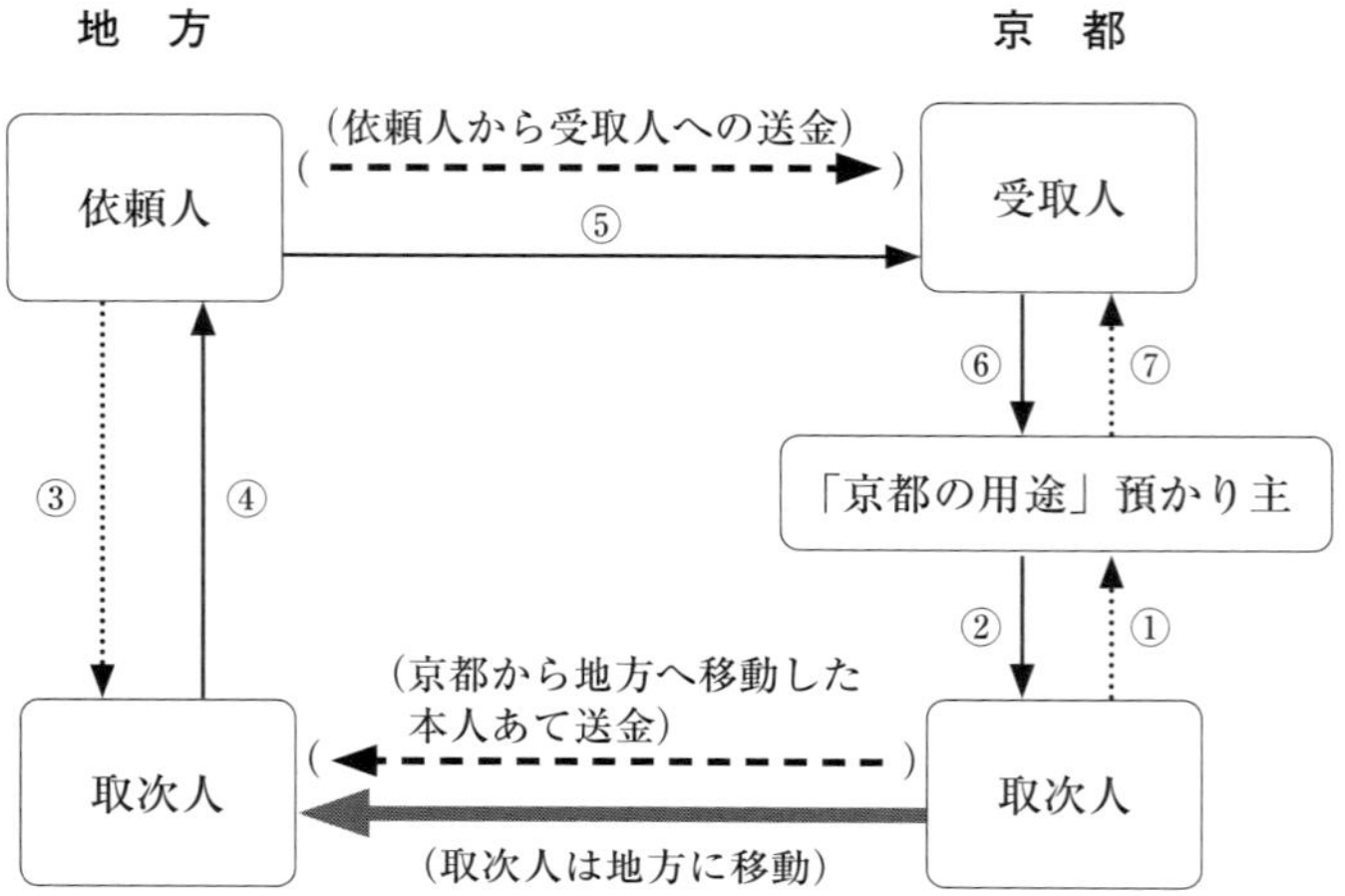

〈割符の動き〉
①取次人が京都で銭 10 貫文を預主に預ける。
②預かり主が取次人に割符を交付する。
③依頼人が地方に移動した取次人に銭 10 貫文を渡す。
④銭 10 貫文を支払うように預かり主に指図する割符を依頼人に交付する。
⑤依頼人から受取人あて割符を送付する。
⑥受取人が預かり主兼支払人に割符を呈示する。
⑦預かり主兼支払人は 10 貫文を受取人に渡し、割符を決済する。

○依頼人から受取人への送金（地方→京都）と、取次人から地方へ移動した本人あて送金（京都→地方）が、それぞれ同一地域内の現金のやりとりに振り替えられている。

図 3 〔史料 3〕に基づく割符決済

桜井氏があげた例は一五世紀末の例だが、遠隔地間商業に従事する商人が、預かり状と引き換えに銭貨を「預ける」という例は、一四世紀初頭にもみられる。[36] 預かり状が割符として機能していたならば、〔史料2〕で「或仁」が京都にもつ銭貨を割符によって譲ったということは、その銭貨を京都の誰かに預けていたことを示すと考えてもよいのではないだろうか。

以上に基づいて〔史料3〕の割符の決済のしくみを表したのが図3である。[37] 図2と同じく「はじめに」（図1）に準じて説明する場合、「備中から京都への送金」は新見荘三職から東寺へのものでよいとして、「京都から備中への送金」が問題となる。が、これは京都にいた「或仁」本人の、備中へ移動した本人あての送金と解釈できよう。「新見荘三職から東寺への年貢の送金」と、「『或仁』の、備中に移動した本人あての送金」という隔地間の送金関係を、「新見荘三職から『或仁』へ」と、「支払人から東寺へ」という割符を媒介とした同地内の支払いに振り替えている、ということができる。またこのしくみは、京都に預けてある銭貨を受け取る権利と、備中の銭貨とを交換する、とも説明できる。桜井氏があげた「同地払約束手形」の史料は一五世紀末のものであり、図3のような割符決済のしくみも、〔史料3〕に固有なものではなく、中世を通じて一般的に存在したと考えられる。

ここまでの検討から、中世を通じて割符発行のしくみには、送金地における現銭と、図2のように「受取地での商品売上代価を受け取る権利」とを交換する型と、図3のように「受取地に預けてある現銭を受け取る権利」とを交換する型の二種類があったことがわかった。次節では、同じく二種類あるとされている割符の文言と、この二種類の発行のしくみとの関連性について、考えてみたい。

二　応仁年間の割符の文言と発行のしくみ

1　応仁年間の割符史料と先行研究の問題点

割符の文言については、中田薫氏によって「預かり文言型」と「為替文言型」に分類されて以来、この二種類の類型について議論されてきた。本節ではこの二種類の類型と、前節でみた二種類の割符の決済のしくみとの関係の有無について検討してみたい。

まず「為替文言型」とされる応仁二年（一四六八）に新見荘から東寺へ送進された四通の割符案文をあげる。

〔史料4〕

［割符A］

（端裏書）「さかいにて御たつねあるへきところハ、きた
　　のしやうひん中やのひこせつと御たつねあるへく候」

（端書）「新見ヨリノ割符ノ案　応仁二　正　十二」

かわし申候料足の事

印判アリ

　　○合拾貫文

右料足ハ、さかへ二郎四郎かわし申候、御うたかいなくやかて御こたへあるへく候、

い十二月三日　　　　□判

ひこ五郎殿(38)

［割符B］

かわし申料足の事

いんはんあり　合拾貫文者

右之料足ハ、ゆハとの丶物にて候を、かハし申候、なにときも、此さいふ三ケ日過候て、こたゑ候へく候、仍状如ㇾ件、

応仁元年亥十二月廿八日　　常俊判

いんはんあり

さかゐニてハきたのしやうのひつちう

やひこ五郎とのへと御たつねあるへく候(39)

［割符C］

かわし申候料足の事

合拾貫文

右料足ハさかへ二郎四郎かわし申候、やかて御こたへ候て可ㇾ給候、

ゐ正月廿日　　（棒線）判

ひこ五郎殿へ可レ申候、

さかいひつ中やひこ五郎とのへ　　ひつ中（・一）(40)

（割符B・Cは一紙に写されている。）

［割符D］

かわし申候料足の事

（割印写・印文「円」）○　合拾貫文

右御料足ハ平田九郎さ衛門か物にて候をかハし申候、なにときも、此さいふ着候て三ケ日過候て、こたゑ申候へく候、仍状如レ件、

応仁弐年子三月十六日　　常俊判

さかいの《にて》きたのしやうのひつちうやのひこ三郎とのと、御たつね候へく候、(41)

（・一）

次に「預かり文言型」とされる、同じく応仁二年（一四六八）に新見荘から東寺あてに送進された二通の割符案文をあげる。

〔史料5〕

［割符E］

あつかり申料足の事

合拾貫文者

右の御用とうハ、ひろせ大もんしやあつかり申候、此さいふ来三月中に付候て、京にて五ケ日すき上可〻申候、

文正二年二月七日

助年判《ひろせ孫左衛門》

（裏付）
「文字・年号・判アリ

来卯月十日上可〻申候　水内判」(42)

[割符F]

あつかり申料足の事

合拾貫文者

右の御用とうハ、ひろせ大もんしやあつかり申候、此さいふ来四月中すき御付候ハヾ、京にて五ケ日すき上可〻申候、

文正二年二月七日

助年判《ひろせ孫左衛門》

（裏付）
「文字・年▨《号》・判アリ

来卯月十五日上可〻申候　判《水内》　」(43)

二つの類型を比較すると、相違点としては、記載されている名前の数の違いがあげられる。「為替文言型」では振出人と支払人に加えて、「さかへ二郎四郎」「ゆハとの」「平田九郎さ衛門」といった名前の記載があり、一枚あたり合計三人の名が記載されている。それに対し「預かり文言型」の文面には振出人の名前のみで、裏付に「水内」の合計二人の名が記載されている。共通点としては「いんはんあり」や「文字・年号・判アリ」といったように割り印・印影、あるいは花押や文字といった符牒が、割符の券面に記載されていることがあげられる。(44)

これらの割符の取引構造について主な先行研究である桜井英治氏、宇佐見隆之氏、早島大祐氏の分析を簡単に紹介しつつ、検討してみたい。

まず〔史料4〕の「為替文言型」割符について検討する。券面の名前について先行研究では、常俊ほかの判署人を振出人、備中屋ひこ五郎を支払人と解釈する。そして「二郎四郎」以下の人名については、振出人から割符の交付を受けた「第一の受取人」と基本的に共通して解釈している。(45)宇佐見氏は、これらの割符は「二郎四郎」以下の手を通じて、直接、間接に新見荘へもたらされるとし、彼らの手を経たあと、不特定多数の間を流通して、新見荘三職のもとに到来した可能性を指摘している。(46)

早島氏は、「二郎四郎」以下の人名を「第一依頼人」とし、彼らが出先で現銭を得るために「第二依頼人」としての新見荘三職との間で割符と現銭を交換したとする。(47)そのうえで割符の振出人と支払人について独自の考察を展開している。(48)早島氏は割符Cについて、これが堺にいない振出人から、堺にいる支払人の備中屋への申し送り状であると指摘し、文中の「ひつ中」から、堺ではなく備中で振出されたものと推定した。また割符A・B・Dについても、これらは同じく備中の振出人から堺にいる備中屋への申し送り状であり、名不詳の割符Aの振出人と割符B・Dの振出人の常俊が、ともに割符Cの振出人と同様、堺の備中屋から備中に派遣されてきた人物とする。そして彼らが間隔をおいて一年数ヵ月の間、割符を発行していることから、彼ら全員が備中に派遣されて、継続的に備中屋の出先をつとめていた、と推定している。

早島説で特筆すべき点は、割符の代価たる現銭が、備中の振出人から京都の支払人に届くしくみについて初めて検討した点である。早島氏は申し送り状でもある割符の案文に、割り印や印判など符牒があることに注目し、地方から割り印を付した現銭が京都に荷物として運ばれ、呈示された割符の割り印との照合を支払人が行うことにより、割符

が決済されると想定している。(49)

早島説の割り印に関する想定については、条件つきで賛成である。割り印が荷物と割符との照合に利用されることについて異論はないが、荷物について商品を想定せず、銭貨のみを想定しているという点が問題である。当時日本で流通していた銭貨の多くが中国からの渡来銭であったことを考えれば、銭貨そのものが荷物として運送されることは十分ありえる。だが、荷物を銭貨のみに限定する理由はないだろう。この割り印の存在はこの割符の発行に、なんらかの商品荷物の運送が伴っていたことを示すものと考えたい。

これを前提に、早島説のしくみを前節図2のしくみと比較してみよう。①振出人が備中、支払人が畿内と遠隔地に別々に定着している点、(50)②振出人と支払人が出先と本店といった一体の関係である点、③割符が備中で振出され畿内に送られて決済される点、④割符の発行に商品荷物の支払地への運送が伴っている点、以上四点が一致している。早島説のいう〔史料4〕の四通の割符のしくみは、図2のしくみと構造的に一致しているといえよう。

だが早島説にまったく疑問がないわけではない。〔史料4〕の割符の文面に共通して、「さかへ二郎四郎」以下の、振出人でも支払人でもない三人目の人名の記載があることはすでに述べた。早島説をはじめとする先行研究では、彼らを振出人と現銭を「かわし」て割符の交付を受けた「第一の受取人」であり、新見荘からみると本章でいう取次人と位置づけている。疑問なのはこの「第一の受取人」という位置づけである。

この割符が持参人払いであったことはその換金の経過からみて疑いがないが、その場合、「第一の受取人」の名前が記載されているのは、発行者にとって不都合ではないだろうか。桜井氏は受取人名の記載のある割符が皆無であり、かつ割符を振出人から受け取った取次人の名があるのも割符C・Dのみであることを、割符が原則的に持参人払いであった根拠としてあげている。(51)だが「さかへ二郎四郎」以下の人名を「第一の受取人」とみた場合、その記載は受取人名の記載と同じ意味をもってしまい、割符決済時の正しい受取人の確認に混乱をもたらすのではないだろうか。そのような記載が、持参人払いの割符にあえてなされるとは考えにくい。

また、彼らを「第一の受取人」とするならば、これらの割符は振出人からばらばらの人間に交付されたことになるので、不特定多数の間を流通したうえで、偶然、新見荘三職のもとにもたらされたという理解にならざるを得ないし、実際、早島氏以外の先行研究でも基本的にその立場をとっている。だがこれらの割符を新見荘が入手し送進した経緯をみると、必ずしもそうとはいえないのである。以下、次節で検討を加える。

2　「為替文言型」割符の検討―支払人・取次人・運送人―

〔史料4〕の四通の割符A・B・C・Dが新見荘から東寺に送られた経緯は、前節でもふれた応仁二年の「引付」と割符案の日付、そして関連文書などからわかる。新見荘三職は応仁元年一二月一八日付で、東寺に「割符Aがうまく決済されたら、また送進します」という内容の書状を送っている(52)。だがこの時点では、同年一二月二八日付振り出しの割符Bは当然まだ振り出されていない。とすると新見荘三職は、まだ存在しない「支払人が同じ割符」を、将来的に入手できる見込みがあった、ということになる。

つまり、新見荘三職は一二月一八日時点で、同じ支払人の割符を将来にわたって意図的かつ継続的に入手することを確信できたのである。そして翌年三月振出の割符Dの案文が東寺に残されているということは、事実としてそれが可能であったことを示している(53)。とするとその割符は不特定多数の間を流通してきたものとは考えにくいのではないか。不特定多数の間を流通し、結果として新見荘に到来する割符の中に同一の支払人のものが複数存在することはありえないことではない。だがそれはあくまでも偶然に過ぎず、東寺に対して将来の送進を約束できるほど、長期にわたって安定的に入手できる見込みをたてられるはずがないからである。とすれば新見荘三職はこれら四通の割符について、備中に定着している同一人物から継続して入手した、と考えるほうが自然といえよう。

では、その人物は誰なのだろうか。振出人と新見荘三職の双方に継続的な取引関係をもつ取次人を想定することも可能だが、振出人が新見荘と同じ備中に定着していると考えられる以上、無理にそのような第三者を想定するよりも、振出人本人から直接入手したと素直に考えるべきだろう。

この四通の割符の振出人については、割符B・Dは同じ「常俊」だが、割符A・Cの振出人名は不明であり、すべてが同一人物とはいえない、と指摘するむきもあるかもしれない。が、この四通の割符の支払人が全て同じ備中屋である以上、振出人たちは、支払人である堺の備中屋の備中における出先、という点で立場が共通していると考えられる。厳密に同一人物ではなくとも、商取引上「備中屋の出先」という同一の立場で行動しているとみて差し支えない。彼らが備中屋の出先であれば、備中屋を支払人とする複数の割符を、継続して新見荘三職に取り次ぐことは十分可能である。よってこの四通の割符は、常俊、あるいは常俊と同様に備中屋の出先として活動している振出人のもとに、新見荘三職（あるいはその使者）が、直接赴いて入手したものと考えられるのである(54)。

新見荘三職が、〔史料4〕の四通の割符を振出人から直接入手したのならば、「さかへ二郎四郎」以下の人名を、先行研究のように「送金人」「第一の受取人」として位置づけることはできないということになる。だがまだ根拠は十分ではない。割符A・Cの文面からは、振出人が銭貨を「かわ」している相手は「さかへ二郎四郎」と解釈できるではないか、という反論が可能なのである。

だが割符Bの文面をみると、常俊が「かハし」た相手は「ゆハとの」ではなく、他の何者かと「ゆハとの丶物」である銭貨を「かハし」た、とも解釈できるだろう。どちらの解釈をとるべきだろうか。

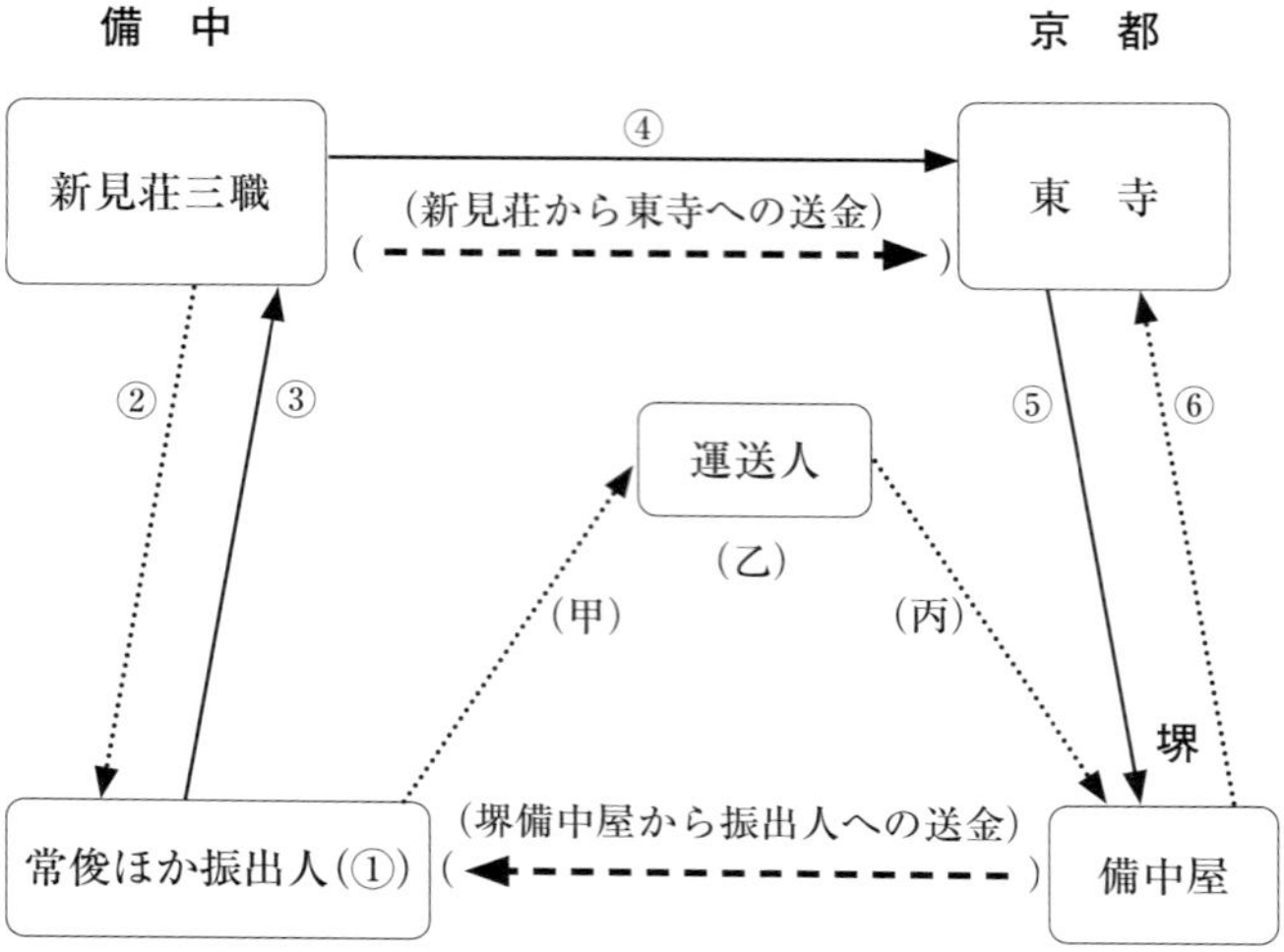

〈割符の動き〉
①常俊が運送人に荷を預けた際に割符を発行し、所持。
②新見荘三職が振出人に割符発行を依頼して 10 貫文を交付。
③割符を新見荘三職に交付。
④割符を東寺へ送付。
⑤備中屋に割符を提示。
⑥銭貨を交付。
〈発行者の動き〉
（甲）常俊が運送人に備中屋への荷の納入を条件に、替銭 10 貫文を交付。
（乙）運送人が替銭で商品荷物を購入し、堺に運搬。
（丙）運送人が備中屋に荷を納入する形で替銭を返済。

○「新見荘三職から東寺への送金」と「常俊ほか振出人から堺備中屋への送金」とが、振り替えかわされている。

図 4 〔史料 4〕に基づく割符決済

割符の発行のしくみからもう一度考えてみよう。早島説においても〔史料4〕の割符A・B・C・Dのしくみは、図2のしくみと一致点があることはすでに述べた。特に重要なのは、振出人と支払人が遠隔地に分かれており、なんらかの荷物の運送がその発行に伴っていた点である。振出人と支払人はそれぞれ備中・堺と分かれて定着していた以上、荷物の運送を行う運送人が別に存在していたと考えられる。とすると割符の券面には、三者の名前全てが記載される必要があったのではないだろうか。「さかへ二郎四郎」以下の人名が振出人でも支払人でもない以上、この三つ目の人名は、運送人と考えるのが妥当であろう。

これは前節〔史料2〕の例にあてはめるとわかりやすい。「常俊」が道仲、「さかへ二郎四郎」が芹川商人、新見荘三職が東寺にあたる。新見荘三職と「さかへ二郎四郎」が、「常俊」ほかの振出人を通じて割符取引を行っている、という構造になる。つまり、「さかへ二郎四郎」は「第一の受取人」としてではなく、「運送人」として振出人と銭貨を「かハし」ているのである。

これに基づいて〔史料4〕の割符の「為替文言」を、言葉を補って解釈してみよう。割符A・Cの文面は「右の料足は、（運送人である）「さかへ二郎四郎」が（振出人と）かわしました」と解釈される。「第一の受取人」の名が省略されているのは、この割符が持参人払いであったから、と考えられる。

そして割符B・Dの文面は「右の料足は、（運送人である）「ゆハとの」（「平田九郎さ衛門」）の物でございますのを、（振出人である常俊が）かわしました」と解釈できる。これならば「第一の受取人」も含めて受取人名は記載されず、割符決済時に正しい受取人の確認で混乱することもない。文面上、振出人が運送人のものを「かハ」していることになるが、割り印等の符牒が付されている荷物が、運送人自身の手によって運び込まれることで、支払人は運送人の意思を確認できた、と考えられる。

このような割符A・Cと割符B・Dの文言の違いは、割符B・Dの振出人がともに「常俊」なのに対して、割符A・Cはそうでないことから、個別の振出人による表現の違いによってもたらされた、と考えられる。

以上の検討から、〔史料4〕の「為替文言型」割符は図2の割符決済のしくみに対応しているとみてよいだろう。参考のためにその決済までの手順を図4に示した[55]。

最後に、常俊ほかの振出人たちが、果たして〔史料1〕でみた「問」といえるかどうか、という問題が残る。ここでは振出人が備中に常駐していること、新見荘三職と運送人たちの間を仲介していることの二点から、彼らが備中にいる「問」である、と考えたい[56]。

3 「預かり文言型」割符の検討―割符券面の符牒について―

では次に、〔史料5〕であげた「預かり文言型」割符の取引構造について、同様に先行研究を紹介しつつ検討してみよう。(57)〔史料5〕について先行研究では、共通して送金人を新見荘三職、受取人を東寺、振出人兼支払人を「ひろせ大もんしや(広瀬大文字屋)」の関係者と考えられる「ひろせ孫左衛門」と理解している。裏付の「水内」についても、同じく大文字屋の関係者とし、割符が支払人である大文字屋に呈示されたときに書き込まれた、と考えている。そして券面に名前の現れていない「第一の受取人」兼新見荘への取次人が、大山崎の「ひろせ孫左衛門」に一〇貫文を預け、交換に割符が振り出されたという前節図3と同様のしくみでこの構造を理解しているのだが、(58)これについても、早島氏の批判がある。

早島氏は、本案文の「文字・年号・判アリ」という記載に着目する。「年号」をその符牒が書き込まれた年月日とし、「文字」を「為替文言型」の割り印と同様に、荷物として運ばれた現銭との照合用の符牒と解釈し、書き込まれた日付は、振出日の後で支払人兼振出人に呈示される前とした。そしてこの割符が現銭と引き換えに新見荘三職に取り次がれた時点で、取次人が「文字・年号・判」を書き込んだ、とした。(59)割符の決済資金については、取次人が新見荘への取次時に受け取った現銭を支払人兼振出人のもとへ運ぶ、と想定している。(60)

これらの符牒がどの時点で書き込まれたか、についての異論はない。が、割符発行のしくみ全体の理解については問題がある。早島説に従うと、振出人兼支払人は、まだ一文の銭貨も手元に受け取っていないにもかかわらず、「一〇貫文を預かった」、「割符を呈示されれば(一定の期日の後で)一〇貫文を支払う」と約束する文書を、「第一の受取人」に交付することとなる。「為替文言型」割符での振出人は、一〇貫文分の荷物を確認し、割り印等を付してから割符を振り出し、一〇貫文分の代価を受け取ってから割符を送金人に交付している。このことを考えあわせると、いくら銭貨が到着していなければ支払いを拒否できるといっても、このような発行者にとって多大なリスクを伴う取引構造を想定するのは、無理があるのではないだろうか。

そもそも早島説は、割符券面の符牒の存在から導きだされる、取次人が送金人から受け取った現銭を支払人のもとに輸送し、その現銭をもとに割符が決済される、という想定に基づいている。確かに図2のように振出人と支払人が遠隔地にいる場合は、符牒の存在はなんらかの輸送の存在を示すだろう。だが〔史料5〕の割符では明らかに振出人と支払人は同一人物と考えられる。また「あつかり申」という文言も前節図3や「同地払約束手形」のしくみに適合的である。あえて先行研究のいう「同地払約束手形」のしくみを否定し、輸送の存在にこだわる必要は必ずしもないのではないか。

その点で注目すべきは〔史料4〕と〔史料5〕との符牒の形式の違いである。〔史料4〕の割符では、細かな異同はあるが、「印判」すなわち印影もしくは割り印が、基本的に捺されていたと考えられる[61]。それに対し〔史料5〕では奥に「文字・年号・判」がある、と表現されている。普通に考えればなんらかの文字、年号、そして花押が、異筆で記入されていた、と判断される。

「為替文言型」の「印判」、すなわち印影もしくは割り印という符牒の機能については、早島氏の指摘のとおり「輸送された荷物と割符との照合」で間違いないだろう。荷物と割符、それぞれに捺された二つの印影の照合は容易だからである。割り印ならばさらに確実であろう。だが「預かり文言型」の「文字・年号・判」という違う形式の符牒について、無条件に機能が同じとみてよいのだろうか。もちろん花押や「文字」によっても荷物と割符の照合は十分可能である。が、同じ印章による二つの印影や割り印を照合する場合と、それぞれに手書きされた二つの花押や「文字」を照合する場合とを比べれば、同一性の確認という点で後者がやや劣る観がある。「荷物と割符の照合」という目的に鑑みると、符牒の同一性は最も重要な確認事項である。その点でやや劣る形式の符牒が採用されているということは、目的は別にあると考える方が自然ではないだろうか。そして符牒の目的が違うとすれば、当然、その背景となる取引のしくみも異なると考えられよう。

以上の検討とその「預かり文言」から、〔史料5〕の割符のしくみと図3のしくみとの一致を主張することは可能であろう。が、そのためには、早島説の「符牒がある以上、荷物の輸送が割符の発行に伴ったはず」という明快な推論を否定しなければならない。その根拠が割符の案文の、本文部分ですらない場所にいわば偶然残された符牒の「形式」の違いのみというのでは不十分といえよう。符牒の必要性自体を図3の「同地払約束手形」のしくみで、その「文字・年号・判」という形式にそった形で説明することが必要だろう。

では図3のしくみにおいて、「文字・年号・判」という形式の符牒が割符に記入される必要としてなにが考えられるだろうか。まず思いつくのは割符の真贋の確認である。が、この場合支払人は振出人でもあるから、取次人の書き込んだ符牒がなくとも、割符を見ればその真贋は判別できるはずである。「真贋の確認」では符牒の存在は説明できない。

ここで符牒として、取次人の「判」が据えてあることの意味を考えてみよう。この取次人については、宇佐見氏の指摘により、支払人である大文字屋と取引関係があり、連絡を取れる立場である、と判明している。(62)であれば当然、支払人は「判」を見ればこの符牒を書き込んだのが取次人であることを判別できただろう。支払人が符牒を確認するのは割符が呈示された時点である。よって割符を決済するかどうかを判断するにあたって、この書き込みの有無を判断材料の一つにできたと考えられる。では割符の券面に取次人が書いた符牒があることは、支払人にとってどのような意味があったのだろうか。

まず、取次人の区別がつけば、この割符が誰に対して交付されたものか、ひいては誰から預かった銭貨を支払えばいいのかが判別しやすい、という点があげられる。既述のとおり、「預かり文言型」割符の文面には、一〇貫文を預けた人名（新見荘への取次人）の記載がないからである。もちろん発行日付などから最終的には判別できようが、実務上、どの取次人に交付した割符なのか、即座に判別できた方がいいのはいうまでもない。

では、この符牒の目的は取次人（預け人）の判別だけなのだろうか。それを考えるには、割符の決済にあたって支払人にどのような注意点があったのか、を検討する必要がある。割符の送進にあたって、紛失や盗難といったリスクが伴っていたことは、取引当事者たちが割符の運搬に細心の注意を払っていたことからも明らかである。(63)そのリスクは割符が持参人払いであり、紛失・盗難にあった場合、支払人に呈示されて決済されてしまえば取り返すことができないことに由来している。では支払人は「持参人払い」というルールにあぐらをかいて、呈示された割符をなんの確認もせず、機械的に決済していたのだろうか。そうでないことは「為替文言型」割符で、印影・割り印による照合が行われていることからも明らかである。

そもそも割符の交付を受けた取次人と、振出人兼支払人との間に経常的な取引があったとすれば、振出人兼支払人にとっては、相手はいわば「お得意さま」である。さらにこの割符が、宇佐見氏のいうような特定の送金取引のために振り出されたものであれば、(64)「お得意さま」の範囲には送金人・受取人も含まれてくる。そして盗難にあった、あるいは紛失した割符が決済されてしまった場合、損害を被るのはその送金人・受取人なのである。「割符は持参人払い」というルールがあったにせよ、彼らの損失をまったく無視するわけにもいくまい。持参人による割符の取得が正当かそうでないかを支払人が判別できる方法があれば、それに越したことはないだろう。

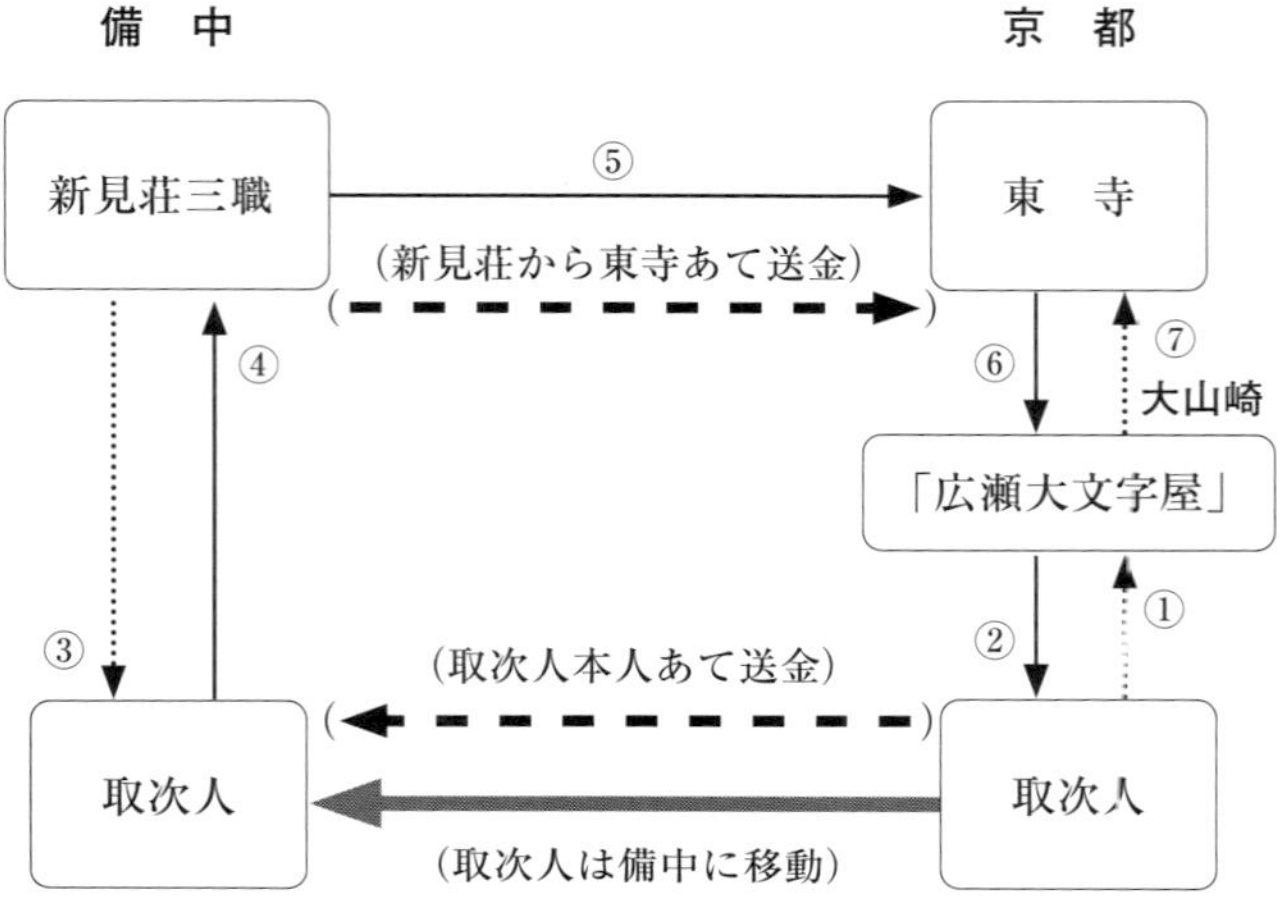

①②広瀬で大文字屋が銭10貫文と引き換えに、取次人に割符を交付する。
③④備中で取次人が銭10貫文と引き換えに新見荘三職に割符を交付する。
⑤新見荘三職から東寺あてに割符を送付する。
⑥東寺が大文字屋に割符を呈示する。
⑦大文字屋は10貫文を東寺に渡し、割符を決済する。

図5〔史料5〕に基づく割符決済

このような支払人にとっての注意点を念頭において、先ほどの符牒に戻ろう。支払人と取次人との間に、割符の取次時にその符牒を書き込む、という同意があったとしよう。その場合、割符に符牒の記載があれば、少なくとも取次人が手放す際には、拾得や窃盗によってではなくその同意のもとに取次がれた、と支払人が確認することができる。つまり取次ぎ時に「文字・年号・判」を取次人が割符に記入することは、その割符が確かに取次人の承認のもとに取次がれたことを、支払人に伝える目的があったのではないだろうか。(65) とすると、印章さえあれば同じ符牒が再現できる印影より、取次人本人による花押等の書き込みの方が、取次人の意思の確認という点で、よりふさわしいかもしれない。また「文字」に暗証番号的な機能をもたせれば、さらにその確実性を高めることができる。逆にこのような確認手段なしで「持参人払い」という形で割符の紛失・盗難リスクを全て利用者に負わせ、支払人を一方的に免責しようとしても、利用者の合意は得られないのではないだろうか。

このように割符券面の符牒の存在は、図3の「同地払約束手形」の発行のしくみでも説明できることがわかった。

「文字・年号・判」という符牒の形式からみれば、むしろ「同地払約束手形」のしくみの方がより適合的であるとも考えられる。振出地と支払地が異なる場合、割符券面の符牒の存在は、荷物の輸送の存在を示すと考えられるが、同地払いの場合にはあえて輸送の存在を想定する必要はないのではないだろうか。

以上の符牒に関する検討と、「あつかり申」というその文言、そして振出人と支払人が同一であること等に鑑みて、〔史料5〕の「預かり文言型」の割符は図3の割符決済のしくみに対応しているとみてよいだろう。この割符が畿内と備中を往復する人物によって取り次がれているという構造についても一致している。参考のために〔史料5〕の割符の決済までの手順を図5に示した(66)。

割符のしくみと二種類の割符文言の関係について先行研究は、預かり銭貨の払戻しにせよ、あるいは運送された銭貨の払戻しにせよ、割符はみな基本的に同一のしくみをもち、二種類の文言は、そのしくみのバリエーションの反映として解釈してきた。だがここまでの検討から、「為替文言型」割符は図2の「受取地での商品売上代価を受け取る権利」と交換する型に、そして「預かり文言型」割符が図3の「受取地に預けてある現銭を受け取る権利」と交換する型に、それぞれ対応することがわかった。二種類の割符の文言は、それぞれまったく違うしくみに対応していたのである。

最後にこの二つのしくみはどのようにして選択されたか、について考察してみたい。

割符の発行においては、支払いが振り出しと同地で行われる場合と、そうでない場合があった、と考えられる。割符が支払人への呈示によって決済されるものである以上、支払人は一定の場所に定着している必要がある。割符が同地払いの場合は単純に現銭を預かり、割符の呈示を受けてそれを払い戻す、というしくみの「預かり文言型」割符が発行される。だが異地払いの場合、振出人が受け取った現銭を、遠隔地の支払人に受け渡す必要がでてくる。そのため遠隔地への受け渡しのしくみをもつ「為替文言型」の割符が発行されたと考えられよう(67)。

以上、割符の発行のしくみと文言との関係について論じた。次節では、ここまでに明らかになった割符のしくみからその需要や用途を論じ、割符と流通経済とのかかわりについて考えたい。

三　割符と為替・流通・金融

1　割符のしくみとその需要

割符は基本的に遠隔地送金手段として論じられてきた。だが井原今朝男氏が、割符と借銭手段とのかかわりを指摘した(68)。また桜井英治氏は、割符が借銭手段としての「運用特約付き預かり状」から発達したと考え、商取引の盛んな畿内諸都市の商人が「大口の取引がしたくても資金の準備がないとき、当座の支払手段として割符を用いること」を想定し、発行者による割符の借銭手段としての利用を重視している(69)。

だが桜井氏のこの分析は、「預かり文言型」と「為替文言型」との割符発行のしくみの違いについて、十分に区別しているとは言いがたい。また、史料上圧倒的多数の割符は年貢送進等の遠隔地送金に利用されているにもかかわらず、送金手段としての割符使用を二義的に位置づけるのはいかがなものであろうか。

本節では前節までに明らかになった二種類の割符のしくみに基づいて、割符の需要を検討する。割符がどんな人々によって、どのように用いられていたのかの検討を通じて、割符取引を当時の流通経済に位置づけてみたい。

繰り返しになるが、桜井氏は割符の需要について、畿内の発行者が借銭手段として発行し、畿内と地方間の隔地間

商業・流通業に従事している取次人たちが、現銭を携行せずに地方で商取引を行うために利用していた、としている。(70)

「預かり文言型」割符のしくみをごく単純に説明すると、振出人兼支払人が、預かった銭貨と引き換えに割符を振り出し、その割符の呈示を受けて預かった銭貨を払い戻す、というものであり、桜井氏のいう振出人にとっての借銭手段そのものといえよう。また「預かり文言型」割符を中央から地方へ持ち出した取次人たちについても、彼らが割符を畿内から地方へ持ち出した理由は、やはり商品購入原資を携行せずに地方へ運ぶためだったと考えられる。桜井氏の分析は「預かり文言型」割符に良くあてはまっているといえよう。問題なのは桜井氏が想定していなかった「為替文言型」割符の需要である。

「為替文言型」割符の需要についてそのしくみから考えてみよう。送金人・受取人にとっての需要は、京都への年貢送進で説明できる。問題は発行者にとっての需要である。「為替文言型」割符のしくみを単純化すると、①出先である振出人が地方で割符と引き換えに得た現銭で商品荷物を買い付けて、②その商品荷物を、運送人を通じて支払人に送り、③支払人が畿内で商品荷物を販売した代銭で割符を決済する、ということになる。第一節〔史料1〕で、振出人は明らかに継続して割符を発行していることから、発行者たちは恒常的に備中の物産を買い付けて、それを畿内に運んで販売していると考えられる。とすれば彼らには、畿内の支払人が販売代価として得た現銭を、備中の振出人のもとに運搬して商品の購入原資にあてる必要が恒常的にあることになる。

ここに、発行者にとっての割符発行の需要が発生する。前節〔史料4〕の「為替文言型」割符の発行により、振出人は備中で現銭を受け取り、支払人は堺で現銭を支払う。これは順番こそ違え、支払地から振出地への送金と同じである。彼らは割符の発行により、現銭の輸送を伴うことなく、畿内で得られた商品荷物の売り上げで得た銭貨を、備中の出先へ送金できたのである。

だがこれは同時に、割符と引き換えに振出地の備中で現銭を借り、支払地の京都で返済するという借銭行為だ、ということもできるだろう。第一節〔史料2〕でみた、道仲と芹川商人による堺から京都への替銭の例はまさにそうである。芹川商人にとっては、堺での商品購入原資を道仲から借り入れて、京都付近で商品を販売した代価で返済したのと同じ効果が得られるはずだったのである。

つまり、「為替文言型」割符は発行者にとって、京都での商品販売代価を地方に送金する手段であると同時に、地方での商品購入原資を得るための借銭手段でもあったのである。

桜井氏は割符の成立の前段階として「振出人にとっては借銭手段であり、送金人にとっては送金手段であるような中立的な機能をもった替銭の出現」を想定している[71]。確かに割符の発行のしくみを検討してみると、「為替文言型」割符は、発行者にとって借銭・送金、双方の機能をもっていたことがわかる。これは「為替文言型」割符が二つの機能をもっていたというよりむしろ、もともと為替取引では借銭と送金は一体化していて区別できないというべきだろう。

2　割符のしくみとその発行者

これで割符にどのような需要があったのかはわかった。次に、割符はどのような人々によって発行されていたのだろうか。第一節〔史料2〕でみた手法を道仲が学んだのは、同じ「引付」の正月一八日条に記載のある、堺から京都への替銭のときと思われるが、その替銭を「了簡」したのは「問」である。また前節〔史料5〕の「預かり文言型」割符の振出人兼支払人である大文字屋も、交通の要地に定着しつつ、割符の取次主である商人と継続的な取引関係を結んでおり、問としての特徴をそなえている。

これらの例からみて割符の振出は、基本的に送金依頼人が問のもとに赴き、自らの送金を「かわす（＝交換する）」相手の斡旋を受けるという形で行われたのであろう。問が交通の要衝である港津において、荷継や運送業者の手配といったエージェント的な業務を行い「問の介入なしに港津での取引は不可能になっていた」ことは宇佐見隆之氏が指摘している。[72] 問がもともと年貢の送進や貢納物の運送に携わっていたことは、広く認識の一致するところである。[73] 商業金融と貢納送進の交換の仲介人として、問はうってつけの存在といえよう。[74] 綿貫友子氏も、室町初期の問について同様の指摘を行い、問の機能として割符・替銭が含まれていたのではないか、と推測している。[75]

3　割符のしくみと為替・流通・金融

佐藤泰弘氏は中世前期の借上に関して、借上が異地間の物資融通を行っており、異地における債務の返済は必然的に為替行為の発達を伴っていることから、借上は為替にも関係していたとする。そして借上（金融）、問丸（流通）、替銭（為替）という三つの業種が少なくとも互いに関連しあいながら、港湾に存在していた、と指摘している。[76] ここまでの割符発行のしくみの検討によって、中世後期においても割符取引のなかで、遠隔地送金という「為替」、問・商人という「流通」、そして借銭手段という「金融」、以上の三つが一体となって結びついていた様子が、具体的な取引として明らかになったといえよう。

最後に、このように為替と流通と金融とが一体化している形で行われた割符取引は、当時の流通経済にどのように位置づけられるかについて考えたい。

安倍惇氏は為替取引のしくみについて、「為替取引とは隔地間に存在する二組の相反する方向をもった貨幣の送金関係を、互いに関係づけてそれぞれ同一地域内での送金（支払）関係に振り替えかわすことによって隔地間の現送を

回避することにある」（傍点原文）と改めて定義し、これを「為替原理」と呼んでいる。(77)

割符関連史料をみれば、割符が主に地方から京都への年貢送進の際に利用されたのは明白である。安倍氏は「為替原理」に基づき、年貢送進による送金関係と振り替えかわされるはずの、京都から地方への送金関係の存在を理論的に導きだし、その具体的な送金目的を地方から京都へ運ばれる商品の購入原資と想定している。(78)

本章の検討結果は、割符取引によって地方から京都への年貢送進のみならず、京都から地方への商品購入原資の送金も行われていたことを示している。安部氏の想定に史料的な裏づけを与えるもの、といえよう。「為替文言型」割符のしくみからは、年貢送進という送金関係と、商品の購入原資という送金関係とが、「送金人から振出人へ」・「支払人から受取人へ」という同地間の支払いにそれぞれ「振り替えかわ」されている様子がよくわかる。「預かり文言型」割符にしても、取次人による割符の地方への持ち出し、すなわち「地方へ移動した取次人本人あての送金」がなければ、割符が地方へ流通していく積極的理由が存在しないことになる。割符による送金としては、地方から京都への年貢送進のみが注目されてきたが、商人による京都から地方への商品購入原資の送金の存在もまた重要だった。双方の送金関係が同時に存在したからこそ、割符取引は成立したのである。

さらに、年貢送進のために割符と交換された現銭が、商品仕入れの原資となっているということは、貢納に基づく送金が割符取引を通じて、商人たちにとっての借銭手段に変換されたということもできる。割符が盛んに発行された一四世紀初めから一五世紀前半にかけて、京都と地方との間で物価に大きな格差が存在していたことが、すでに指摘されている。(79)また、その物価格差に由来する流通上の利益を、在京の荘園領主から年貢請負代官、さらには物流業者など、荘園制に基づく年貢送進にかかわる各層が我が物にしようと活動していた様子が、清水克行氏によって指摘されている。(80)「為替文言型」割符を発行した遠隔地商人たちは、割符の代銭で購入した商品を京都に運んで販売することで、都鄙間の物価格差を利用して、割符を決済してもあまりある商品販売益を得たことであろう。「預かり文言型」割符を地方にもちこんだ商人たちも、同様にして割符の入手費用をまかなう以上の利益を得たであろう。

桜井氏は割符取引が年貢送進に利用されたことに注目し、代銭納の普及に割符の普及が拍車をかけ、同時に荘園の生産物が商品化される傾向を促進する形で商品経済の発展に資した、と考えている(81)。だが、割符が商品経済に与えた影響は、単純な商人の借銭手段・年貢の送金手段としてのそれにとどまらない。割符取引は一四世紀初めの荘園制という、地方から大消費地京都むけに大量の商品が常に流通していく社会経済システムを前提とする状況のなかで発生した。それは荘園制における貢納に基づく遠隔地送金取引と、商品経済における商業金融とを「貢納物の代銭と商品取引の代銭との交換」によって行うことで、荘園制貢納と商品流通とを互恵的につなげる役割を果たしていたのである。

おわりに

本章では割符取引のしくみの説明にあたって図解を多用したが、これは多様な割符流通の、信用も含めた実態すべてを表わすものではない。あくまでも、割符発行のしくみを説明しやすくするための単純化した概念図に過ぎないことをお含みおき願いたい。また、割符にかかわる残存史料はおそらく実際の流通に比べ著しく少なく、本章で明らかにできた実際の割符取引の様相は、実際のそれのわずかな部分に過ぎないと考えられる。

とはいえ、問を中心とした割符の発行者たちが、なんのために、どのようなしくみで割符を発行していたのか、という割符取引の本質的な部分について、かなりの部分を明らかにできたと考える。割符は「送金関係の交換」によって発行されていたわけだが、送金が「債権債務関係」に基づいて行われることを考えあわせると、本章の分析は、井原今朝男氏[82]や桜井英治氏[83]などによって主張されている、中世における債権流通の一端を示すことになるかと思われる。もともと割符は桜井氏によって中世における債権流通の一例としてあげられていたが、その流通の様相を実態的により詳しく解明できたといえよう。

なお、第二節で検討した、地方の「問」による割符の振出については、これを堺の支払人との関係で述べると、堺の商人の「出先」という立場で活動している[84]、地方の「問」が存在する、ということになる。当時の遠隔地流通を考えるにあたって重要な問題ではあるが、この点については今後の課題としたい。

最後に、一六世紀における割符の衰退について、割符発行のしくみという観点から展望を述べたい。割符が一六世紀に影をひそめた理由について、桜井氏はそれを割符の流通を保証していた中世的文書主義等の中世的な経済観念の変化に求め[85]、宇佐見氏は金というあらたな遠隔地間決済手段の出現を指摘し[86]、早島氏は遠隔地間流通の変化により、伊勢御師の為替などに形態が変わって流通していた、としている[87]。これを本章で明らかにした為替のしくみの観点からみるとどうだろうか。

まず割符取引が利益を生む要因であった、都鄙間の価格差の問題がある。百瀬氏によると、京都の米価は一五世紀中葉を頂点として低落傾向にあり、一六世紀に入ってさらに下落して、以後固定化する傾向を示している[88]。この時期の地方での米価が不明なため、都鄙間価格差それ自体の有無については不明ではあるが、京都物価の下落傾向により、割符がもたらす利益が縮小したことは疑いないだろう。一五世紀から一六世紀にかけての割符取引の極端な消長は、経済観念や決済手段、遠隔地間流通の変化もさることながら、「もうかるうちは盛んに行われたが、もうからなくなると自然に廃れた」というような、商行為上の単純だが本質的な理由で説明できはしないだろうか。

また割符取引のしくみ上、「京都から地方へ」という商品経済に基づく送金関係の存在と同じく、「地方から京都へ」という荘園制貢納に基づく送金関係の存在が不可欠だったことも前節で述べた。割符取引に、先行研究で指摘されたような商品経済の自立を促す効果があったことは否定しない。だがその成立は、荘園制に基づく年貢送進の存在を前提としていたのも確かである。商品経済と荘園制貢納、このどちらか一方が途絶しないまでも不安定になれば、それだけで割符取引は成立しえなくなってしまうのである。

一六世紀という時期の商品経済・荘園制の双方における京都の地位についてはさまざまな議論があるが、先述の米価の大幅な下落も含め、一五世紀に機能していた京都を中心とした経済構造が、少なくとも動揺していた、という点についての異論は少ないだろう。

割符取引がその信用によって成立していたのであれば、そのような経済構造の動揺が割符取引の衰退を招くことは十分想定できるのではないだろうか。さらに、一六世紀末の割符取引の衰退は、荘園制という当時の経済構造そのものの動揺を示しているのではないだろうか。

とすると、本章でふれられなかった、割符の流通と信用という論点の重要性は大きいといえる。割符の定額化や紙幣的性格などと合わせて、今後の課題としたい。

注

(1) 主な研究として以下のものがあげられる。阿部愿「替銭替米ニ就テ」(『史学雑誌』一三巻六・七・八号、一九〇二年)、三浦周行「為替手形の起源」(『法制史研究』岩波書店、一九一九年)、平泉澄「為替と社寺参詣者」(『中世に於ける社寺と社会の関係』至文堂、一九二六年)、中田薫「徳川時代の為替手形文言に就て」(『法制史論集　第三巻上』一九四三年)、豊田武「為替取引の発生」(『中世日本の商業　豊田武著作集第二巻』吉川弘文館、一九八二年、初出一九三七年)。また桜井氏以降、割符その他の為替取引に言及した論考は数多く存在するが、割符のしくみそれ自体を対象とするもの以外は省いた。
（2）百瀬今朝雄「利息附替銭に関する一考察」（『歴史学研究』二一一号、一九五七年）。
（3）井原今朝男「中世東国商業史の一考察」（中世東国史研究会編『中世東国史の研究』東京大学出版会、一九八八年）。
（4）安倍惇「わが国中世為替制度の発生と展開」（『為替理論と内国為替の歴史』柏書房、一九九〇年、初出一九八〇年）。
（5）本章で参照した桜井英治氏による割符に関する論考は以下のとおり（発表順）。
a「中世の経済思想―非近代社会における商業と流通―」（『日本中世の経済構造』岩波書店、一九九六年、初出一九九三年）。

b「割符に関する考察」（『日本中世の経済構造』岩波書店、一九九六年、初出一九九五年）。

c「日本中世における貨幣と信用について」（『歴史学研究』七〇三号、一九九七年）。

d「借書の流通」（『交換・権力・文化―ひとつの日本中世社会論―』みすず書房、二〇一七年、初出二〇〇五年）。
（6）宇佐見隆之「割符考―東寺領新見荘の事例から―」（『日本中世の流通と商業』吉川弘文館、一九九九年）。
（7）池享「前近代日本の貨幣と国家」（同編『銭貨―前近代の日本の貨幣と国家―』青木書店、二〇〇一年）。
（8）辰田芳雄「年貢送進手段としての割符について―裏付の意味を中心に―」（『岡山朝日研究紀要』二七号、二〇〇六年）。
（9）早島大祐「割符と隔地間流通」（『首都の経済と室町幕府』吉川弘文館、二〇〇六年）。
（10）伊藤啓介「割符のしくみと為替・流通・金融」（『史林』八九巻三号、二〇〇六年）。
（11）井上正夫「割符のしくみとその革新性―二種類の割符の並存理由―」（『東アジア国際通貨と中世日本―宋銭と為替からみた経済史―』名古屋大学出版会、二〇二二年、初出二〇一一年）。
（12）佐藤泰弘「日本中世の手形―新見荘の割符について―」（『史林』九六巻五号、二〇一三年）。
（13）東京三菱銀行法人部『貿易・為替入門』（東京三菱銀行、一九九〇年）。
（14）辰田前掲注（8）論文。早島前掲注（9）論文。
（15）『東寺百合文書』ム函一五（『岡山県史二〇巻　家わけ史料』一六三号）、ク函二五―（一）（『岡山県史二〇巻　家わけ史料』二一七号）。以下、本章の『東寺百合文書』の引用については、『百』ク函二五―（一）のように函別番号を記す。また『岡山県史二〇巻　家わけ史料』に所収のものについては『岡』二一七号のように号数を記す。
（16）辰田前掲注（8）論文。

(17) 管見に入った限りで、本章初出以前に割符と関連して〔史料1・3〕を取りあげた論考は以下のとおりである。網野善彦氏は同「貨幣と資本」（『岩波講座日本通史　第九巻　中世三』岩波書店、一九九四年）にて、来納分の年貢が、割符で京都に送られた証拠のひとつとしてこの史料を利用している。また桜井英治氏は、前掲注(5)a論文において、割符の信用の分析のためにこの史料を用いている。井上正夫氏は、前掲注(11)論文においてこの史料を用いている（本書第二部第三章注(34)参照）。
(18) 『百』ル函二一一（『岡』八〇号）。史料〔1・3〕については『岡』八〇号文書を、京都大学文学部古文書室架蔵写真本にて校訂した。また初出時の翻刻を、飯分徹「新見荘の漆」（海老沢衷・高橋敏子編『中世荘園の環境・構造と地域社会』勉誠出版、二〇一四）を参考に修正した。
(19) 網野氏は前掲注(17)論文において、前掲注(18)所引史料に「月宛算用事」として、三・五・七月の各月分、一〇貫文ずつ計上されている「さいふ」が、〔史料1〕の「五月分」と同じものと解釈している。
(20) 『百』ク函二五―（二）（『岡』二一八号）、『百』ヤ函二二（『岡』二三六号）等。
(21) 『百』サ函一六〇（『岡』四一三号）・『百』サ函一六一（『岡』四一四号）。
(22) 宇佐見前掲注(6)論文。
(23) 本書第二部第二章初出時には、この備中に定着している割符の取次人の業態について、単に商人としていた。一方、第三部第一章初出時には、業態に鑑みて彼らを「問」としたので、この点について見解を変更した。大村拓生氏のご批判による（大村拓生『中世史部会　伊藤報告を聞いて　二〇一九年度日本史研究会大会報告批判』（『日本史研究』六九二号、二〇二〇年）。
(24) 『百』け函二一（『岡』八二九号）「応仁二年東寺最勝光院方評定引付」。以下、「引付」と略。
(25) 「引付」四月八日条（『百』け函二一）この部分は『岡』に収められていない。
(26) 「引付」四月一〇日条（『百』け函二一）この部分は『岡』に収められていない。
(27) 鈴木敦子「十五世紀備中国新見市場をめぐる諸動向」（『日本中世社会の流通構造』校倉書房、二〇〇〇年、初出一九七八年）。
(28) 「引付」五月一二日条（『百』け函二一）。このときの道仲の行動については、拙論「応仁二年最勝光院方引付にみる畿内での替銭取引」（『立命館文学』六七七号、二〇二二年）で詳細に論じた。なお当該の部分は『岡』に収められていない。
(29) 「引付」正月一八日内談条（『百』け函二一、『岡』八二九号）。
(30) 辰田芳雄氏は〔史料2〕について芹川商人たちが銭束をほかの荷物とともに運搬したと考えている（同「中世東寺における門指

の活動」『中世東寺領荘園の支配と在地』校倉書房、二〇〇三年、初出一九九六年）。だが、辰田氏も指摘しているように、奪われたものを「荷物」、被害総額八拾貫文を「料足の代」と表現する史料（『百』サ函一八二）がある。本文でも書いたように、彼らは商品を運び、その販売代価で東寺に二〇貫文を支払おうとしたと考えるのが自然であろう。

(31)『百』え函一〇六（『岡』九五九号）。年欠だが、差出人の妹尾重康が新見荘の直務代官職を請負っていた、延徳三年（一四九一）～明応一〇年（一五〇一）の間に比定される。

(32)『政所賦銘引付』文明五年（一四七三）一〇月一五日条（『室町幕府引付史料集成』）。

(33)〔史料1〕所引史料。前掲注(18)参照。

(34)「百はかり」＝百連か。一連＝一〇〇文、一〇〇連＝一〇貫文。『師守記』貞治六年（一三六七）五月八日条などからわかる。なお、『師守記』の記述については平出真宣氏のご教示を得た。

(35)桜井前掲注(5)b論文。

(36)『鎌倉遺文』二四八四九号など。

(37)なお、〔史料2〕では必ずしも割符が誰によって振り出されたかは判明しないが、単純化のため「同地払約束手形としての割符」と同じく、預り主の振り出しと考えておく。

(38)『百』せ函七一（『岡』一一七八号）。

(39)『百』サ函一七三―（三）。

(40)『百』サ函一七三―（四）。

(41)『教王護国寺文書』六巻一七九〇号。

(42)『百』サ函一七三―（一）（『岡』四二六号）。

(43)『百』サ函一七三―（二）（『岡』四二六号）。

(44)これらの案文に記された印文を割り印とみる点については、佐藤泰弘氏の有力な批判（佐藤前掲注(12)論文）があり、佐藤説に対する井上正夫氏の反論（井上前掲注(11)論文）がある。ご参照願いたい。本章では、割符のしくみにおける、その決済と商品荷物の輸送との関係に鑑みて、割り印とみる立場をとる。後掲注(61)参照。

(45)桜井氏は、「さかへ二郎四郎」以下の人名について、割符B・Dは宇佐見・早島両氏と同じく送金人とするが、割符A・Cでは、判読不能であったり棒線だけが記載されたりしている判署人を「さかへ二郎四郎」と同一人物と判断し、彼を振出人と位置づけている（桜井前掲注（5）b論文）。だが本文で後述するように、割符A・Cの判署人と割符B・Cの判署人（振出人）常俊とは同じく備中屋の出先と考えられ、割符が彼らから備中屋への送り状であるという割符の性質からいっても、同じ文面で形式の違う割符を振り出したとは考えにくい。よって本書では宇佐見・早島両氏の理解を支持する。

（46）宇佐見前掲注（6）論文。

（47）早島前掲注（9）論文。

（48）早島前掲注（9）論文。

（49）早島前掲注（9）論文。

（50）ここでの「定着」は、時には商用などで不在のことがあっても、連絡・所在の確認が可能な拠点を保持していること、と考える。

（51）桜井前掲注（5）b論文。

（52）『百』え函四六（『岡』九一六号）。

（53）「引付」応仁二年七月八日条に、新見荘からの割符到着の記事がある。おそらくはこのときに割符Dが到着したのであろう。

（54）たとえ振出人と新見荘三職の間に取次人が介在したとしても、その取次人は、振出人・新見荘三職の双方と継続的に割符を取次ぐ関係を構築していたことになる。先行研究のいう、「割符が「不特定多数」の間を流通した結果、新見荘に到来した」という見解はやはり否定されよう。

（55）この「為替文言型割符」は、辰田前掲注（8）論文の「年貢送進の割符」、早島前掲注（9）論文の「振出時決済型割符」、井上前掲注（11）論文の「為替文言の割符」にあたる。辰田説は割符の流通を認めない点、早島説は船荷を銭貨に限定する点などの相違はあるが、「割符と対応する荷物の代価で割符が決済される」という点は一致している。井上説では、割符と対になる「片方文書《かたかた》」の存在を想定し、割符との間で施された割り印による照合を想定しているが、船荷の到着・売却と、割符と片方文書の照合・決済を切り離して考え、照合の目的を「振出の正常性の確信」に求めている。だが割符の決済と船荷の到着・売却とを切り離してしまうと、支払った替銭の原資を失うリスクが支払人の側に発生する。井上氏は、この支払人のリスクに対応した、振出人と支払人との間の資金のやりとりの方法について前掲注（11）論文ではまったく検討しておらず、全面的には賛成できない。

(56) 本書第三部第一章参照。
(57) 宇佐見・早島両氏は、裏付の「水内」による書き込みについては、大文字屋に割符が呈示された際に書き込まれたとする（宇佐見前掲注(6)論文・早島前掲注(9)論文）。本章でもこれに従う。
(58) 宇佐見前掲注(6)論文。
(59) 宇佐見・早島両氏は裏付の日付より前、振出日より後に「文字・年号・判」が書き込まれたとする（宇佐見前掲注(6)論文・早島前掲注(9)論文）。本章でもこれを支持する。
(60) 早島前掲注(9)論文。
(61) この割り印については、佐藤泰弘氏から、割り印ではなく単独の捺印であるとの有力な批判をいただいているので、ご参照いただきたい（佐藤前掲注(12)論文）。本章では、①当該の史料が案文であるので、もとの印鑑の確認が不可能であること。②割り印か単独の捺印かどうかは、当該の割符の決済のしくみによって判断しうるが、関連史料からはそれを知りようがないこと。③〔史料4〕の「割り印」がたとえ単独の捺印であっても、本章で明らかにした割符のしくみは成立しうること。④佐藤氏の説は、切符の決済のしくみを〔史料4〕にあてはめて解釈したものであり、一方、本章での記述は〔史料4〕に本章第一節で明らかにした割符のしくみをあてはめて解釈したものである。そもそも割符取引のしくみ自体、残存史料から判明する以外に、多種多様なあり方が想定されるため、極端なものいいにはなるが、佐藤説も卑見も両立しうること。以上四点から、初出のとおり収録した。
(62) 宇佐見前掲注(6)論文。
(63) 桜井前掲注(5)a論文。
(64) 宇佐見前掲注(6)論文。
(65) もちろん、この方法では「第一の受取人」からの最初の一回目の取次についてのみ、合意の存在を確認できるに過ぎない。だがこの割符が取次がれたのは、新見荘から東寺への送進を含めたとしても二回程度と考えられる。一回だけでもきちんと確認できるかどうかは、実務上大きな意味合いをもつのではないだろうか。
(66) 「水内」による裏付については、図4の⑥で行われると考えられるが、単純化のため省略した。
(67) 同地払いか否か、ではなく、振出人と支払人が同一人物かそうでないか、と表現することもできるだろう。だが、本支店のような一体の関係と「同一人物」との区別がつきにくいことと、取引の本質は「遠隔地間の現金輸送によらない資金受け渡しの有無」

にあることから、本文のように表現した。
(68) 井原前掲注(3)論文。
(69) 桜井前掲注(5)b論文。
(70) 桜井前掲注(5)b論文。
(71) 桜井前掲注(5)b論文。
(72) 宇佐見前掲注(6)論文。
(73) 『国史大辞典』「問丸」項など。
(74) ただし、〔史料2〕のように、問ではなく貢納関係者が自ら商人に斡旋する例もあり、割符は必ずしも問の独占物ではなく、そのしくみが理解できれば誰にでも発行が可能だったと考えられる。だが、割符が借銭手段でもある以上、その信用が問題となる。割符の発行には商人・荘官双方との密接な信用関係が必要である以上、やはり問に発行される例が一般的だったのではないだろうか。
(75) 綿貫友子「中世後期東国における流通の展開と地域社会」(『中世東国の太平洋海運』東京大学出版会、一九九八年、初出一九九四年)。
(76) 佐藤泰弘「借上の予備的考察」(『甲南大学紀要 文学編』一二三号、二〇〇一年)。
(77) 安倍前掲注(4)論文。
(78) 安倍前掲注(4)論文。
(79) 百瀬今朝雄「室町時代における米価表—東寺関係の場合—」(『史学雑誌』六六巻一号、一九五八年)。桜井英治「中世における物価の特性と消費者行動」(『国立歴史民俗博物館研究報告』一一三集、二〇〇四年)。
(80) 清水克行「荘園制と室町社会」(『歴史学研究』七九四号、二〇〇四年)。
(81) 桜井前掲注(5)a論文。
(82) 井原今朝男「中世借用状の成立と質券之法—中世債務史の考察—」(『史学雑誌』一一一巻一号、二〇〇二年)、同「中世請取状と貸借関係」(『史学雑誌』一一三巻二号、二〇〇四年)。
(83) 桜井前掲注(5)d論文。

るからである。

(84)「出先」という表現としたのは、割符の発行は、堺の「問」と地方の「問」との間に支配・被支配の関係がなくとも、可能であ

(85)桜井前掲注(5)a論文。

(86)宇佐見前掲注(6)論文。

(87)早島前掲注(9)論文。

(88)百瀬前掲注(2)論文。

(付記)本章で示した「割符のしくみ」についての理解は、初出時(二〇〇六年)から変更はないが、本章「はじめに」で示したように、井上正夫氏と佐藤泰弘氏の批判がある。佐藤泰弘氏からの批判についての見解は前掲注(61)で述べた。また井上説との相違は、桜井氏が指摘しているとおり、「いずれも形式論理にもとづく仮説であり、物証がない」状況であり、「決着をみていない」(桜井前掲注(5)d論文補注1)状況である。とはいえ、割符のしくみを為替原理に基づき、文書と商業輸送と年貢送進が結合しているものとして提示し、中世後期の荘園制のなかに位置づけた本章の「割符のしくみ」の考え方は、現時点でも学術的意義が認められると考え、大枠は変更しなかった。

第三章　中世手形の系譜関係

はじめに

本章の目的は、預かり状・替文・割符といった中世手形文書について、それぞれの機能と段階差を明らかにして、その分類と系譜関係について再検討することである。

中世の手形文書についての研究は、桜井英治氏の割符の紙幣的流通の指摘[1]により大きく進展した。それ以降、宇佐見隆之氏・渋谷一成氏・早島大祐氏・辰田芳雄氏らが、割符取引のしくみや輸送・流通との関係等を論じ、近年では井上正夫氏と佐藤泰弘氏が、割符の文言・印鑑について論争を行っている[2]。

さて桜井氏の研究は、中世手形文書の系譜関係を明確にしたことでも高く評価される。桜井氏は中世手形文書を「切符系文書」と「為替手形・預かり手形系文書」に分類する。割符が属する為替手形・預かり手形系文書には、「預かり状」「替文（替状等さまざまな呼称があるが、本章では替文に統一する）」「為替文言型割符」「預かり文言型割符」の四つがある。桜井氏は、為替文書は貸借関連文書から発生した、とする井原今朝男氏の仮説[3]を受けて、銭貨の預かり状のなかで為替取引に特化したものが、替文となったとした。そして預かり状から預かり文言割符が生まれ、替文から為替文言型割符が生じたと系譜づけた[4]。切符系文書を明確に中世手形文書の系譜の最初に位置づけたこと、そして割符と替文とを、初めて明確に区別して系譜づけることで、中世手形文書の歴史的展開を明らかにした画期的な研究であった。

現状、中世手形文書の系譜関係については、この桜井説が通説となっている。だがその後の研究の進展により、通説では説明しきれない点もでてきた。例えば桜井説は割符を全て振出地払いの手形として理解するが、その後の研究で、振出地とは異なる他地で支払われる割符の存在が指摘されている点などである。

よって、手形文書の系譜関係の再検討が必要なのだが、手形文書同士の段階差について、先行研究は統一をみていない。桜井氏は割符と替文との間に、第三者への流通の可否という段階差を見出すが、早島氏は替文・割符ともに地方での現銭調達手段となるという共通点を重視し、両者の段階差を認めない。辰田氏は他地払いの割符の流通を認めない立場で、井上氏は逆に替文・割符ともに流通するとし、段階差をその流通のあり方に求める。

このような混乱は、預かり状や替文の研究が、割符研究にくらべると進展しておらず、取引のなかでの手形の役割や機能がきちんと実証されないままであることに由来する。中世手形文書の系譜関係の再検討にあたっては、預かり状、替文、預かり文言型割符、そして為替文言型割符について、それぞれの手形としての機能を再検討し、その段階差を確認する必要がある。

本章ではこの認識に基づき、手形文書それぞれの機能と段階差を明確化し、系譜関係の再検討を行う。具体的には、第一節で預かり状と替文の機能面の差異を明らかにする。第二節では二種類の割符と預かり状・替文とのそれぞれの段階差を明らかにして、最後に系譜関係の再検討を行う。その過程で割符の流通などにもふれてみたい。

ここで用語について定義しておく。「手形」とは将来の持参と引き換えに返済されることを前提として、貨幣・物品を預かる際に発行される証文のことをさす。替文を利用した送金・貸借・為替取引を「替銭取引」と呼ぶ。割符を利用した替銭取引については、混乱を避けるため「割符取引」と区別する。ただし取引のなかで預入・送金・貸付・

払い戻しされる銭貨は、替銭取引・割符取引ともに、「替銭」で呼称を統一する。

一　預かり状と替文の比較

1　文面の比較

為替手形・預かり手形系の中世手形文書のうち、最初に現れるのが預かり状と替文である。通説ではともに一三世紀前半に発生したとされ、替文は預かり状が為替取引に特化して文言が変化したもので、両者は共通性が高いとみなされている。(5) 史料をみてみよう。

〔史料1〕

（端裏書）「鎌倉弥次郎等請取案」

かくしやうハうの御てよりあつかるせにの事

　　合九十一貫七百文

たしかにあつかりまいらせ候ぬ

　　正応六年五月廿五日　　いや二郎　在ー

　　　　　　　　　　　　上泉入道　在ー

　　　　　　　　　　　　くこ三郎　在ー(6)

正応六年（一二九三）の年記をもつ〔史料1〕は、「鎌倉弥次郎」「上泉入道」「くこ三郎」の三人が連署して、預け人「かくしやうハう」に対して発給した預かり状である。

〔史料2〕

領置（ママ）　新勅旨供料事

合 米五斗二升八合　大豆一斗五升 小豆四升八合　供料衣服百七十五文

右、件供料、有㆓子細㆒之時者、可㆑致㆓其沙汰㆒之状如㆑件

弘安十一年正月七日　　行観（花押）（7）

〔史料2〕は弘安十一年（一二八八）の預かり状である。預かった物品は銭貨だけでなく米や大豆なども含んでいる。続いて替文の史料として有名な永仁元年（一二九三）の次の史料をみる。

〔史料3〕

（端裏書）「かへせにのうけふミのあん」

うけとるかへせにの事

あはせて五貫文者

右、くたんのかへせに、かまくらにて給候ぬ、かのせにのかはりハ、とうしのしつさうしのたいふのいかうの御はうのもとより、五日かうちに、○（五貫文を）さたしまいらせられ候へく候、もしいかなる事も候て、やくそくの日をもすき候はゝ、一はいのさたをいたすへく候、よてのちのために、しやうくたんのことし、

永仁元年十二月二日　　よりひら在—（8）

史料の共通点・相違点を整理する。まず〔史料1・2・3〕全てに共通している文言は、銭貨の預かり文言・金額・預かり人の署名である。〔史料3〕は正確には受け取り文言であるが、「将来の支払い（返済）」を約束しているの

で、預かり文言と同質とみなせる。これらは〔史料1・2・3〕が、手形として機能していることを示している。

続いて預かり状〔史料1・2〕のみに特有の文言として、預け人名義（「かくしやうハう」「新勅旨供料」）の記載がある。〔史料2〕の「新勅旨供料」は預け人名義そのものではないが、この記載により預け人が東寺供僧方と明白になるので、同質とみなせる。逆に替文〔史料3〕のみに特有の文言としては、支払人とその所在の指定（「とうしのしつさうしのたいふのいかうの御はう」）、支払猶予期間（「五日かうちに」）、支払不能時の賠償文言（「やくそくの日をもすき候は丶、一はいのさたをいたすへく候」）がある。

それぞれに特有の文言について検討しよう。まず預かり状〔史料1・2〕のみにみられる預け人名義について。これは預かり状が、〔史料1・2〕を預け人本人が持参することで、銭貨等の払い戻しを預かり人本人から受けられる手形であることを示している。(9)

次に替文〔史料3〕のみにみられる文言について。まず支払人とその所在の指定について論ずる。後述するとおり、〔史料3〕は鎌倉で発給されて京都で支払われる手形である。自然、預かり人と支払人が違う人物となるため、どこに行けば支払人に会えるのか、を手形に記載する必要があった、と考えられる。対して〔史料1・2〕では、預かり人本人が支払う関係上、支払人（預かり人）の所在が必要なかった、と考えられる。

続いて賠償文言について述べる。〔史料3〕は預かり人と支払人が違う人物であるために、支払不能時に賠償するのが誰かを明確化する必要があったのに対し、〔史料1・2〕では、預かり人が賠償することが当然で、記載するまでもなかった、と考えられる。なお支払猶予期間の有無は、取引条件によって変化するので、単純な比較はできない。

以上、預かり状〔史料1・2〕と替文〔史料3〕の比較からは、①両者ともに手形であるため、文言の共通点が多い、②文言の相違は、預かり人本人が払い戻すのか（以下、「本人支払い」）、それとも預かり人と支払人が異なるのか

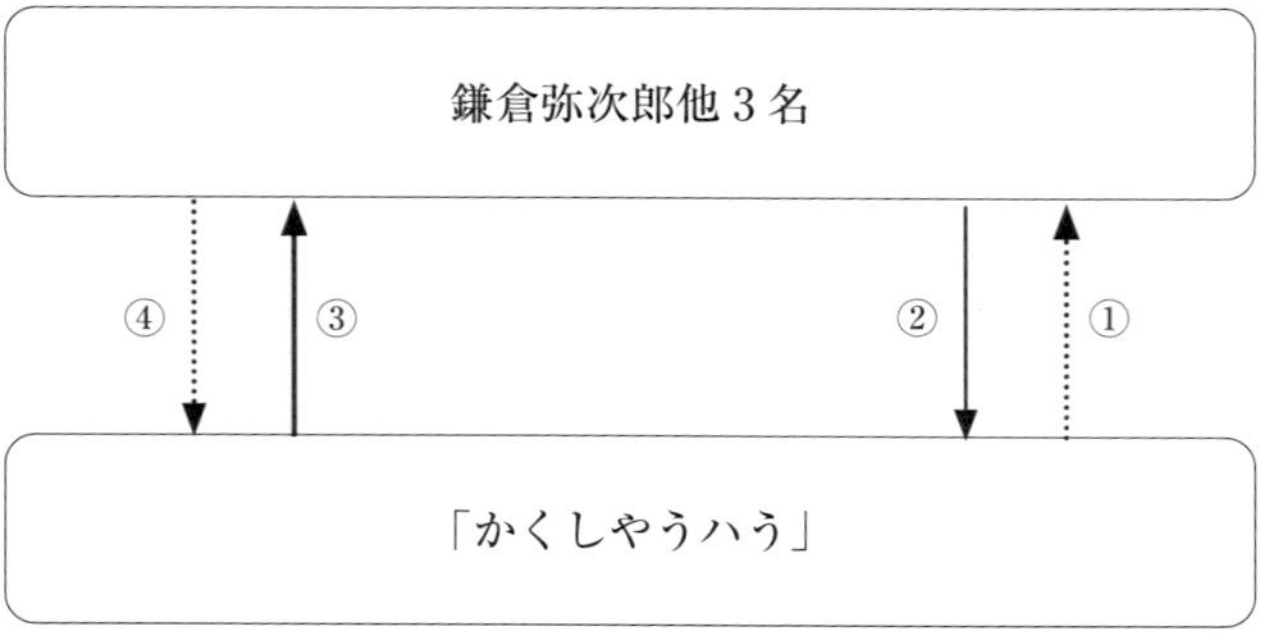

注）本章では文書の動きは実線、資金・財の動きは点線、人間の移動は太線で表す。

①「かくしやうハう」が銭貨を鎌倉弥次郎他３名に預ける。
②鎌倉弥次郎他３名が連署した預かり状〔史料1〕を「かくしやうハう」に交付する。
③「かくしやうハう」が預かり状を鎌倉弥次郎他３名に呈示する。
④鎌倉弥次郎他３名が、「かくしやうハう」に、銭貨を交付する。
（「鎌倉弥次郎他３名」と「かくしやうハう」、それぞれ本人が取引していると考えるが、「本人」とみなされる範囲については、ケースバイケース、と考える。）

図１　預かり状〔史料1〕の動き

（以下、「他者支払い」）、という違いによる、以上の二点がわかる。預かり状は「本人支払い」を約束する手形で、替文は「他者支払い」を預かり人が約束する手形、と区別できるのである。

ここまでの検討をもとに、預かり状〔史料1〕の手形の動きについて図示したのが図1である。続いて替文〔史料3〕の手形の動きについて、次節で関連史料を検討する。

2　二通一組の替文―請文と申し送り状―

さて〔史料3〕の替文は、訴訟のために鎌倉に滞在していた東寺供僧方領弓削島荘の雑掌の加治木頼平が、滞在費用を調達するために替銭を取った際に発給したと考えられている(10)。その間の事情が永仁元年一二月一六日付定厳書状でふれられていることは、先行研究でもすでに紹介されているが(11)、本節では替銭取引において使用される文書とその機能に注目して史料を再検討する。

当該の史料は、東寺供僧方（以下、供僧方）の財政をつかさどっていると考えられる定厳が、供僧方の月行事に、頼平が派遣してきた「専使」とその知らせの内容を月行事に報告している書状である。〔史料3〕の替銭にかかわる部分を示す。

〔史料4〕

昨日十五日、弓削雑掌以二専使一申上候、（中略）而御契約候し五結物、罷二成冬季一候者、可二充給一之由、蒙レ仰候し間、御計を雖二待入候一、不レ然之間、術尽終候之程、不レ顧二使者之煩一令レ申候、或仁上洛之在京用途ヲ、関東にて替取由ヲ申候、其分彼仁京都落付候ハ、五ケ日之内、可レ致二沙汰一之由申乞候て、替物取候了、任二御契約之旨一、可二沙汰給一候と申送候、兼又御約《束》之旨違約候て、以二弓削之物一可レ乞之由、平野殿年貢到来之時、可二充給一歟之由、令レ申候しかハ、以二弓削到来之物一、可レ致二沙汰一之由候し間、其趣ヲハ、受戒者、関東下向之便宜ニ申遣候き、此使者路次にて罷逢之由申候、仍雑掌未此儀ヲハ不レ知かと覚候、（後略）

以下、〔史料3〕にふれている傍線部について解釈する。難解な部分については、逐語訳にこだわらず、文意が通じることを優先して言葉を補い、文脈を整理した。なお定厳による頼平の書状引用部分は『』で示す。

『（頼平に支給する、と）ご契約いただいていた五貫文につきましては、冬になれば支給していただける、と仰せをいただいておりましたので、お計らいをお待ち申し上げておりました。（ですが）それがございませんでしたので、どうしようもなくなりました。（よって）使者の手間をもはばからず申し上げます。或仁が上洛するにあたっての在京用途を、鎌倉にて替銭として借りました』という内容を（頼平が定厳に対して）申してきました。『その分（の五貫文）は、彼の仁が京都に到着して（東寺に替文を持参して）から五日の内に支払います、とお願いして、替銭を借りました。ご契約の内容にしたがって、（その五貫文を或仁に）お支払いくださいませ』と（頼平から）申し送ってきました。

〔史料3〕と〔史料4〕をもとに、この替銭取引は、頼平が「或仁」から鎌倉で五貫文を借り、「或仁」は京都の東寺にいる「已講御坊」を訪ね、五貫文の返済を受けて在京の費用に充当する、というしくみで行われていることが従来から指摘されてきた。

さて〔史料4〕には「専使」の到着が一二月一五日との記載がある。〔史料3〕の日付の一二月二日とは、一四日の間隔があるが、これは京都—鎌倉間にかかる日数とだいたい一致している[12]。これは飛脚ほど速くはないが、使者として京都に向かう「専使」と、所用で京都にゆく「或仁」とでは速度も異なるだろうし、「或仁」が直ちに鎌倉を出立したとも限らない。「或仁」はこの書状が書かれた一六日時点では、まだ東寺には現れていないとみるべきであろう。つまり〔史料4〕が書かれた時点では〔史料3〕を定厳は見ていないと考えられるにもかかわらず、「五ケ日之内」の支払いという〔史料3〕の内容が、正確に定厳に伝わっていたことがわかる。とすると、〔史料3〕とは別ルートで、「専使」によって頼平から東寺あてに送られた、替銭取引の内容と支払依頼の申し送り状が存在した、と考えられるのである[13]。

つまり〔史料3〕の替銭取引においては、いわゆる「替文」としての〔史料3〕一通のみではなく、先行研究では想定されてこなかったもう一通の文書、即ち第三者である支払人に送られる申し送り状が存在していたのである。

ではなぜ、このような申し送り状が必要だったのだろうか。ここで〔史料4〕の傍線部以降を解釈してみよう。傍線部と同様、難解な部分については言葉を補い、文脈も整理した。

兼ねてまた、御約束を違約して、弓削島荘からの収納物を（送金のために）充てること（としました）。（一方、頼平は）「平野殿年貢」が（東寺に）到来した時に、（それを原資に）充てて（送金して）いただきたい、と申しておりました。（ですが）弓削島荘から到来した（収納）物をもって送金する、と決定しましたので、その事情を伝える使者として、ちょうど関東に下向する「受戒者」を申し遣わしました。（ところが）「此使者（＝頼平からの専使）」が、（「受戒者」

と）路次で行き会った、と申しております。よって雑掌頼平は、（弓削島荘年貢から送金するように予定が変更された、ということを）未だ知らない、と考えられます。

この部分からは、①頼平が、契約どおり冬になり、「平野殿年貢」が東寺に到来した時に、それを充当して五貫文を送金してもらえる、と考えていること、②対して、供僧方が頼平との契約をあえて違約し、恐らくはより遅い時期に到着するとみられる、弓削島荘からの収納物を原資として送金する、と一方的に予定を変更していたこと、③その送金予定変更が、頼平に伝わっていないこと、がわかる。

だとすると頼平が、供僧方が一方的に送金を怠っているように認識したとしても無理はないだろう。頼平は、やや強引ともいえる形で京都支払いの替銭を鎌倉で借りることで、定厳と供僧方に対して契約を果たすように迫った、と考えられる。それゆえに申し送り状の送付が必要だったのである。また、たとえそのような事情がなかったとしても、支払人に銭貨をあらかじめ準備してもらうためには、申し送りによって支払人の了解を得ることは不可欠だっただろう。つまり申し送り状の送付は、「他者支払い」の替銭取引の支払いを、支払人に依頼し、同意を取り付けるために必要だったのである。

支払人への依頼と同意の取り付けが不十分だった場合、どうなるだろうか。次の史料をみる。

〔史料5〕

（前略）すけとの丶御のほりのとき、すけのむまのせうのせにを二百貫文、かへせに丶めされて候しを、おきのそうりやうの御京上ようとうのせにを、かのせに丶むけてめされて候へハ、いそき御うけふミのむねにまかせて、さたせさせ給へきよし、おほせくたされて候に、御京上ようとうも、又御ねんくのよねもつくしにハ候ハ丶こそ、さたし候ハめとて返事たにもおよひ候ハす、あまさへさんくにつかひのそくひをひかれ候て、はちかましきめに

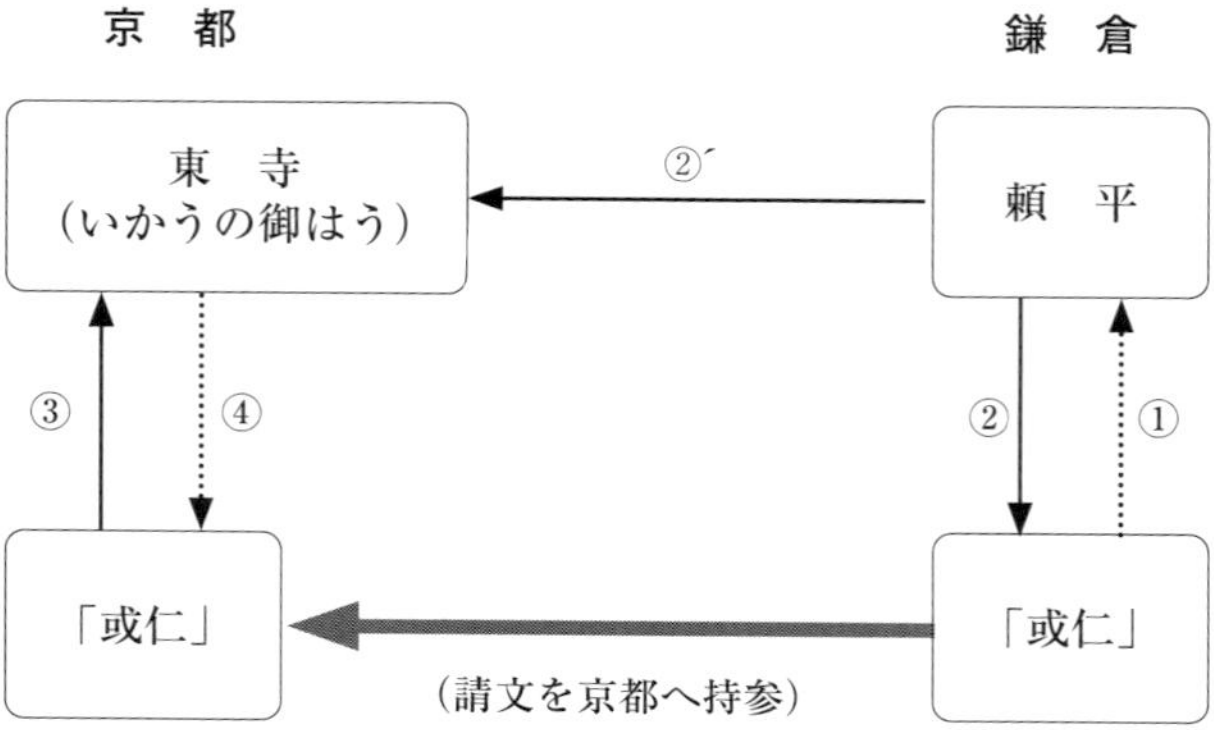

①「或仁」は頼平に銭貨を交付する。
②・②´頼平は「或仁」に請文〔史料3〕を発給し、東寺に対して申し送り状を送る。
③「或仁」は請文を東寺に呈示する。
④東寺は請文と「或仁」が申し送り状の内容と一致することを総合的に確認して、銭貨を交付する。

図2　替文〔史料3・4〕の動き

あひてミへ候へとて、せにぬしむなしくかたられ候て、なけき申され候事、返々ふひんのしたいにて候(14)（後略）

この史料は湯浅治久氏によって建長六年（一二五四）ころに比定されている。(15)大意は以下のとおりである。「千葉介殿の京上用途として、借上「すけのむまのせう」から二百貫文を「かへせに」として召されたので、（千葉氏が惣地頭職を有していた）小城郷惣領の上京経費を、「御うけふみ」に従って（返済のために）「むまのせう」に支払え、との指図があった。だが小城郷のほうではその指図に従わず、「上京費用も御年貢も筑紫にあってこそ、支払いもできようが（ないので支払うことなどできはしない）」と言われて、使いがさんざんな目にあわされた」。

貸し手が「借上」という違いはあるが、〔史料5〕の替銭は、貸し手が遠隔地の支払人のもとに赴き、手形（「御うけふみ（請文）」）を持参して支払いを受ける、という点で「他者支払い」の〔史料3・4〕の替銭と同じである。千葉介から小城郷に申し送り状が送付されていたかは不明だが、手形にあたる「御請文」の持参だけでは替銭の支払いが受けられていないのは確かである。申し送り状によって支払人の同意を取り付けることは、取引の成否を左右する重要なものだったことになる。

以上、〔史料3〕の替文とは別に、頼平から定厳への申し送り状が存在し、替銭の支払人に対する支払いの依頼と同意の取り付けという重要な機能を果たしていたことがわかった。いわゆる替文の文書の機能についての関心は、従来〔史料3〕に集中し、「だれの銭をいつだれに支払うかという個別具体的な事柄」が記載されていることは指摘されてきたが、(16)申し送り状による支払い依頼の存在は注目されてこなかった。また二通一組の文書による照合は割符についてのみ指摘され、替文では手形一枚で取引が完結すると考えられてきた。(17)だが実際の替文は、受取人に交付される手形〔史料3〕と、別ルートで第三者の支払人に送付される申し送り状との二通一組で構成されていたのである。(18)以下本章では、このような「他者支払い」の替銭の手形と申し送り状とを二通一組の文書として考え、「替文」と総称する。そして〔史料3〕のような替銭の受取人に交付される手形を「請文」、〔史料4〕で示唆されている申し送りの文書を「申し送り状」と呼称する。(19)ここまでの検討から、〔史料3〕の替銭取引における替文の動きを図2に示した。

さて、このような二通一組の替文は一五・一六世紀にも確認できる。

〔史料6〕

態進二愚状一候、抑此間連々可二申通一候処、寮(ママ)遠之間、無為罷過候、抑本寺領年貢銭事、応永廿六年分ハ自二梅侍者一十貫文請取申候、自二(廿)脱カ七年一至二来三十歳秋分一四拾○(貫)文、天源庵為二勧進銭一替申候、本庵より事候間、以二別義一可レ然様御料棟(マママ)候て、助書記方へ渡給候ハヽ、恐悦候、此恵倫割符進候、一覧後此使可レ給候、為レ其態進候、又雖二軽微之到一、平紅縧二色赤青令レ進候、此方本寺体、助書記・恵倫可レ有二披露一候、尚々期二後信一候、恐々謹言

五月十日　慶初（花押）

奉覆　天祥庵侍司

進ㇾ之候[20]

応永二九年（一四二二）、当時大宰府にあった崇福寺瑞雲庵の庵主である象先慶初が、妙興寺天祥庵（愛知県一宮市）に対して、応永二七年から三〇年までの四年分の年貢銭四〇貫文を、建長寺天源庵（神奈川県鎌倉市）への「勧進銭」として「替申」したことを伝え、使者が持参する割符を確認のうえで、彼らに替銭を支払えと命ずる申し送り状である。[21]

建長寺天源庵は禅僧南浦紹明の塔所であり、崇福寺瑞雲庵と妙興寺天祥庵は、ともに南浦紹明を開山（妙興寺は勧請開山）として仰ぐ。南浦紹明にかかわる同一法流の禅寺同士という縁で、本末関係を結んだり、年貢や勧進銭をやりとりしたりしていた、と考えられる。

さて、この申し送り状の文面からは、この替銭取引が、以下のようなしくみで行われていることがわかる。受取人が大宰府の崇福寺から尾張の末寺（妙興寺）に移動して、本来崇福寺に送進されるべき年貢としての銭貨を、鎌倉の建長寺天源庵への勧進銭として受け取ることで、遠隔地送金を実現しているのである。これは〔史料5〕と同じしくみである。だが〔史料6〕をみると、どの年の年貢を替銭として支払うのかといった、替銭の支払いにあたって必須の情報のほかにも情報が伝えられていることがわかる。傍線部をみると、まず「助書記」に銭貨を渡すようにと、替銭の受取人の情報が伝えられ、「此恵倫」が「割符」を進上するので「一覧後」に渡すように、という指示が伝えられている。ここでは、この書状が申し送り状の役割を、使者の恵倫が持参する「割符」が請文の役割を果たしていることを知らせるとともに、割符を呈示するのが「恵倫」、年貢銭を受け取るのが「助書記」と、誰がどの文書を持参するか、誰に年貢銭を渡せばいいのかといった細かい情報が伝えられている。注目するのは、なぜこのような情報が「申し送り状」に記載されたのだろうかという疑問である。割符の持参者と、替銭の受取人とを異なる人物に指定することは、相互に監視させることが目的と考えるが、それだけが目的であれば、必ずしもそのことを妙興寺側に伝える必要はなかったのではないか。それにもかかわらず、なぜ割符の持参者と替銭の受取人とで異なる人物を指定したことが「申し送り状」で伝達されたのだろうか。

その答えを得るために、次の史料に注目する。渋谷一成氏や高木久史氏が検討した、大徳寺真珠庵と、支払人である越前国深岳寺との間で行われた、一六世紀の替銭取引にかかわる史料である。(22)

〔史料7—①〕

（包紙上書きヵ）「（残画アリ、読メズ）」

深岳寺中送条々、永禄三庚申四十一太甫下向之次、秀首座相談書送了、

〔史料7—②〕

真珠・酧恩両庵

（中略）あまりに事かなひ候ハぬ間、只今商人をたのミてかハし銭を五貫文請取候、今日四月十日の替状、商人もちてまいり候ハヽ、早々御渡候へく候、

（中略）

庚申

四月十一日　　真珠納所宗普判

「深岳寺　　「納所」

まいる」　　紹益　判

右、大同小異清書、秀へ渡了、(23)

〔史料7―③〕

（前略）

一、ミソ銭深岳未進分内、五貫文ノ替銭、小河ノ町岡村新二郎申合、布袋屋口入トシテ、宗慎、新次郎家ニ至テ面約之了、運賃一貫文別七十文充相定也、仍五貫文ノ賃三百五十文也、合五貫三百五十文、自二深岳寺一岡村ニ可レ被レ渡レ之、商人替状ヲ持テ深岳ヘ案内之時、即可レ被レ渡之由、今日宗才方ヘ申下候了、六月四、五日比可二下着一云々、[24]

この〔史料7―①・②・③〕は、一八紙が貼りつがれているうちの連続する三枚（一四〜一六紙目）である。①の日付「永禄三庚申四十一」と、②の日付「庚申／四月十一日」が一致している。同じく①割書の「秀首座」と②の「清書、秀へ渡了」の「秀」、そして②の「真珠庵納所宗普」と③の「宗慎」、それぞれは同一人物と考えられる。また②の「かハシ銭」と③の替銭の金額が五貫文で一致している。以上からこの三通の文書は、永禄三年（一五六〇）四月一一日付で、真珠庵から深岳寺に対して味噌銭の未進を譴責し、その未進分から替銭を支払え、と命じた「申し送り状」の、包紙の上書き部分（①）と土代（②）、そしてその事情を記した覚書（③）と考えられる。

③で深岳寺に伝えられている支払額「五貫三百五十文」が、②に記された替銭の金額「五貫文」と相違しているが、その差額分は③に記載のある替銭の手数料であり、使者の口上で詳細が伝えられたと推定される。よって覚書③にあるその他の情報、商人の名前や到着予定日などは、土代に記録はなくとも、使者によって申し送られたと考えるのが自然である。

つまり、京都からやってきた受取人が、替銭の「正しい受取人」かどうか、深岳寺の側が確認に用いるための情報が、申し送り状とともに通達されていたことになる。そう考えると、覚書部分に記載されている替銭の口入人や、

「面約」が岡村新二郎家で行われた、といった情報も、「正しい受取人」かどうか、の助けとするために伝達された可能性もあるかもしれない。

そうすると、先ほど保留とした、〔史料6〕の「申し送り状」で、二人の使者の役割分担が細かく伝達された理由についても、「正しい受取人」かどうかの確認の一助とするため、とみなすことができる。

それでは、この一五・一六世紀の「申し送り状」のもつ、「正しい受取人」の確認という機能は、一三世紀の「申し送り状」〔史料4〕に遡及して見出すことができるだろうか。

〔史料4〕の傍線部をもう一度みてみよう。ここからは定厳が、受取人「或仁」に支払う予定の替銭の資金使途について「上洛之在京用途」と認識していることがわかる。つまり申し送り状によって、「或仁」が替銭を貸してくれた理由も伝えられていることになる。とすると供僧方は〔史料3〕とは別に、頼平からの申し送り状によって「或仁」の情報を得ていたことになる。〔史料4〕で定厳は特にふれてはいないが、替銭の使途を伝えている以上、「或仁」の名前や身分その他の情報も、申し送り状によって伝えられていた、と想定できる。つまり頼平は替銭取引にあたって、〔史料3〕を「或仁」に交付しただけでなく、支払依頼と取引そのものの情報（金額・支払条件等）のほか、受取人である「或仁」の情報を、申し送り状によって支払人に伝えていた、ということになるのである[25]。

以上、「他者支払い」の手形である「替文」が、「請文」と「申し送り状」の二通一組で構成されていたことが明らかになった。請文とは別に、支払人に送られた申し送り状の情報に基づいて、請文の持参人が「正しい受取人」であると総合的に判断できた場合に、支払人は請文の持参人に替銭を支払った、と考えられるのである。

本節では、図1・2の比較から預かり状と替文の関係について考える。第一節でみたとおり、預かり状と替文とは、ほぼ同時期の一三世紀前半ころに出現したとされ、手形としての機能・文言に共通性があったのは第一節でもみたとおりである。

3　預かり状と替文の関係

では相違点はどうか。図1・2からまずわかるのは、預かり状が一通の手形のみで運用されていたのに対して、替文が請文と申し送り状の二通一組で運用されていた、という点である。繰り返しになるが、この相違点は今まで指摘されていなかった。

そしてこの違いは、図1・2からわかるように、預かり状においては預かり人と支払人が同一人物である「本人支払い」なのに対して、替文の場合はそれが異なる「他者支払い」だったことに基づく。預かり状においては預け人本人が、預かり人本人のもとに手形を持参して替銭の支払いを受けるのに対して、(26)替文の場合は預かり人と支払人が異なるので、預かり人から支払人に対して、申し送り状で支払依頼と取引・受取人情報が伝えられ、それに基づいて支払人が、請文の持参人が指定された「正しい受取人」かどうか、を確認して支払いがなされるのである。

とすると通説での預かり状と替文との違いの説明、すなわち、(27)預かり状のうち、「送金業務と不可分に結びついたことにより為替文言に変化したものが替文となった」という説明では不十分ということになる。預かり状と替文とでは、「本人支払い」か「他者支払い」かによって、受取人の確認方法が相違するために、文言だけでなく、手形のしくみと機能も相違していたのである。

本章では、このような「二通一組の替文」を利用し、かつ第二部第二章図1でみたような、「為替原理」に基づいて遠隔地送金を実現する替銭取引を、いわゆる「利息附替銭」と区別するために、「為替型替銭」と呼称する。

ではなぜ、このような預かり状や「二通一組の替文」を利用する「為替型替銭」が、一三世紀前半に相次いで出現したのだろうか。

この時期は、佐々木銀弥氏が指摘したように、代銭納が始まる時期であり、(28)松延康隆氏のいう「絹の交換機能を銭貨が代位する時期」でもある。(29)つまり日常的に都市において大量の銭貨が流通するようになった時期といえる。そのような時期に、銭貨を将来の返却を前提に預ける、という習慣とともに生まれたのが預かり状と考えられる。

それに対して〔史料5・6〕の替銭は、荘園領主や寺院に、京都・鎌倉・博多といった都市で銭貨を貸し付けた借上等が、荘園現地や末寺など、支払人の所在地に移動して回収する、というしくみで行われている。これは、一一世紀にみられた切符系文書のしくみや、(30)百瀬今朝雄氏が指摘した「利息附替銭」のしくみと一致する。(31)貨幣経済の浸透した都市で生活する領主たちが、所領等からの収入を担保に、都市で銭貨を調達する方法として利用されたのが、この「利息附替銭」といえよう。

そして、〔史料3・4〕のような「為替型替銭」の出現は、以上のような銭貨流通の隆盛に加えて、鎌倉幕府の成立による、鎌倉・京都間の送金需要の増加が要因としてあげられよう。〔史料3・4〕の加治木頼平もそうだが、例えば『十六夜日記』の阿仏尼など、訴訟のために鎌倉へ下向する事例は多く、そんな人々が鎌倉で大量の銭貨を費やす事例もまた、同様である。(32)鎌倉幕府への訴訟など、京都と鎌倉を往来する人々が増え、京都・鎌倉間で恒常的に送金需要が存在することになった。それらも「二通一組の替文」を用いた「為替型替銭」の考案の一因となったと考えられる。

二　割符の機能と預かり状・替文との段階差

1　割符による受取人の確認

本節では、前節で明らかにした受取人の確認の方法の相違に注目して、預かり文言型と為替文言型の割符、それぞれについて預かり状・替文との系譜関係と段階差を明らかにする。まず預かり文言型割符をみてみよう。

〔史料8〕

あつかり申料足の事

合拾貫文者

右の御用とうハ、ひろせ大もんしやあつかり申候、此さいふ来三月中に付候て、京にて五ケ日すき上可レ申候、

文正二年二月七日　ひろせ孫左衛門 助年判

文字・年号・判アリ

（裏付）「来卯月十日上可レ申候　水内判」(33)

〔史料8〕を〔史料1・2〕と比較すると、取引ごとに条件の異なる事項（支払猶予期間と支払開始時期）を除けば、「本人支払い」であることを含めてほぼ共通しており、相違点は預け人名の有無（預かり状には有り。預かり文言型割符には無し）くらいである。これは通説のとおり、預かり文言型割符が預かり状から発展した「本人支払い」の手形であることを示す。(34) この動きを図示したのが図3である。

預け人名の有無という両者の文言の相違については、桜井氏が、持参人払い、すなわち手形を持参した人間が無条件に替銭を受け取れることから説明している。前節でみたように、預け人本人への返却を前提としている預かり状には預け人名の記載が必要だが、桜井氏も指摘しているとおり、割符を持参すれば替銭を受け取ることができる預かり文言割符には、預け人・受取人の記載は必要ない。では為替文言型割符の場合はどうだろうか。

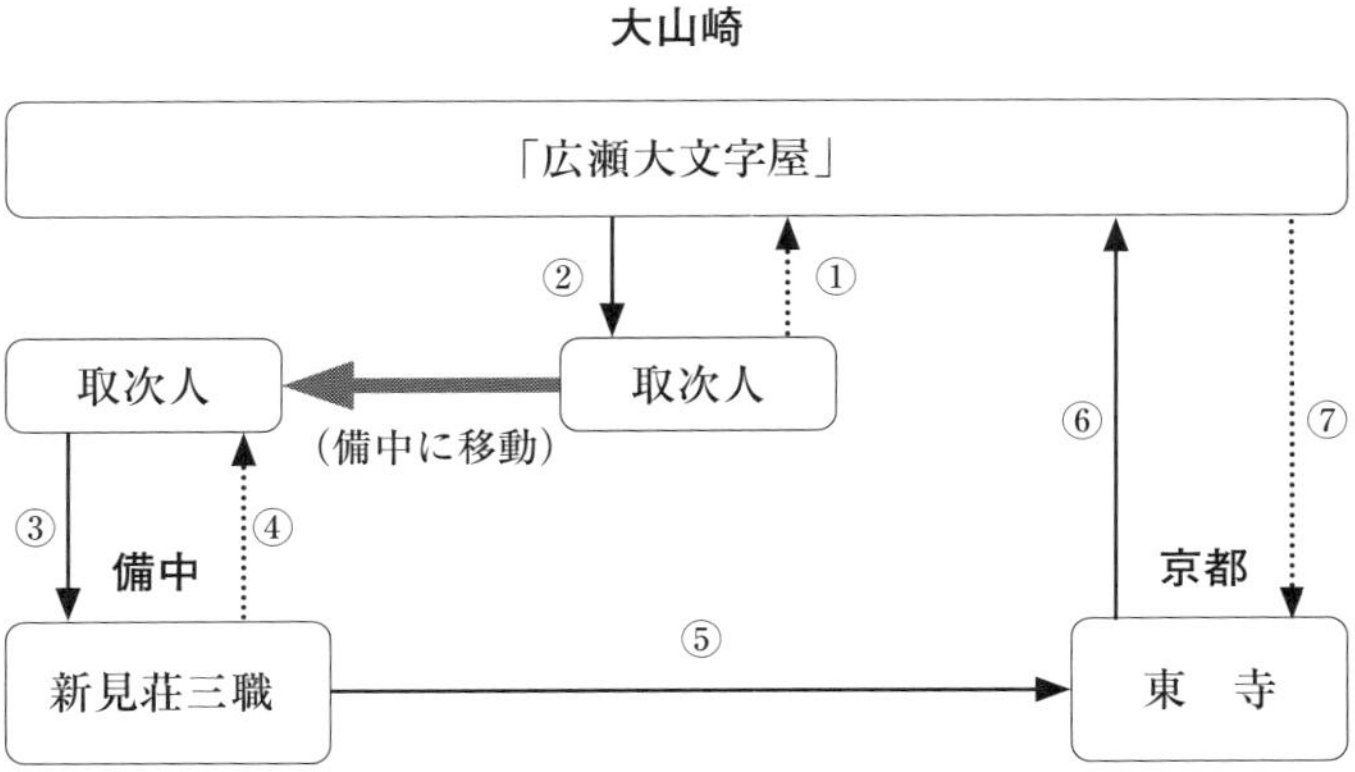

①・②大山崎で大文字屋が銭10貫文と引き換えに、取次人に割符を交付する。
③・④備中に移動した取次人が銭10貫文と引き換えに新見荘三職に割符を交付する。
⑤新見荘三職から東寺あてに割符を送付する。
⑥東寺が大文字屋に割符を持参し、呈示する。
⑦大文字屋は割符を確認し、割符と引き換えに銭貨を東寺に渡す。
・本章の検討対象は割符の文書としての機能なので、資金の移動や送金関係の振替の様子については省略した。図4も同様。

図3　預かり文言型割符〔史料8〕における割符の動き

〔史料9〕

かわし申候料足の事
（割印写・印文「円」）
○　合拾貫文
右御料足ハ平田九郎さ衛門か物にて候をかハし申候、なにときも、此さいふ着候て三ケ日過候て、こたゑ申候へく候、仍状如レ件、
応仁弐年子三月十六日　　常俊判
さかい《にて》のきたのしやうのひつちうやのひこ三郎とのと、御たつね候へく候、[35]
（・一）

〔史料9〕からは、送金の金額、為替文言、支払

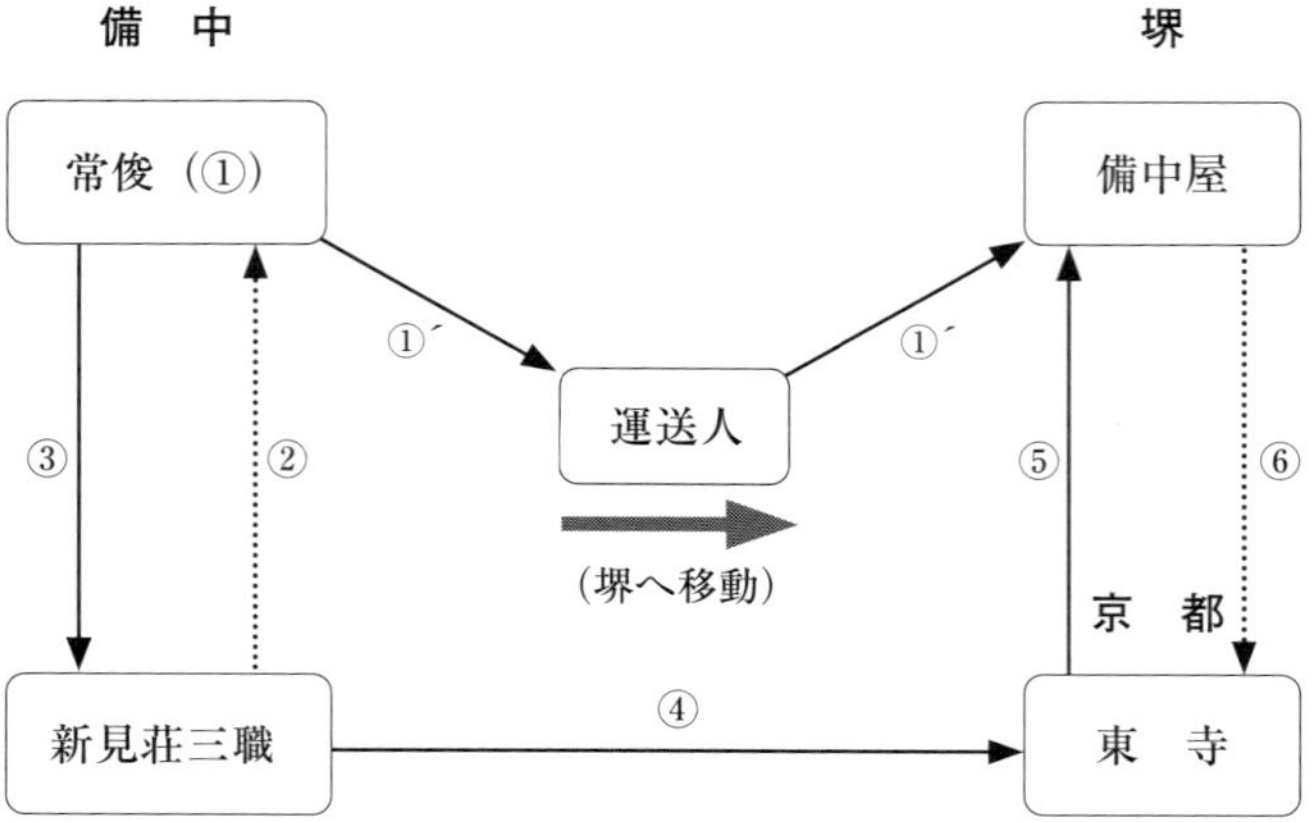

〈割符の動き〉
①常俊が運送人に荷を預けた際に「割符＝わりふ」を発行し、1通は保持。1通は運送人に託して支払人である備中屋へ（①´）。
②・③新見荘三職が常俊から、銭貨と引き換えに「割符＝わりふ」を入手。
④「割符＝わりふ」を東寺へ送付。
⑤東寺は備中屋に割符を提示。
⑥備中屋は①´と⑤の「割符＝わりふ」の一致を確認して銭貨を交付。

図4　為替文言型割符〔史料9〕における割符の動き

人と持参先の指定、支払猶予期間、振出人の署名といった、請文と同様の「他者支払い」の手形文言が確認できる。

第二部第二章ではこの受取人が持参する割符と、地方から畿内に送られた商品荷物に付された割符との照合により、商品荷物の代銭で割符を決済するという、為替文言型割符のしくみを明らかにした[36]。〔史料8〕の巻面に割り印が存在し、かつそれが案文作成の際にも写し取られている。割り印の存在は、割符が二通一組で構成されること、割り印の一致により双方の同一性を確認する「わりふ」として機能していること、そのことが割符の利用者にも認識されていたことを示す[37]。以下、この同一性の確認という機能を強調するときは「割符＝わりふ」と表記する。

この「割符＝わりふ」の機能は、前節でみた二通一組の替文の機能とほぼ同一である。このことと、文言の同一性からみて、為替文言型割符は、二通一組の替文から発展した「他者支払い」の手形である、と考えてよいだろう。前節〔史料6〕でみたように、請文にあたる手形が「割符」と呼ばれていることも、「割符＝わりふ」の機能と、二通一組の替文の機能が非常に近しいと認識されていたことを示している。この割符の動きを図示したのが図4である。ただ為替文言型割符もまた、持参人ならば無条件で替銭を受け取れる点が、「正しい受取人」かどうか確認される替文と異なる。

以上、手形の文言や機能から、預かり文言割符が預かり状から発展した「本人支払い」の手形で、為替文言型割符が替文から発展した「他者支払い」の手形であり、預かり状・替文との相違は、手形の持参人ならば無条件で替銭を受け取れるのか、「正しい受取人」であるか確認されたうえで受け取れるのか、という点にあることがわかった。ではこの違いを、受取人の確認のしくみからみると、何がいえるだろうか。次の史料をみてみよう。

〔史料10〕

延文四年三月廿日評定事書

矢野庄去年替銭紛失事、（中略）倩案二道理一、此事専依二給主之無沙汰一、兼非レ〇無二名主之科一、其故者、年貢運上、随二出現一、連々可レ被レ進之処、大略及二歳末一、尩弱人夫、巨多相符并不レ応荷令レ持レ之、不レ相二副宰領一之条、年貢紛失之起、職而由レ斯、此上者、相符三十貫文内、於二二十貫文十五貫文者先進了一者、可レ為二給主之沙汰一、至二十貫文一者、可レ為二名主信阿弥之弁一(38)、（後略）

これは前年の延文三年（一三五八）に、播磨国矢野荘から東寺学衆方に替銭で送られた年貢を紛失した事件について、給主たちへの処分を定めた学衆方評定事書である。傍線部からは、「（せいぜい数人の）貧弱な人夫に、多額の相符（割符のことと考えられる）と、不相応に多くの荷物を持たせて送り出しておきながら、宰領にあたる人間も付き添わせなかったことが、「年貢紛失」のそもそもの原因」と学衆方が考えていたことがわかる。

このとき、具体的に何が起こったのだろうか。割符屋で受け取った銭貨を、東寺へ輸送中に失った、という解釈も可能かもしれない。だが「替銭紛失」「巨多相符幷不レ応荷令レ持レ之」という表現を素直にみる限り、やはり換金前の割符を紛失したと考えられる。割符を託された人夫ごと行方不明になった可能性もあるが、それも含めた「割符の紛失」によって、受取人の東寺学衆方が替銭を受け取れなくなった、と解釈するのが自然であろう。

さてこの史料では、給主と名主に対して、紛失した割符分の銭貨の弁済が命ぜられているが、関係史料からは、その後彼らが支払いを遅延し、免除の要請をくり返していることがわかる。(39) 宇佐見氏は新見荘の例から、送進した割符が違い割符となった際に、送金人が違い割符を取り次いできた相手に対して、催促や差し押さえを行っていることを指摘している。(40) だが〔史料10〕からは矢野荘の名主たちが、割符を取り次いできた人物への督促や差し押さえを行っている様子は、特に見当たらない。とするとこのときには、送金依頼人である矢野荘給主や名主たちは、割符を取り次いできた相手からの回収ができなかった、ということになる。つまり割符を紛失してしまうと、違い割符の例とは異なり、割符の取次人からの替銭の払い戻しを、送金依頼人が受けられなかった、ということになる。

だがよく考えてみると、これはおかしい話である。〔史料10〕の割符が、「本人支払い」「他者支払い」どちらであったにせよ、支払人に割符を紛失したむねを連絡して、当該の割符の支払いを止めてもらい、割符の取次人・振出人に連絡して、割符の再発行を受けるなり、替銭の払い戻しを受けるなりすればよいのではないか。

これは預かり状や替文の場合で考えるとわかりやすい。預かり状の場合は、預け人本人以外には払い戻しがなされないし、替文の場合も、申し送り状で伝えられた「正しい受取人」と認められない人間には替銭が支払われない。預け人本人や「正しい受取人」の申し出による、当該の手形の支払い差し止めや手形の再発行、あるいは替銭自体の払い戻しも不可能ではないだろう。だが割符ではなぜ、そのような対応が不可能だったのだろうか。

ここで割符が持参人ならば無条件で替銭を受け取れることが関係してくる。割符は預かり状や替文と違い、受取人の確認なしで、割符の持参人に対して替銭が支払われる。とすると、紛失した割符の本来の「正しい受取人」の東寺や、送金人の矢野荘以外の人物であっても、当該の割符を支払人のもとに持参すれば、支払人はそれが誰であろうと、その持参人に対して、当該の割符に対応する替銭を支払わざるを得ないのである。

とすると、当該の割符の替銭の払い戻しや割符の再発行は、割符の支払人にとって二重払いのリスクを発生させることになる。それゆえに〔史料10〕の例では替銭の回収が不可能だったのである。割符の紛失が替銭の紛失に直結するのは、割符が持参人であれば無条件に替銭を受け取ることができたから、といえよう。

このことからは、預かり状・替文における受取人の確認と、割符における受取人の確認との間に、本質的な違いが存在することがわかる。預かり状・替文の支払人が、手形の持参人が「正しい受取人」であることを総合的に判断して替銭を支払うのに対して、割符の支払人は、持参された割符が正しい割符と確認できれば、持参人に替銭を支払う。つまり割符の支払人は、持参人が「正しい受取人」であることを確認しているわけではなく、正しい割符の持参人を「正しい受取人」とみなして替銭を支払うのである。だからこそ送金依頼人であっても、「正しい受取人」であっても、割符を紛失してしまえば、替銭を取り戻すことはできないのである。

まとめると、二種類ある割符は「正しい割符」の持参人が、「正しい受取人」とみなされるという点で共通しており、この点で預かり状あるいは替文と区別することができる。預かり状・替文では、替銭の支払いにあたって、手形の持参人が「正しい受取人」かどうか、が確認されるのだが（以下、「人の確認」と呼ぶ）、割符取引では、「正しい割符」の持参人が「正しい受取人」とされるのである（以下、「文書の確認」と呼ぶ）。

2 「人の確認」と「文書の確認」—中世手形文書の段階差—

さて、なぜ預かり状・替文の「人の確認」が、割符においては「文書の確認」へ変化したのだろうか。本節では、「人の確認」から「文書の確認」への変化によって、預かり状や替文の取引におけるどのような困難が、割符において解決しているのか、という観点から考察を試みる。

ここで、〔史料3・4〕の替銭取引に再度注目する。この取引の大きな特徴は、頼平が偶然に鎌倉で出会った相手と取引している点である。〔史料5・6・7〕の替銭取引は、それぞれ「領主と関係の深い借上」、「同門の禅寺同士」、「口入を受けた商人」によって行われていて、当事者同士の縁故関係が明白なのに対し、「或仁」と頼平の間にはそのような縁故関係が確認できない。これは頼平のような、訴訟などによる鎌倉での長期滞在者たちと、「或仁」のような京都へ送金したい人々との間で、替銭取引の相手を仲介する場が、鎌倉周辺に存在していたことを示す。具体的には問や市などが想定できよう。

さて替文を利用する場合、頼平は、取引の相手である「或仁」と同じ仲介の場で直接対面する必要がある。理由は銭貨の受け渡しをするためと、支払人の「人の確認」に必要な受取人の情報を得るため、の二つである。縁故があればその相手を訪ねて、あるいは呼び出して取引をすればよい。だが縁故のない人間は、仲介の場に自分がいる間に、金額・返済場所などの条件が合う相手が偶然現れることを期待するしかなかった、と考えられる。頼平が東寺の合意を確認せず、半ば強引に替銭を取ったのは、「或仁」を逃してしまえば次に取引相手が現れる確証がない、ということもあったかもしれない。替銭取引の成立にはこのような時間的なミスマッチによる構造的な困難が存在したのである。以下、「対面の困難」と呼ぶ。

では割符取引における「対面の困難」はどうなっていたのだろうか。次の史料をみる。

〔史料11〕

ひこの国いつミの庄より、ぬい殿かミとの丶御うちへまいる御か□せにの事、

合拾貫文且三貫文上（花押）

右、件御かゑせに、このさいふ・ふミたうらい三ケ日のうち、この御つかいに、京とのにし□こうちまちのやとにて、さたしわたしまいらせられ候へく候、さいふのなかにも、せにのかすを□きつけて候、御うたかい候ましく□、仍かゑ状如レ件、

応長元年七月十二日　明□

よとのうをの市次郎兵衛尉殿(41)

魚澄惣五郎・松岡久人両氏によって、備後国歌島公文兼預所である明仏が、応長元年（一三一一）に備後国泉荘の年貢を京都の長井氏に送った、と考定されている史料である。(42)これが割符そのものなのか、その副え状なのか、について議論があるが、桜井氏は傍線部から〔史料11〕は副え状で、割符は別に存在するとしており、筆者もこれに賛成である。(43)送金取引の請文としての副え状にすでに発行された割符を副えるという例は、ほかにも井原氏によって紹介されている。(44)

さて〔史料11〕が割符の副え状であったならば、明仏は、別途に発行したり譲渡を受けたりした割符を手元に保持しておき、京都あての送金依頼人があらわれるとその人物に副え状を発給して、それに保持していた割符を副えて渡すという形で取引していることになる。桜井氏の指摘のとおり、割符は送金依頼とは独立して発行されていたことになる。(45)そしてこのことは、預かり文言型・為替文言型どちらの割符でも成立する。

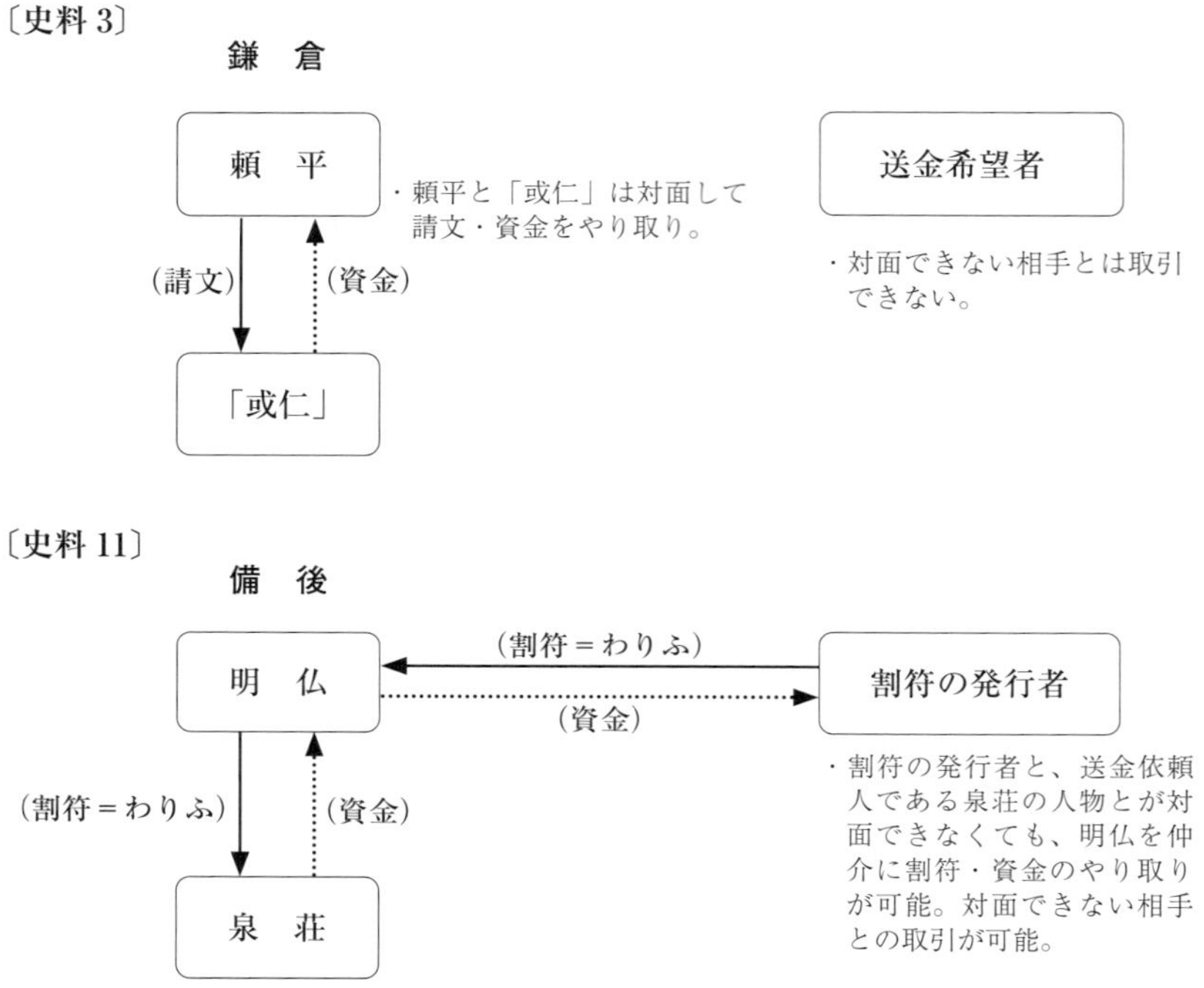

図5　割符を利用した送金取引の仲介（〔史料3〕と〔史料11〕の比較）

すでに述べたように、替文を利用する場合、同じ日に同じ仲介の場で対面できる相手としか取引ができない。だが〔史料11〕のように割符を利用すればどうだろうか。荘官は明仏のもとに赴きさえすれば、彼が保持している割符と副え文を受け取ることで、いつでも送金取引の仲介を受けられることになる。もちろん割符の考案の目的はこれだけに限定されるものではないが、割符を利用した仲介によって「対面の困難」が軽減され、より容易に、より多くの送金取引の成立が可能となっているのである。その様子を図示したのが図5である。

さて送金取引の仲介と、受取人の確認方法の変化との関係を考えよう。割符による送金取引の仲介においては、発行者から送金依頼人に直接割符が譲渡されるのではなく、一旦、仲介者に対して割符が譲渡されたあと、発行者にとって第三者である送金依頼人に対して、仲介者から割符が譲渡されることになる。つまり、割符の発行者にとって見知らぬ第三者が、その割符に対応した替銭を受け取ることができなければならない。

預かり状や替文の場合、預け人本人、あるいは申し送り状で指定された「正しい受取人」以外には替銭が支払われない。これでは第三者は替銭を受け取ることができず、譲渡は不可能で、それゆえに取引の相手は替文の発行者と偶然に直接対面できた相手に限定される。対して割符では、預かり文言型・為替文言型を問わず、「正しい割符」かどうかのみの確認で替銭が支払われるので、割符を譲り受けた第三者が送金依頼人と対面することがなくとも、替銭を受け取ることができたのである。〔史料11〕の取引の仲介は、「文書の確認」ゆえに第三者への譲渡が可能な割符だからこそ可能だったのである。

そして第三者への譲渡が可能なことは、流通が可能なことと同義である。譲渡の回数は「文書の確認」になんら影響を及ぼさないからである。桜井説では、替文と割符の段階差を流通の可否に置いているが(46)、割符の流通は、受取人の確認が「人の確認」ではなく、「文書の確認」に変化したからこそ、可能だったのである。

さて〔史料11〕では送金人と受取人が明示されている。よって割符の譲渡・流通が可能だったのはこの副え状が副えられる前であり、副え状が副えられて仲介人の手を離れた後の譲渡・流通は不可能であったと考えられる。だが〔史料8〕の預かり文言型割符や〔史料9〕の為替文言型割符は、ここでいう仲介人にあたる取次人等の手を離れたあとも流通性をもっていた。つまり、送金人・受取人の明記がない割符は流通性をもつが、送金人・受取人が明記された副え状が副えられている場合には、流通性を失うと考えられる。副え状には割符の受取人を確定する機能がある、ともいえよう。逆に、副え状で指定された受取人が、割符を受け取ったあと、副え状を破棄して、割符をさらに第三者に流通させることもありうる。桜井氏も指摘しているとおり(47)、流通性の有無は、送金人・受取人の表記の有無に左右されるといえる。これは預かり状と預かり文言型割符の例と同様といえよう。

辰田氏は、割符付・裏付の必要性から、為替文言型割符の流通性を否定している。(48) 筆者は割符の裏付は、対応する荷物の到着の確認・支払いの確定のほかに、割符の受取人の確定という〔史料11〕の副え状と同様の意味がある、と考える。よって裏付以降の割符の流通性の否定には賛成するが、裏付以前の割符は流通する、と考える。

まとめよう。替銭支払いの際の確認が「人の確認」から「文書の確認」に変化していることこそが、預かり状・替文と割符の段階差と考えられる。その理由は、割符のみがもつとされる流通性が、「文書の確認」によって可能となっているからである。

そして割符が流通性をもった理由は、直接対面できる相手としか取引ができないという、替銭取引がもつ「対面の困難」を、割符による取引の仲介によって軽減するためであった。割符による取引の仲介が可能であるためには、割符が第三者に譲渡できることが前提となる。そのためには割符を譲渡された第三者が、その割符で替銭を受け取ることができなければならない。それを可能にしたのが、正しい割符の持参人を、替銭の「正しい受取人」とみなす「文書の確認」なのである。

だが「正しい割符」と確認されなければ問答無用で支払いを拒否する、という一方的なルールが、実態として通用したのかどうか、疑問視するむきもあろう。(49) というのは中世においては実力で利益を防衛する、自力救済による解決が図られる可能性があるからである。

実際、〔史料10〕で紹介したように、違い割符に関連して送金人や受取人が取次人の荷物を差し押さえた例は多く指摘されており、割符の流通の現場で自力救済が実行されていたことは明らかである。預かり状・替文で慎重に「人の確認」を行っていたのは、支払う相手を間違えて、正しい受取人からの自力救済的な回収行為を招くことを防ぐためだった、とみることもできる。中世の流通業者同士の間で、「文書の確認」という、支払人側が勝手に定めたルールがどこまで通用するのか、疑問視するのも当然といえよう。

とはいえ、実際〔史料10〕のように、割符の紛失によって受取人が替銭の回収をあきらめている史料が存在するのも事実である。これは割符の紛失という、受取人側の過失のために、その自力救済が抑制されたことを示すのではないか。もちろん、受取人の側の実力不足の可能性も大いにあるが、少なくとも「正しい割符の持参人が正しい支払人とみなされる」というルールが、割符を紛失した受取人の自力救済を抑制し、支払人に、自らの免責を主張する名分を与えているのは確実であろう。

中世を通じて、商人たちが「古文書（ふるもんじょ）」すなわち効力を失った権利文書をタテに、むりやりに債権を回収しようとする行為が存在した。とすれば逆に、権利文書である割符を紛失した場合に、暴力的な債権回収が抑制される、ということは十分にありうる。そもそも割符の流通については、中世的文書主義・文書フェティシズムとの関係を、桜井氏がすでに指摘している(50)。「文書の確認」は、割符が替銭を受け取る権利を表象している点で、「文書が権利を表象する」という中世的文書主義・文書フェティシズムの影響がみられる。文書主義・文書フェティシズムは、割符の「文書の確認」について、受取人の自力救済を抑制する影響があったと考えられるのである。

最後に、預かり状・替文から割符が考案されたのが、一三世紀末から一四世紀初頭の時期になった要因について考察しておこう。既述のとおり、割符は預かり状・替文が、より多くの取引が成立しやすいように変化したもの、と考えられる。一四世紀初頭は代銭納の拡大と(51)、巨大な京都の都市需要を充たすための、遠隔地商人の活動の活発化が同時に起こった時期とされる(52)。その結果、この時期、地方の荘園から京都への送金と、京都から地方への送金、それぞれの需要が飛躍的に増大した、と考えられる。このような京都と地方の双方向的な送金需要の高まりによって手形文書が、より取引が成立しやすいように変化することが促された、と考えられる。

おわりに

ここまでの検討結果から、預かり状・替文・割符の分類・系譜関係についてまとめる。

①預かり状と替文の相違について。預かり状が、替銭の預かり人本人から、手形を持参してきた預け人本人に、替銭を払い戻すことを前提とした手形であるのに対して、替文は替銭の預り人とは違う支払人が、手形の持参人に対して替銭を支払うことを、預かり人が約束した手形である。また預かり状が一通の手形で運用されていたのに対して、替文は替銭の手形である「請文」と、支払人あてに支払いの依頼と受取人の情報等を申し送るための「申し送り状」の二通一組で運用されていた。この「二通一組の替文」は、遠隔地間の送金関係を同一地域内の現金のやり取りに振り替えて遠隔地送金を実現する、という「為替原理」を用いた替銭取引に用いられる。このような替銭取引を、「利息附替銭」と区別するために、「為替型替銭」と呼称する。

②預かり状・替文と割符との段階差について。預かり状では手形の持参人が替銭を預けた本人かどうか、替文では手形の持参人が申し送り状で通知された受取人本人かどうか、について支払人が総合的に判断し、「正しい受取人」と確認したうえで、替銭が支払われる（「人の確認」）。割符では、「正しい割符」の持参人が「正しい受取人」とみなされて、替銭が支払われる（「文書の確認」）。この「人の確認」と「文書の確認」が、替文・預かり状と割符の段階差といえる。通説では、預かり状・替文と割符の段階差は流通の可否におかれてきた。だが流通の可否は右のような受取人の確認方法の相違に基づいており、この変化によって手形の第三者への譲渡が可能になることで、より多くの取引

が成立できるようになっている、と考えられるので、こちらに段階差の本質をみたい。

③割符の「文書の確認」には、中世的文書主義・文書フェティシズムの影響がみられる。中世的文書主義・文書フェティシズムにより、割符の紛失等によって替銭を受け取ることができなくなった受取人等の、支払人への自力救済が抑制されていた、と考えられる。

④為替手形・約束手形系文書のなかでの分類について。為替手形・約束手形系文書は、さらに、一通の手形が発給されるもの（預かり状・預かり文言型割符）と、二通一組で運用されるもの（替文・為替文言型割符）に区別できる。そしてその区別は「本人支払い」か「他者支払い」か、で区別した場合と一致している。よって、約束手形・為替手形系文書をさらに「本人支払い」「他者支払い」の二つに分類することと、そして「本人支払い」の手形には預かり状・預かり文言型割符を、「他者支払い」の手形には替文・為替文言型割符をそれぞれ含めることを提唱する。

⑤約束手形・為替手形系文書の系譜関係について。一三世紀前半、「本人支払い」の手形の預かり状と、「他者支払い」の手形の替文とが別々に考案され、一三世紀末から一四世紀初頭の時期に、預かり状から預かり文言型割符が、替文から為替文言型割符がそれぞれ考案されたと考える。

以上、中世手形文書の機能と分類、系譜関係について論じた。説明に図解を多用したが、これが手形のありようの全てではない。実態はより多様であることをお含み置き願いたい。

残された論点と課題についてふれておく。割符の考案が為替取引の仲介に深い関係があったとすれば、割符が定額であるほうがより多くの取引を仲介・成立させやすい、という論理で割符の定額化を説明できはしないか。一〇貫文という額については、銭貨の輸送形態との関係を早島大祐氏が指摘している。(53) 切りもよく輸送にも都合のよい額面に割符が定額化したのは、より多くの取引を、より容易に成立させるためだったのではないだろうか。

このほか井原今朝男氏が指摘した未納年貢が借銭に切り替えられた替文は検討できなかった。[54]また、割符の発行・取次に大きくかかわっている、港湾の問等と割符の信用・流通との関係は、文書主義とはまた違った次元で重要であるとも考える。今後の課題としたい。

注

（1）本章で参照した桜井英治氏による割符に関する論考は以下のとおり（発表順）。
a「中世の経済思想─非近代社会における商業と流通─」（『日本中世の経済構造』岩波書店、一九九六年、初出一九九三年）。

b「割符に関する考察」（『日本中世の経済構造』岩波書店、一九九六年、初出一九九五年）。

c「日本中世における貨幣と信用について」（『歴史学研究』七〇三号、一九九七年）。

d「中世の貨幣・信用」（桜井英治・中西聡編『新体系日本史一二　流通経済史』山川出版社、二〇〇二年）。

e「借書の流通」（小野正敏・五味文彦・萩原三雄編『モノとココロの資料学─中世史料論の新段階─』高志書院、二〇〇五年）。

以下、特に断らない場合、桜井氏の所説は桜井b論文による。桜井氏の諸論考については、第二部第二章・第四章でもふれているが、参照の便に鑑みて、重複を厭わず各章ごとに紹介する。

（2）宇佐見隆之「割符考─東寺領新見荘の事例から─」（『日本中世の流通と商業』吉川弘文館、一九九九年）。渋谷一成「一五・一六世紀の北陸における手形類の動向と機能」（『洛北史学』五号、二〇〇三年）。品治重忠「替米について」（『法学会雑誌』四四巻一号、二〇〇三年）。同「替銭と割符」（『法学会雑誌』四六巻一号、二〇〇五年）。高木久史「一六世紀の替状に関する一考察」（『日本中世貨幣史論』校倉書房、二〇一〇年、初出二〇〇七年）。辰田芳雄「年貢送進手段としての割符について─裏付の意味を中心に─」（『室町・戦国期備中国新見荘の研究』日本史史料研究会、二〇一二年、初出二〇〇六年）。早島大祐「割符と隔地間交通」（『首都の経済と室町幕府』吉川弘文館、二〇〇六年）。井上正夫「割符のしくみとその革新性─二種類の割符の並存理由─」（『東アジア国際通貨と中世日本─宋銭と為替からみた経済史─』名古屋大学出版会、二〇二三年、初出二〇一一年）。同「原初的替銭の特質─二種類の替銭の並存理由─」（同書所収、初出二〇一八年）。佐藤泰弘「借上の予備的考察」（『甲南大学紀要　文学編』一二四号、二〇〇一年）。同「日本中世の手形─新見荘の割符について─」（『史林』九六巻五号、二〇一三年）。以下断らない限り、諸氏の所説はこれらによる。

（3）井原今朝男「中世の為替と借用証文」（『日本中世債務史の研究』東京大学出版会、二〇一一年、初出一九八六年）。特に断らない限り、井原氏の所説は本論文による。

（4）桜井前掲注(1)b論文。

（5）桜井前掲注(1)b論文・c論文。

（6）『鎌倉遺文』（以下『鎌』と略）一八二一〇号（『東大寺文書』三―五―三八（1））。

（7）『鎌』一六四七四号（『東寺百合文書』り函一七号）。

（8）『鎌』一八四一八号（『東寺百合文書』な函四二号）。

（9）以下、「本人」の範囲と「本人」と確認する根拠は、時と場合に応じて総合的に判断される、と考える。

（10）『鎌』一八四二二号（『東寺百合文書』ル函二五二号）。

（11）荻野三七彦「為替の文書」（『古文書研究―方法と課題―』名著出版、一九八二年）。品治前掲注(2)論文など。

（12）「海道記」では貞応二年（一二二三）四月四日に京都を出立し、一七日に鎌倉に到着している（一四日間）。

（13）〔史料5〕等のように、遠隔地所領が支払人の替銭取引では、意思の伝達に文書が利用される蓋然性が高く、まったく文書なしで運用されるとは考えにくい。だが〔史料4〕その他の替文において、申し送りの内容が文書ではなく、口上のみで伝えられている可能性は否定しない。そもそも別ルートでの支払人への伝達、という本質は口上か書状かによって変化しない。

（14）『千葉県の歴史　資料編　中世2　県内文書1』「中山法華経寺文書　秘書要文裏文書」六号。

（15）湯浅治久「肥前千葉氏に関する基礎的考察―地域と交流の視点から―」（『千葉県史研究』五号、一九九七年）。

（16）桜井前掲注(1)b論文。

（17）井上前掲注(2)二〇一一論文。

（18）本史料の解釈については、関連史料も含めて井上正夫氏による批判（井上前掲注(2)二〇一八論文）がある。井上氏は、〔史料4〕の替銭について、「支払人」である東寺と「受取人」である「或仁」との間に信頼関係がない替銭は「禁じ手」であったと主張するが、〔史料5〕や〔史料7〕をみれば、まったく「禁じ手」などではなく、中世を通じて行われていたことが明白である。そもそも替銭にせよ割符にせよ、だれかが考案して統一的に施行されている制度ではなく、発行者たちがそれぞれに見聞・経験・

考案した「しくみ」によって個別に運営されているものである。それゆえに個々の「しくみ」に、現代からみて不備が残されているのは当たり前である。「さまざまな決済リスクを想定して、それらに対応できるような『しくみ』が構築してあるはず」「史料上に現われる個別の替銭の『しくみ』には共通性・同一性があるはず」「個々の替銭・割符の運用にあたっては、それぞれの『しくみ』の有利不利を比較したうえで、当該の方式が選択されているはず」という前提に基づいている井上氏の所論には、違和感が残る。

(19)　この「申し送り状」の内容が、例えば使者の口上など、文書以外の方法で伝達される可能性は排除しない（前掲注(13)参照）。

(20)　『新編一宮市史』「妙興寺文書」二九八号。関連文書として同二九七号がある。

(21)　『新編一宮市史　本文編　上』。

(22)　渋谷前掲注(2)論文。高木前掲注(2)論文。

(23)　『大徳寺文書別集真珠庵文書六』九〇七―九。一八紙貼りつぎの一四・一五紙目。

(24)　『大徳寺文書別集真珠庵文書六』九〇七―一〇。一八紙貼りつぎの一六紙目。

(25)　ここで頼平が定厳に伝えた情報の内容については、定厳の書状には「或仁」を特定するような情報がないとし、頼平は受取人については「或仁」といえば十分と考えており、そこに「人の確認」という機能を求めることは難しいという、佐藤泰弘氏による批判がある（佐藤泰弘「日本中世における信用と荘園制」『歴史学研究』九二八号、二〇一五年）。だが、頼平が定厳に「或仁」の資金使途（「在京用途」）を報告しているのは史料の前後関係からみて確実である。受取人について、替銭の資金使途だけを伝えるのは不自然であり、他の情報も伝えていたと考えるのが自然である。ではなぜ当該の書状に「或仁」のその他の情報が書かれていないのか。そもそもこの書状は定厳から月行事への書状であるので、「月行事に『或仁』といえば十分である」と考えたのは、頼平ではなく、定厳ということになる。実際の替銭の支払に立ち会うとは考えにくい月行事には、確かに「或仁」の名前すら伝える必要はない。ゆえに、この書状に書いていないからといって、頼平が定厳に「或仁」についての他の情報を伝えなかった、とはいえないのである。

(26)　もちろん預かり状においてもなんらかの形で受取人は確認されていたと考えるが、預かった本人が預けた本人に返す以上、替文とは基本的に異なる方法であったと考えられる。

(27)　桜井前掲注(1)b論文。

(28) 佐々木銀弥「荘園における代銭納の成立と展開」(『中世商品流通史の研究』法政大学出版局、一九七二年、初出一九六一年)。
(29) 松延康隆「銭と貨幣の観念」(『列島の文化史』六号、一九八九年)。
(30) 大石直正「平安時代後期の徴税機構と荘園制―解体期の封戸制度―」(『東北学院大学論集　歴史学・地理学』一号、一九七〇年)。佐藤泰弘「国家財政・徴税と商業」(『日本中世の黎明』京都大学学術出版会、二〇〇一年、初出一九九〇年)。伊藤啓介「東大寺封戸物輸納と寺使―一一世紀の流通構造―」(『古代文化』六一巻四号、二〇一〇年、加筆して本書第二部第一章所収)ほか。
(31) 百瀬今朝雄「利息附替銭に関する一考察」(『歴史学研究』二一一号、一九五七年)。
(32) 『山王霊験記』下巻第一・二・三段。「光明峯寺禅定太閤の息将軍たりし頃、訴訟の事ありて関東に下向せる女房、借銭に苦しみしを、鎌倉名越の山王に憑み奉りて救はるゝ話」。
(33) 『東寺百合文書』サ函一七三―(一)号(『岡山県史二〇巻　家わけ史料』四二六号)。
(34) 桜井前掲注(1)b論文。
(35) 『教王護国寺文書』六巻一七九〇号。
(36) この「為替文言型割符」は、辰田前掲注(2)論文の「年貢送進の割符」、早島前掲注(2)論文の「振出時決済型割符」、井上前掲注(2)二〇一一論文の「為替文言の割符」にあたる。辰田説は割符の流通を認めない点、早島説は船荷を銭貨に限定する点などの相違はあるが、「割符と対応する荷物の代価で割符が決済される」という点は一致している。井上論文は船荷の到着・売却と、割符の照合・決済を切り離して考え、割符の照合の目的を「振出の正常性の確信」に求めている。だが割符の決済と船荷の到着・売却とを切り離してしまうと、支払った替銭の原資を失うリスクが支払人の側に発生する。井上氏は、この支払人のリスクに対応した、振出人と支払人との間の資金のやりとりの方法について前掲注(2)二〇一一論文ではまったく検討しておらず、全面的には賛成できない。同前掲注(2)二〇一八論文については、前掲注(18)参照。
(37) 本書第二部第二章注(44)参照。
(38) 『相生市史　七巻　矢野荘史料　引付集』二一〇号。
(39) 『相生市史　七巻　矢野荘史料　引付集』二一一号。学衆方引付延文五年正月六日条・三月十九日条。『相生市史　八巻　矢野荘史料　編年文書』二三三六・二三三八・二四一号。
(40) 宇佐見前掲注(2)論文。

(41)『鎌』二四三六八号。安芸厳島神社反古経裏文書。
(42) 魚澄惣五郎・松岡久人「厳島神社反古裏経について」（『史学雑誌』六一巻三号、一九五二年）。
(43) 桜井前掲注(1)b論文。このような副え状が副えられる割符の形状がどのようなものだったかについては、宇佐見氏が考察している（宇佐見前掲注(2)論文）。
(44) 井原今朝男「東国荘園の替銭・借麦史料」（井原前掲注(3)文献所収、初出一九八七年）（3）号文書「信濃国伴野荘二日町屋浄阿替銭請取状」など。
(45) 桜井前掲注(1)b論文。
(46) 桜井前掲注(1)b論文。
(47) 桜井前掲注(1)b論文。
(48) 辰田前掲注(2)論文。
(49) 割符の一致によってその真贋と正常な振り出しを支払人が確認し替銭が支われる、とする井上説では、〔史料10〕について、割符の紛失により受取人が替銭を受け取れない理由は説明できるが、割符の再発行ができない理由や、送金依頼人が替銭を回収できない理由が説明できない。
(50) 桜井前掲注(1)b論文。
(51) 佐々木前掲注(28)論文。
(52) 桜井英治「中世の商品市場」（桜井英治・中西聡編『新体系日本史一二　流通経済史』山川出版社、二〇〇二年）など。
(53) 早島前掲注(2)論文。
(54) 井原前掲注(3)文献。

第四章　中世手形の信用とその決済システム

はじめに

日本中世史における信用とその制度の研究は、割符・替銭といった手形文書や為替制度の研究を中心に発展してきた。本章ではそのなかでも、手形の信用をなにが担保してきたのか、についての研究史を振り返り、ついで手形の決済を担保してきたものがなにか、を中心に検討していく。

日本中世における手形文書の研究は、(1)「利息附替銭」と呼ばれた貸借行為、あるいは為替制度研究として研究史が積み上げられてきた。(2)だが、その発生やその制度の変遷については、商業の発達が「或る程度」まで至るとそこに信用が生じ、為替制度が発生するものと理解されていたため、(3)その詳細や時代による変遷などに対する研究関心は低調であった。

この状況を一変させたのが一九九〇年代後半に発表された、桜井英治氏と佐藤泰弘氏の研究である。発表の時系列上では、佐藤氏のほうが先行しているうえ、桜井氏の立論も佐藤氏の議論を前提としているのだが、日本史学界へのインパクトが大きく、今日の信用論の隆盛をもたらしたという点に鑑み、まず桜井英治氏の一九九七年度歴史学研究会大会報告から筆を起こすこととする。

一　桜井英治氏の手形論・信用論

1　研究史上の位置づけ

現在の中世信用論の隆盛は、桜井英治氏の一九九七年度歴史学研究会中世史部会大会報告「日本中世における貨幣と信用について」(4)に始まるといってよい（以下、「桜井報告」）。

桜井報告は日本中世における渡来銭受容の様相や、日本の中世国家が銭を自鋳しなかった理由など、その後の日本中世貨幣史研究の主な方向性を定めたといっても過言ではないが、この評価は、中世信用論の研究史についてもあてはまる。

中世信用論における同報告の意義としてはまず、中世の主要な信用制度として、手形とその制度をあげ、さらに収納・財政制度で利用されていた財政文書と、為替手形・約束手形の二つの研究の流れを一つにまとめた点があげられる。これは後述する佐藤氏の研究ですでに示唆されてはいるが、一一世紀に手形として利用されていた、切符系文書と呼ばれる財政文書と、一三世紀末以降の為替・約束手形文書とを、一つの流れとしてまとめ、かつ分類整理した点に新しさがあり、桜井氏がまとめたこの枠組みが、四半世紀以上が経過した現在も有効であるという点で、その重要性は理解してもらえるだろう。

2　割符への注目

次に強調すべきは、中世の手形文書のなかでも特に、割符を取りあげた点である。先述したように桜井氏は中世手形文書を財政文書である切符系文書と、替銭などの遠隔地送金取引に利用された為替手形・約束手形型に分類した。なかでも割符については後者に分類したうえで、その特徴として、額面が一枚あたり一〇貫文にほぼ統一されていることや、割符が不特定の人々の間を流通していることを改めて強調し、そこから割符の紙幣的な流通の存在の可能性を指摘した。批判もあったが、この割符の紙幣的な流通の可能性の指摘こそが、一気に中世手形論・信用論への注目を高めたのは確かである。(5)

3　手形・為替研究の確立

最後に指摘すべきは、桜井氏により、為替・手形制度の研究が中世史研究の対象となりえることが明確化されたことである。桜井報告以前の中世の為替・手形制度研究が低調だった理由は、「はじめに」でふれたように、為替・手形制度が、「一定の経済発展があれば時代も地域も問わず、自然に為替制度は発生する」という、超歴史的なものと理解されていたことにあった。固有の文化とかかわりなく、時代の動きとも関係なく、一定の経済発展があれば世界のどこでも発生するものと認識されていたのであれば、為替制度の詳細を明らかにしても同時代の日本社会の特質を明らかにすることはできない、と当時の研究者が考えても無理はない。為替制度への研究関心が低かったのも当然であった。

これに対して桜井氏は、割符の紙幣的な流通の信用を支えたものとして、日本中世における「中世的文書主義あるいは文書フェティシズム」(6)に注目した。文書を所持していることがその文書に表象される権利の保持者である、という中世に独特な考え方が、割符という文書と引き換えに現銭を受け取ることができる、という取引の背後にあると考えたのである。さらに一六世紀に割符が急速に姿を消していくことについて、この中世的文書主義などの経済観念の変化と結びつけた。割符の流通のなかに、日本中世独自の信用についての観念を見出したことで、割符の衰退する一六世紀に「日本社会の大きな転換点」を見出したのである。

桜井報告によって、割符は日本中世流通経済の特質の一端を示すものとなり、その後の日本中世本信用論・手形研究は隆盛を迎えることになる。桜井氏はその後も割符やその信用と中世流通経済における位置づけや、折紙銭などの文書の機能にかかわる形で議論を展開している。(7)

とはいえ、桜井氏のいう「割符の紙幣的流通」については、早くから批判があった。(8)だが割符取引では割符の代わり銭を預けた人物とまったく違う第三者が、その受取人になることができる。その「流通」が送金の依頼人から受取人への一回だけの場合と、不特定多数の間を何度も譲渡された場合との間に本質的な差異はないので、割符が「流通」しうるのは確かなことである。割符の流通が「紙幣的」であれ、後述するような「手形的」なものであれ、「流通」した先の第三者が、割符という手形文書を信用できるか否かに、中世的文書主義との関連は否定できないと考える。

4　手形の決済への関心

桜井氏によって先鞭がつけられた割符研究であるが、二〇〇六年に辰田芳雄氏、早島大祐氏、筆者によって次々に発表された、三本の論文は特筆すべきであろう。(9)三者の見解はいずれも、割符が流通業者によって、仕向地から被仕向地に運搬された荷物（早島氏は銭貨そのもの、辰田氏と筆者は商品とする）によって決済されているとしたが、特に筆者は、割符によって商品荷物売却の代価を受け取る権利（債権）が譲渡されること、割符の流通は手形的であること、そし

て割符による遠隔地送金の資金決済が単なる商品荷物の輸送・販売に留まらず、「逆方向の送金関係を同地域内の現銭のやり取りに振り替えかわす」ことで実現していること、さらにその送金関係の振り替えにあたっては、荘園制貢納送金と商品代銭の送金が互恵的に組み合わさっていたことを指摘した。

この三者の論文に共通しているのは、割符という遠隔地送金取引において、いかに資金決済が行われるのか、そのしくみについて注目している点である。だが実は、手形文書の遠隔地における決済を支えるしくみ・システムに注目した研究は、彼らが初めてではない。論文発表の時系列とは逆になってしまったが、次節では日本中世の信用取引を、一一世紀の財政文書のあり方のなかに初めて見出した、佐藤泰弘氏の研究を紹介する。

二　佐藤泰弘氏の財政論と手形文書研究

1　研究史上の位置づけ

前節で紹介した桜井報告の議論、特に割符の紙幣的な流通の指摘についての先行研究としては、保立道久氏の研究が重要な位置を占める。保立氏は「切符」等の中世手形類が、銭貨の流通とともに切銭や替銭と呼ばれて、中世の貨幣形態のひとつとして貨幣経済を支えていたと主張した。(10)

その保立氏の中世手形論の基礎となっていたのが、佐藤泰弘氏の切符系文書などの財政文書とその運用についての議論である。(11)佐藤氏は一一世紀の東大寺の封戸制の検討から、徴税や財政運用に用いられる下文・返抄類について検討を加えた。それによると、東大寺が封戸物を受領から受け取る際には、あらかじめ、輸納をつかさどる東大寺使から先に物資を受け取り、引き換えに催牒・仮納返抄と呼ばれる財政文書を交付する。寺使はそれらの財政文書を受領の輸納機関に渡すことで封戸物を受け取り、受領はそれらの催牒・仮納返抄を封戸物支払いの証拠として、朝廷の監査を受ける、というしくみになっていた。

佐藤氏は、これらの研究と、自身の東大寺財政や受領の築いた輸納制度の研究をもとに、これらの催牒・仮納返抄が寺使たちに対する手形として機能して、寺使たちによる東大寺に対する立替金融という形で信用取引が発生していることを指摘した。そして一一世紀において受領が構築した、財政・徴税組織とその監査制度を背景として、財政・徴税文書による物資のやりとりが、一二世紀以降における替銭や割符などの手形類の祖型となり、商業信用の発達の起点となったことを説いた。つまり、一一世紀の財政運用のあり方が、中世商業流通とそこで発生した割符などの手形の信用の起点となった、と提起したのである。

2　手形の信用の源泉と受領の輸納組織

繰り返しになるが、佐藤氏の議論をもとに催牒・仮納返抄手形について、本源的貨幣である銭貨や米・絹・布などの機能を代行する一つの「貨幣形態」であるという側面を指摘したのが保立氏であり、それを発展させて、一三世紀以降に出現する替銭（替文）や割符とつなげることで、中世手形文書研究を総合してみせたのが桜井報告と位置づけられる。桜井報告が現在の中世信用論の隆盛をもたらしたことはすでに述べたが、その基礎を確立したのが佐藤泰弘氏の研究といえよう。

中世手形文書の信用についての佐藤説は、「国家財政・信用と商業」の次の記載に象徴される。

文書の授受が現物の授受を代替するという了解は、授受された文書によって現物を確実に受け取ることが期待できることを前提としており、それは受領が構築した徴税制度、つまり収取と輸納を実現する組織・機構に支えられている。

佐藤氏は一一世紀の切符系文書の信用の源泉を、手形の発行者の支払能力を担保する、輸納と収取組織の存在に求めたのである。佐藤氏はこの考え方を一三世紀以降の替銭などにも適用し、替銭の信用の源泉をも、荘園制における徴税と輸納の組織による恒常的な物資の輸納に求めているのである(12)。

話を割符とその信用の研究に戻すと、先に述べた二〇〇六年の三つの論文は、いずれも割符の決済を担保する資金、あるいは商品荷物の流れに注目したものであり、佐藤氏の研究を直接引用してはいないが、その考え方には通底するものがあるといえよう。

割符についての議論では、その後、井上正夫氏が手形と割符主の動きを詳細に再検討したり(13)、佐藤氏が、先行研究が例外なく引用してきた、応仁年間に新見荘から東寺へ送られた割符の案文を詳細に分析して、それと寺院の財政文書である切符との類似性を検討したり(14)、筆者が手形それ自体の機能の変化から、中世手形文書の系譜関係を再検討するなどの研究(15)などがある。

三　替銭における支払人への強制力

1　手形の決済と支払人への強制力

さて、割符の決済を支えた物資の流通・輸送にかかわる議論としては、先述したとおり筆者が輸送された商品の売却益による決済の存在を指摘している一方で[16]、佐藤氏が、替銭・割符といった中世の信用取引を支えたものは、中世荘園制の輸納システムによる毎年の恒常的な収納であると論じている[17]。だがこれらの議論においては、筆者も含めて重要な議論が抜け落ちている。それは、債務者である割符の支払人が認識している債権者とは違う、まったく初対面の第三者から呈示された手形を、なぜ決済（手形に基づいた代価の払い戻し）するのか、という点である。

こう書くと、「手形とはつまり、その額面の代価を支払うと約束した文書なのだから、手形を呈示されたら、呈示してきた相手が誰だろうと決済するのは当たり前だろう」というむきもあろう。だがなんら強制力なしで、呈示された手形が決済されるということが、自力救済が横行する中世において簡単にありうるのだろうか。実際、中世には手形取引と類似した、譲り受けた債権を第三者が取り立てる行為として、「寄沙汰」と呼ばれる慣行があるが、その際の「狼藉」について、しばしば禁令が出されていたことは周知の事実である[18]。これは第三者による債権取り立ての際には、債務者に対する暴力的な強制が往々にして必要だったことの裏返しともいえよう。

実際、現在の手形交換の制度においても、六ヵ月以内に二回、手形・小切手の不渡りを出した振出人に対しては、当該の交換所に加盟する全ての金融機関（実質、その市域の全ての金融機関）との、当座預金取引と貸し出し取引を停止する処分が下される。これは実質的に企業としての営業が不可能となることを意味している。現代においても、手形の支払人に対しては、このような強制力が必要とされるのであれば、ましてや、自力救済が横行する中世の世界においては、支払人へ手形の決済を強制するなんらかの強制力が存在してしかるべき、と考える。

2　切符系文書—朝廷財政の強制力—

この支払人への強制力については、一一世紀の切符系文書において研究が先行している。すでに引用したように佐藤氏は、切符系文書の決済を行うのは、当時の受領の構築した徴税・収納組織であるとする。受領にとっては、朝廷の財政監査制度によって税の完済が認定されることが、次の任国への任命の条件となっていたことが明らかになっている。つまり朝廷の財政監査制度が、彼ら切符系文書の支払人に対して支払いを強制した、ということになる。だが、一三世紀以降の替銭や割符の決済を行う輸納システムについては議論がなされているものの、その支払人に決済を強制する強制力については必ずしも明らかになっていない。ここではこの強制力がどのようなものであったのかについて、史料をもとに検討していきたい。

3　利息附替銭—荘園制・家政機関の強制力—

最初に、湯浅治久氏によって建長六年（一二五四）ころに比定されている、借上からの借銭を遠隔地の荘園年貢などで返却する、いわゆる利息附替銭の事例を検討する。(19)

建長六年、鎌倉の千葉氏惣領である「すけとの」が、借上と考えられている「すけのむまのせう（介の馬允）」から替銭の形式で借入を行った。貸付の「かへせに」、つまり返済原資として、千葉氏の所領だった肥後国小城郷の「御京上ようとうのせに（御京上用途の銭）」が指定され、借上が回収に向かったところ、その支払いを拒否された。この件について千葉氏の内部での事後処理を示すのが、次の史料である。

〔史料1〕

（前略）すけとの丶御のほりのとき、すけのむまのせうのせにを二百貫文、かへせに丶めされて候しを、おきのそうりやうの御京上ようとうのせにを、かのせに丶むけてめされて候へハ、いそき御うけふミのむねにまかせて、さたせさせ給へきよし、おほせくたされて候に、御京上ようとうも、又御ねんくのよねもつくしにハ候ハ、こそさたし候ハめとて返事たにもおよひ候ハす、あまさへさんくにつかひのそくひをひかれ候て、はちかましきめにあひてミへ候へとて、せにぬしむなしくかたられ候て、なけき申され候事、返々ふひんのしたいにて候（後略）

この史料については第二部第三章でも検討しているが、[20]大意は以下のとおりである。「千葉介殿の京上用途として、借上「すけのむまのせう」から二〇〇貫文を「かへせに」として召されたので、（千葉氏が惣地頭職を有していた）小城郷惣領の上京経費を、「御うけふみ」に従って（返済として）「むまのせう」に支払え、との指図があった。だが小城郷のほうではその指図に従わず、「上京費用も御年貢も筑紫にあってこそ、支払いもできようが（ないので支払うことなどできはしない）」と言われて、（借上の）使いがさんざんな目にあわされた」。

この史料が示しているのは、正当な替銭の支払いを求めたとしても、支払人に替銭支払義務の認識がなければ、支払いは受けられないことを示している。支払人に支払いを強制するなんらかの力が必要となる所以である。

では、この替銭におけるその強制力はなんだったのだろうか。この史料自体が、千葉氏の家政を担当したと推定されている西心[21]の書状ということがそのヒントになる。要は支払いを拒否された借上「介馬允」は、千葉氏の財政担当者である西心に苦情を申し立てたのである。千葉氏という関東御家人のもつ、荘園制に依拠した全国的な家政機関による統制力に、替銭の支払いの実現を期待したといえよう。

この替銭の事例は、佐藤氏が指摘した荘園制に基づく収税・輸納機関が替銭の支払いを実現する事例である。[22]収税・輸納機関であるというだけでなく、その家政機関（この場合は千葉氏という守護クラスの関東御家人の家政機関）の統制力が、支払いを実現している事例といえよう。一般的に荘園制においては、預所による結解の作成が行われるなど、一定の監査のシステムが存在していることが指摘されており、替銭の未払いは、年貢未進などと同様の扱いを受けると推測される。

4　遠隔地送金としての替銭―「契約」の強制力―

さて、このように利息付替銭においては、荘園制・家政機関による強制力が働いていたことはわかったが、遠隔地送金としての替銭についてはどうだろうか。替銭の事例として有名な次の史料をみてみよう。

〔史料2〕

（端裏書）「かへせにのうけふミのあん」

うけとるかへせにの事

　あはせて五貫文者

右、くたんのかへせに、かまくらにて給候ぬ、かのせにのかはりハ、とうしのしつさうしのたいふのいかうの御はうのもとより、五日かうちに、〇五貫文をさたしまいらせられ候へく候、もしいかなる事も候て、やくそくの日をもすき候は丶、一はいのさたをいたすへく候、よてのちのためにしやうくたんのことし、

　永仁元年十二月二日　　よりひら在ー[23]

この替文は、訴訟のために鎌倉に滞在していた東寺供僧方領弓削島荘の雑掌の加治木頼平が、滞在費用を調達するために替銭を取った際に発給したと考えられている。その間の事情が永仁元年（一二九三）一二月一六日付定厳書状[24]でふれられていることを第二部第三章で論じている[25]。ここではこの替銭取引において、支払人である東寺の側に支払いを強制した力に注目して史料を再検討する。供僧方の月行事に、頼平が派遣してきた「専使」とその知らせの内容を月行事に報告している書状のうち、〔史料2〕の替銭にかかわる部分が次の史料である。

〔史料3〕

昨日十五日、弓削雑掌以二専使一申上候、（中略）而御契約候し五結物、罷二成冬季一候者、可二充給一之由、蒙レ仰候し間、御計を雖二待入候一、不レ然之間、術尽終候之程、不レ顧二使者之煩一令レ申候、或仁上洛之在京用途ヲ、関東にて替取由ヲ申候、其分彼仁京都落付候ハ、、五ケ日之内、可レ致二沙汰一之由申乞候て、替物取候了、任二御契約之旨一可二沙汰給一候と申送候、兼又御約〔束〕之旨違約候て、以二弓削之物一可レ乞之由、平野殿年貢到来之時、可二充給一歟之由、令レ申候しかハ、以二弓削到来之物一、可レ致二沙汰一之由候し間、（後略）

この替銭取引については、〔史料2〕と〔史料3〕の傍線部（詳しい解釈は第二部第三章を参照）をもとに、頼平が「或仁」から鎌倉で五貫文を借り、「或仁」は京都に移動して東寺にいる「已講御坊」を訪ね、五貫文の返済を受けて在京の費用に充当する、というしくみで行われていることが指摘されてきた。頼平と東寺とのやりとりを詳細にみると、本来この年の冬に鎌倉での訴訟費用として頼平に送られるべき「契約」であった「五結物（五貫文の銭）」を、東寺がなかなか送らなかったので、頼平が強引に東寺の実相寺大夫已講坊を支払人とした替銭をとった、ということになる。

これをみる限り、東寺がこの替銭の決済に応じたのは、頼平との五貫文を送金するという「契約」があったから、ということになる。切符系文書のような朝廷の財政監査や、荘園制の家政機関の統制といった、権力関係による支払いの強制ではなく、「契約」「約束」に基づく支払いの実現という点で、決済システムの歴史に画期をなす史料といえるだろう。

もちろんこの「契約」概念が、現代や西洋の契約の概念と一致するといっているわけではないし、あらゆる場合に「契約がある以上、手形を決済せねばならない」という強制力が働く、といっているわけでもない。この場合だと、契約した費用を頼平に支給しないと、東寺のための訴訟における頼平のサボタージュ、そこまでいかなくとも訴訟での活動の停滞をよび、東寺にとっても損害がでかねない、ということが大きかったと考えられる。

いってみれば、「契約・約束を守らなければ、東寺の訴訟活動に問題が発生する」という状況が、東寺に替銭の決済を強制した、と考えられるわけである。実利に基づくとはいえ、権門寺院が、その雑掌をつとめる地方の武士との契約・約束を守らねばならない、という観念がここで生まれていることは注目に値するだろう。

5　割符取引と仲介者の強制力―「違い割符」と「放ち状」―

契約自体に強制力があるわけではないとはいえ、「契約にしたがって、支払いをせねばならない」という観念がすでに存在していたとすれば、すでに筆者が指摘したような、商業取引の利益で決済されていた割符取引における支払人への強制力についても、同様の「契約」概念によって説明ができる可能性はでてくる。さはさりながら、中世における自力救済の観念に鑑みれば、特に縁のない初対面の相手が呈示した割符について、支払人が素直に払い戻しに応ずること自体、やはり違和感を禁じ得ない。契約の概念に加えて、〔史料2・3〕のときの東寺のような、割符の支払人にとって、割符決済をしたほうが得をする、あるいは決済をしなければ損をする、というような実利が背後にあったと考えるべきだろう。

そこで注目するのが、応仁二年（一四六八）に、新見荘から東寺に送られた割符の決済の過程の一部を記した、次の史料である。この年の新見荘からの割符送進とその裏付については、最勝光院方引付に、詳細に記録されている。ここではその三月一三日条をみる。

〔史料4〕

一、新見庄ヨリノ割符、広瀬大文字屋申云、卅カ日ハカリ有二御延引一者、可二裏付仕一、不レ然者、可レ進二放状一之由、申之旨、致二披露一之処、廿日ハカリトモ被レ答裏付ヲサセルヘキ由、衆議治定了[26]

これは新見荘から東寺に、この年の三月一〇日に到着（記載は一一日条）した、大山崎の広瀬大文字屋支払の割符についての記載である。注目すべきは傍線部である。支払人の広瀬大文字屋に割符を呈示して支払いを受ける手続きの一環である裏付をしてもらおうとしたところ、支払いまで三〇日待ってほしい、そうでなければ「放ち状を提出する」と言ってきた、という。「支払いを待ってくれないなら」、「放ち状」という別の文書を提出するぞ、とはいったいどういう意味なのだろうか。またなぜ東寺は、「放ち状」を提出するぞ、と言われて、支払い延長に応じたのだろうか。

普通に考えて、「支払いを待ってくれないなら」の後に続く文言としては、「支払いを拒否します」といった脅迫か、あるいは「他の手段をとれないか」といった交渉の文言であろう。

ここで東寺が支払い延長に応じていることに鑑みると、この「放ち状を提出する」という文言を、「支払いを拒否します」と同じ意味の脅迫、といって悪ければ交渉終了の宣言と東寺側が認識した、とみるべきだろう。だとすると、「放ち状を提出する」行為は、つまりは「支払人が割符の支払いを正当に拒否する際にとる手続き」ということになろう。

違い割符が発生した場合の、割符銭の回収の様子については、宇佐見隆之氏が分析している。(27)違い割符が発生した場合、受け取れなかった割符銭は、送り主である新見荘側で、割符銭を割符の取次人から取り返す交渉が行われている。現銭が他の商人にわたってしまっており、直ちには取り返せなかった場合でも、取次人に対して差し押さえが行われていることが明らかになっている。宇佐見氏が分析対象とした史料には「放ち状」は登場しないが、この「放ち状」が受取人である東寺に提出されるということは、受取人から送金人に送られて、送金人による取次人からの割符銭の回収手続きを円滑に進める効果が期待できるものであったと考えられる。

だが、この「放ち状」が呈示されるのは取次人に対してだけではないだろう。第二部第三章で論じたように、割符は問によって仲介されるものでもあったと推測される(28)。であれば、この「放ち状」は「違い割符」を仲介したその問にも呈示されたと考えてよいだろう。つまり割符の仲介を行う問は、「放ち状」によって自分の仲介した割符が違い割符となった事情を知ることになる。

さて、割符の仲介をする問にとって、その割符の信用情報がなにより重要であることは言を俟たない。支払いが遠隔地で行われるため、支払人の信用を十分に精査できない割符の取引においては、送金人にとって、仲介者である「問」による割符の選別が重要になってくるからである。さらに、問が商売をするにあたって重要な、商売人としての信用にもかかわってくる。第二部第二章でも取り扱った、建武元年(一三三四)に新見荘から東寺に送られた割符にかかわる史料の一節をみてみよう。

〔史料5〕

五月分月宛さいふの事、(中略)大方者始たるさいふなんとにて候ハんニハ、不審もきふくたつね申候へきにて候へとも、先々定ニ替付て候さいふにて候ほとに、尋得候事を幸と存候て、進上候処ニ、相違し候て、尚々失二面目一、仰天無レ極候(29)

この史料の中略部分で、新見荘地頭方預所明了は、「五月分月宛さいふ」については、随分、心配りをして送ったのだが、違い割符となって嘆いております、としている。そのうえで、なぜ違い割符となるような割符を送ってしまったのか、その事情を述べているのが傍線部である。ここで明了は、初めての割符であれば不審がないか厳しく調べるのだけれども、以前から決まって取引を行ってきた割符であったので、入手できたことを幸い、進上した、と述べている。この「替付て候さいふ」の意味が、同じ「問」から入手した割符と考えられることは、第二部第二章で論じた。

つまり、決済の実績がある割符は、より高い信用を得られ、さらなる顧客を得ることになるのである。だとすると逆に違い割符が発生した場合、仲介者である問にとっては、単純に取次人としての払い戻しの資金負担が発生するだけでなく、いわば「不良品」を売ったという意味で、商人としての自分の活動にも差しさわりがでてくることは容易に想像がつく。

だとすると、一度でも違い割符を発生させた支払人の割符については、その仲介が忌避されるばかりか、場合によってはその問がかかわる取引の全てから排除されうる、と考えるのが妥当である。つまり、割符の発行者・支払人が、割符取引という金融手段を恒常的に利用したいのであれば、送金人との間を仲介してくれる問の信用を失わないようにしなければならないことになる。

そうすると、先の「放ち状」のもつ別の意味もおのずと明らかになる。商業上の利益に基づいて決済される割符には、例えば割符と紐づいていた商品の到着遅延など、正当な理由で決済できなくなる可能性が常にある。そのような場合に、問に対して支払い拒否の正当性を主張する機能も、この「放ち状」にはあった、と考えられるのである。

割符は、朝廷の財政監査による強制力が存在する切符系文書や、荘園制・荘園領主などの家政機関による強制力が作用する利息附替銭と違い、遠隔地に所在する商人同士の取引であり、支払人へのなんらかの決済への強制力が作用しづらい、と想定できる。にもかかわらず、割符の支払人が割符を決済するのは、正当な理由のない支払拒否が、割符の仲介者・取次人である「問」からの信用を失うことを通じて、取引からの排除につながりうるから、と考えられる。割符の決済拒否が最終的には商売上の不利につながるという判断が割符の決済の動機として作用していたとすれば、先にふれた「契約」観念に基づく替銭の決済とのつながりも想定が可能だろう。自分か支払人となっている割符を商人たちが決済するのは、そこに信用を保持する、という実利があったからと考えられる。

おわりに

以上、中世における信用取引研究について、それが桜井英治氏によって、割符をはじめとした中世手形文書の研究が中心に位置づけられ、佐藤泰弘氏をはじめとする手形の支払いを実現する財の輸納のシステムの解明を通じて研究史が展開したことを明らかにしたうえで、本章では、遠隔地の支払人に手形の決済を強制するしくみについて、時期ごとに明らかにした。受領の輸納機関によって決済される切符系文書では財政上の監査が、荘園からの年貢などで決済される利息附替銭では荘園制と家政機関による強制力が手形の決済を強制させたことを明らかにした。さらに鎌倉時代の鎌倉での裁判費用の送金に利用された遠隔地送金としての「替銭」では、権門寺院と訴訟を請け負った雑掌との間の「契約」による決済が行われたこと、最後に商業上の利益によって決済される割符では、仲介者である問からの信用を保つことが、手形の支払い拒否を避ける強力な動機となりうることを示した。

中世手形文書の信用を支えたものについては、桜井氏が中世的文書主義の存在、佐藤氏が徴税と収納の組織に基づく恒常的な支払能力をそれぞれ指摘してきた。本章ではそれらに加えて、信用を保持するという動機が支払人に対する手形決済の強制力として働いていたことを指摘した。これら中世の手形の決済を実現したしくみの全体について、「中世手形の決済システム」と呼称したい。

本章で明らかにした中世手形の決済システムの変化からは、一一世紀から一二・一三世紀には、徴税と収納のシステムによるものを中心としていた流通経済が、一三世紀後半から商業流通が勃興し、流通の主流となっていった変化と軌を一にしていたことが明らかになった。中世に限ったことではないが、信用経済は実体経済と深い関係をもっていたのである。

最後になるが、井原今朝男氏が展開している信用論(30)については、筆者の力量不足もあり、議論に組み込むことができなかった。今後の課題としたい。

注

（1）手形文書の研究史については、第二部第二章注(1)をご参照願いたい。

（2）主な研究として以下のものがあげられる。阿部愿「替銭替米ニ就テ」（『史学雑誌』一三巻六・七・八号、一九〇二年）。三浦周行「為替手形の起源」（『法制史研究』岩波書店、一九一九年）。平泉澄「為替と社寺参詣者」（『中世に於ける社寺と社会の関係』至文堂、一九二六年）。中田薫「徳川時代の為替手形文言に就て」（『法制史論集』第三巻上、一九四三年）。豊田武「為替取引の発生」（『中世日本の商業　豊田武著作集第二巻』吉川弘文館、一九八二年、初出一九三七年）。百瀬今朝雄「利息附替銭に関する一考察」（『歴史学研究』二一一号、一九五七年）。井原今朝男「中世東国商業史の一考察」（中世東国史研究会編『中世東国史の研究』東大出版会、一九八六年）。安倍惇「わが国中世為替制度の発生と展開」（『為替理論と内国為替の歴史』柏書房、一九九〇年、初出一九八〇年）。

（3）豊田前掲注(2)論文。

（4）桜井英治「日本中世における貨幣と信用について」（『歴史学研究』七〇三号、一九九七年、一九九七年度歴史学研究会大会報告）。

（5）割符以外の信用にかかわる文書についての研究としては、本郷恵子「中世における文書と信用」（『歴史学研究』九二八号、二〇一五年）のほか、井原今朝男『中世債務史の研究』（東京大学出版会、二〇一一年）、同『中世日本の信用経済と徳政令』（吉川弘文館、二〇一五年）が、代表的なものとしてあげられる。

（6）中世的文書主義については、菅野文夫「紛失状を〝立てる〟こと」（『歴史学研究』九二八号、二〇一五年）の注(2)に、関連論文がまとめられている。ご参照いただきたい。

（7）本章で参照した「桜井報告」以外の桜井英治氏による割符に関する論考は以下のとおり（発表順）。
a「中世の経済思想—非近代社会における商業と流通—」（『日本中世の経済構造』岩波書店、一九九六年、初出一九九三年）。

b「割符に関する考察」（『日本中世の経済構造』岩波書店、一九九六年、初出一九九五年）。

c「中世の貨幣・信用」（桜井英治・中西聡編『新体系日本史一二　流通経済史』山川出版社、二〇〇二年）。

d「借書の流通」（小野正敏・五味文彦・萩原三雄編『モノとココロの資料学—中世史料論の新段階—』高志書院、二〇〇五年）。

桜井氏の諸論考については、第二部第二章・第三章でもふれているが、参照の便に鑑みて、重複を厭わず各章ごとに紹介する。
（8）宇佐見隆之「割符考」（『日本中世の流通と商業』吉川弘文館、一九九九年）など。
（9）辰田芳雄「年貢送進手段としての割符について—裏付の意味を中心に—」（『岡山朝日研究紀要』二七号、二〇〇六年）。早島大祐「割符と隔地間流通」（『首都の経済と室町幕府』吉川弘文館、二〇〇六年）。伊藤啓介「割符のしくみと為替・流通・金融」（『史林』八九巻三号、二〇〇六年。加筆して本書第二部第二章所収）。
（10）保立道久「切物と切銭」（『三浦古文化』五三号、一九九三年）。
（11）佐藤泰弘「国家財政・徴税と商業」（『日本中世の黎明』京都大学学術出版会、二〇〇一年、初出一九九三年）。
（12）佐藤泰弘「日本中世における信用取引と荘園制」（『歴史学研究』九二八号、二〇一五年）。
（13）井上正夫「割符のしくみとその革新性—割符の割印を手がかりにして—」（『史学雑誌』一二〇編八号、二〇一一年）。
（14）佐藤泰弘「日本中世の手形—新見荘の割符について—」（『史林』九六巻五号、二〇一三年）。
（15）伊藤啓介「中世手形文書の系譜関係—預かり状・替文・割符—」（『古文書研究』七六号、二〇一三年。加筆して本書第二部第三章所収）。
（16）伊藤前掲注(9)論文。
（17）佐藤前掲注(11)論文。
（18）鎌倉幕府追加法三三条・六七条（佐藤進一・池内義資編『中世法制史料集　第一巻　鎌倉幕府法』岩波書店、一九五五年所収）など。
（19）湯浅治久「肥前千葉氏に関する基礎的考察—地域と交流の視点から—」（『千葉県史研究』五号、一九九七年）。
（20）伊藤前掲注(15)論文〔史料5〕。

(21) 湯浅前掲注(19)論文。
(22) 当然ながら、佐藤氏が指摘した徴税・収納機関による支払いの実現については、この家政機関による統制も含めたものと解釈すべきである。
(23) 『鎌倉遺文』一八四一八号（『東寺百合文書』な函四二号）。
(24) 『鎌倉遺文』一八四二三号（『東寺百合文書』ル函二五二号）。
(25) 伊藤前掲注(15)論文。
(26) 応仁二年最勝光院方引付三月十三日条（『東寺百合文書』け函二一号文書）。
(27) 宇佐見前掲注(8)論文。
(28) 伊藤前掲注(15)論文。
(29) 『百』ル函二一一（『岡山県史二〇巻　家わけ史料』八〇号）。
(30) 井原前掲注(5)二〇一一文献など。

第三部　渡来銭受容と流通構造

第一章　一三・一四世紀の流通構造と商業

はじめに

商業流通における、いわゆる「中世後期」のはじまりを、一三世紀後半から一四世紀前半の時期（以下、「この時期」と略）におくことへの異論は少ないだろう。二〇一七年（平成二九）に発行された『岩波講座　日本経済の歴史一　中世―一一世紀から一六世紀後半―』（以下、『日本経済の歴史』と略）でも日本中世の経済成長について、「鎌倉末期から南北朝・室町期（一四〜一五世紀）にかけて、農業生産力の伸長・商品流通の拡大・手工業生産の発展によって、中世の経済は大きく成長したと理解されてきた」とし、商品流通の拡大開始をこの時期においている(1)。だが、なぜこの時期に商品流通の拡大が始まったのか、についての議論はあまり活発ではない。

この時期の商品流通拡大の根拠としては、市庭史料の増加や商人編成の変化などから判明する、全国・地域双方での交易活発化などがあげられてきた。だが封戸物などの地域的傾向から全国的な流通の存在を明らかにした勝山清次氏の研究(2)や、非水田的生産物の水田への賦課の存在から在地における一定の交易活動の存在を明らかにした網野善彦氏の研究(3)など、実証の進展とともに、それらの条件は一三世紀以前から存在することが判明してきた。

二一世紀に入り、改めてこの時期の商業発展の要因について論じたのが、桜井英治氏である。桜井氏は、佐々木銀弥氏が解明した代銭納の成立・拡大の時期(4)が、商品流通が拡大するこの時期と重なっていることから、以下のように説明した。

それまで年貢として京都に運ばれていた生産物が、今度は商品として現地を船出していくのである。大量の商品が発生し、商品市場に投じられたというだけでなく、そこには全国的な規模での商品の流れが生まれる。(5)つまり、代銭納の開始により、貢納物が商品として市場に投じられるようになったことが、商品流通・市場経済の活発化につながった、というのである。さきに引用した『日本経済の歴史』でも、この説にそって論述がなされており、現在、広く受け入れられた通説的理解とみてよいだろう。

だが、これに批判がないわけではない。例えば中島圭一氏は「代銭納化に伴い、(中略)現地で生産物が交易されることで、商品流通がどのように変化するのか、説明が不足しているように感じられる」とする。(6)桜井氏のいう貢納物の市場への投下の開始は、確かに大きなインパクトを商品流通に与えたはずだが、中島氏が指摘するように、その具体的なありようについて特に論じられてこなかったことも確かである。

以上のような問題意識から本章では、この時期の商品の流通構造を明らかにして、代銭納との関係から、その拡大の具体的な要因を探ることを目的とする。以下、関連する研究史を簡単に述べていく。

代銭納とその成立についての研究として重要なものは、佐々木銀弥氏の研究である。佐々木氏は全国の荘園における代銭納事例を博捜し、その成立を一三世紀後半、特に一二七〇年代とし、その全国化を一三〇〇年代とした。そのうえで、代銭納は農耕生産力の向上・中央および地方における交換の発達・銭貨の流通を基礎とし、荘園領主の年貢代銭納要求と、実際に貢納物を販売する在地領主層の年貢物換貨によって成立した、と説明した。さらに在地での百姓による商品取引の存在を指摘して、「農民的商品流通の芽ばえ」とも位置づけた。

続いて、この時期の流通構造にかかわる先行研究について述べる。この点においても佐々木氏の研究が先駆的な地位をしめている。佐々木氏は一三世紀後半における消費市場として、京都・奈良といった中央都市、手工業生産地域の畿内都市群、年貢物を売却する地方荘園の市場、そしてこれらの都市間の結節点の港湾都市、それぞれを遠隔地商業が結ぶ流通構造の存在を想定した(7)。

そのほか本章との関係では、大村拓生氏の研究が重要である(8)。大村氏は都市史上、一三世紀後半から一五世紀末を一つの時代ととらえ、そのなかで一三〜一四世紀を都市発展の時代と位置づけた。そして瀬戸内航路と畿内の流通が一体として連続しておらず、大阪湾岸都市で分節化されている様子を明らかにしている。

さて、一一世紀に入ってからの中世前期の流通史研究では、佐藤泰弘氏が指摘した、貢納物の輸送のための流通組織の存在とその役割が注目されている。佐藤氏は、日本中世の遠隔地流通を支えていたシステムの原型は、受領によって構築された一一世紀の官物輸納システムにある、とした。律令制の大蔵が機能を停止したあと、受領による一国単位で組織された官物輸納システムが遠隔地流通を支えたという(9)。

佐藤氏はこの貢納物を京都に送進するシステムについて、特に命名をしていない。だが本書ではあくまでも引用の便宜上、このシステムに言及する際の仮称として、「京進システム」と呼称する。悪しからずご了承願いたい。

佐藤氏は一一世紀の史料をもとに「京進システム」を論じたが、それが荘園制においても、再編成されたうえで運用されたとし、一三世紀後半においても、遠隔地流通の少なからぬ部分が「京進システム」によって担われるとする(10)。代銭納が貢納物を商品として売却し、その代銭を京都へ送る制度である以上、この「京進システム」とこの時期の商業流通との関係の検討は必須といえよう。

以上から本章では、代銭納が成立し全国に拡大する時期とされる一三世紀後半〜一四世紀前半を主な対象として、第一節では商人の存在形態、すなわち業態の解明を通じて商品流通構造の特質を明らかにし、第二節では商業流通と

「京進システム」との関係から、商品流通拡大の要因を検討する。

一　一三世紀後半〜一四世紀初頭の商人と流通構造

1　商人の業態

この時期の流通構造についての説得的な理解として、大村拓生氏の見解があげられる。すなわち、瀬戸内海航路から京都までの流通は、一体として連続した構造となっていたわけではなく、瀬戸内海から畿内の港湾都市、港湾都市から京都近郊へといったように、分節的につながっていた、という理解である(11)。本節では、この分節的な流通構造を前提に、商人たちの業態を史料から確認する。

〔史料1〕建武元年（一三三四）六月二八日付　東寺領新見荘預所明了書状(12)

（前略）

一、五月分月宛さいふの事、（中略）①先々定ニ替付て候さいふにて候ほとに、尋得候事を幸と存候て進上候処ニ、相違し候て、尚々失二面目一、仰天無レ極候、②彼等買物を京都へのほせ候て、買ときて候時ハ、早々進上仕候けに候、又不二買得一候時ハ、ちゝ仕候けに候、③就中、於二今度細附（ママ）候一者、漆を船ニつミて候けるか、当国の動乱ニよりて、国本を遅いてゝ候よし陳申候之間、無力次第にて候、

（後略）

〔史料1〕は、備中国新見庄預所の明了が東寺に送った、建武元年六月二八日付に比定される書状のうち、五月分

の月宛年貢として東寺に送った割符が違い割符となったことについての弁明をしている部分である。本書第二部第二章で、この史料をもとに割符の決済のしくみを論じている。割符取引の詳細については第二部第二章をご参照いただくとして、ここでは、割符が発行され決済されるその一連のしくみのなかで表れてくる、商人たちの業態について検討する。

まず注目するのは傍線部①である。明了は、先に送った割符のことを「定めに替しつけて候」、すなわち定期的に利用する割符とする。通常、割符は取引ごとに破棄されるため、これは「同じ相手から定期的に入手した割符」を意味する。さて、この書状では、この割符が畿内で違い割符になった理由について、備中にいる明了が割符の発行者から聴取していることがわかる（傍線部②）。備中で定期的に割符を入手する同じ相手から、備中にいる人間が事情を聴取したとすれば、割符の発行者は備中に定住していたことになる。

この割符が備中の港湾都市（倉敷）で発行されたことは第二部第二章で明らかにしており、割符の発行者の業態は、地方の港湾都市に定住し、訪問してくる客（この場合は荘官の明了）に割符を発行する、いわゆる「問」とみなせる。これを地方港湾都市の「問」と呼称する。

次は傍線部②の内容をみる。ここで明了は、割符の決済について「彼ら（割符業者）は買ったものを畿内に送り、それが売れれば割符を決済できるが、売れなければ決済が「ち、（遅延）」する」と説明している。ここから割符の支払人は地方から運ばれてくる商品の売却益で割符を決済していたことになる。とすると支払人は畿内の港湾都市にいる可能性が高い。そして割符の呈示人の便宜を考えると、この支払人もそこに定着している必要がある。以上から第二の業態として、畿内港湾都市に定着する「問」が浮かびあがってくる。

三つ目の業態は、傍線部③から判明する。商品（このときは漆）を「船」に積んで京都へ「のほし（上し）」、畿内港湾都市の「問」のもとに輸送する業態、つまり船で商品を輸送する輸送業者である。

以上、地方港湾都市の「問」・畿内港湾都市の「問」・輸送業者の三種類の業態の存在が明らかになった。続いて別の史料から、京都とその周辺都市の商人の業態をみてみよう。

〔史料2〕含英集抜萃　元徳二年（一三三〇）五月一六日条(13)

元徳二年五月十六日社頭衆義曰、

山洛世途以外之聞、①於㆓京都和市㆒者、仰㆓官人㆒依㆑検㆓封之㆒減㆓少之㆒、舎屋令㆓加増㆒云々、②坂本儀、又任㆓此例㆒、以㆓寺家公人㆒可㆑被㆓宅封㆒、浜商人若不㆓叙用㆒者、令㆑注㆓進三塔㆒、可㆑加㆓厳密治罰㆒之由、可㆑被㆓相触㆒事矣。

居衆集会儀曰、

早相㆓触寺家㆒厳密可㆓其沙汰㆒事、

近日　国土飢饉（中略）、③爰戸津・比叡辻商人等、或追㆓返米船㆒、或世間飢渇之秘淫、及㆓種々悪行㆒之条、超過之狼藉、言語道断之次第也、

（後略）

〔史料2〕は、下坂守氏が衆徒による都市坂本支配を示すものとして紹介した史料である(14)。このときの飢饉にあたっては、後醍醐天皇が食料流通促進による米価統制を行ったことがすでに指摘されている。東寺執行日記元徳二年五月二一日条によると、この年の五月ころから京都の米価が高騰し、後醍醐天皇は二条通りと町通りの辻に仮屋を建て、そこに立てた市に米商人を集めて「責売」、すなわち強制的に米を販売させた。さらには兵庫関での関銭の免除を行うことで、米の流通促進をはかったという(15)。

ここでは〔史料2〕から、当時の京都周辺の商人の業態をみる。まず傍線部①である。解釈が難しい部分があるが、

検非違使庁が洛中の米商人の「舎屋」を検封し、貯蔵されていた米をおそらくは贓物として販売したことにより、洛中の米の和市が下がった、という大意は動かないだろう。ここからは洛中の「舎屋」に、米穀を貯蔵し販売する米商人がいたことがわかる。以下、洛中の商人と呼称する。

ついで傍線部②には、坂本についても洛中の例に任せ、「浜商人」の宅を封ぜらるべし、とある。傍線部③に坂本の沿岸港「戸津・比叡辻」の「商人等」とあることから、この「浜商人」たちは、坂本の沿岸港の周辺に「宅」を構えて米穀を貯蔵し、商売していたと考えられる。以下、彼らを京都近郊都市の「問」と呼称する。

傍線部③には、彼ら「戸津・比叡辻」の商人の悪行として、「米船」を追い返したことがあげられている。この「米船」は、米価が騰貴している京都において米を高値で販売するために、米穀を坂本へ輸送してきた輸送業者と考えられる。なお〔史料1〕でみた輸送業者と彼らとでは、活動範囲（瀬戸内海海運か琵琶湖舟運か）や、利用する船（海船か川船か）などの相違はあるが、ここでは流通の分節点である港湾都市間での輸送に従事しているという点で、同じ業態として分類する。なお、ここでは便宜上、彼らを輸送業者と呼称するものの、当然ながら彼らのなかにも、商品荷物の輸送のみでなく、自ら売買を行っていたものが存在した、と考える。

以上から洛中の商人、畿内港湾都市・京都近郊都市の「問」、地方港湾都市の「問」、そして彼らの間を行き交う輸送業者といった、商人の業態が存在したことが判明した。これは流通の結節点に定住する「問」・商人と、その間で商品を輸送・売買する輸送業者に分かれており、商人の業態が分節的な流通構造に規定されていることがわかる。

次に〔史料2〕をもとに、当時の流通構造の特徴について考えてみたい。

坂本の「問」が「米船」を追い返したのは、京都への商品米の流入を防ぎ、「世間飢饉」という米価高騰の状況を保ち、それに乗じて自ら保有する在庫の米を高値で売却するため、と考えられる。この行為を山門衆徒は「世間飢渇の秘淫」「悪行」と罵っており、山門の指図ではなく、「問」たち独自の裁量で追い返していたことがわかる。つまり「問」たちは、商品在庫の保持、その購入・販売について、権門など上位権力の指図ではなく、独自の裁量で行っていたことになる。これは洛中米商人も同様と考えられる。

次の疑問は、「米船」はどこから米を運んできたのかという点である。地理的には琵琶湖舟運の範囲内、近江国を中心に北陸の一部ということになろうが、問題はそこではない。陰暦五月というのは、去年の年貢米の送進は終わっている一方で、今年の収穫の収納はまだ始まっていない時期である。つまりこれらの米は、去年の秋から冬にかけて収穫・収納されて、五月までどこかで保管されていたことになる。

これらの米は誰の裁量で保管され、誰の裁量で京都へ運ばれたのだろうか。これは琵琶湖舟運の範囲の地方港湾都市の「問」、あるいはその取引相手が、手元に保管していたと考えるのが妥当であろう。彼らが保持していた米を、京都での米価騰貴を知った輸送業者が高値で転売するために京都まで輸送してきたと考えられる。つまり洛中商人や、京都近郊都市の「問」だけでなく、地方の港湾都市の「問」もまた、独自の裁量で、商品在庫を保持し、独自の裁量で購入・販売を行っていたのである。

この独自に在庫を持ち、独自の裁量で商品を売買していたという点では〔史料1〕の各地の「問」も同様である。彼らも割符の発行・決済を支えるため、独自の裁量で商品の購入・販売、在庫の保持を行っていたと考えられる。

以上からわかるこの時期の商業流通構造の特徴は、以下のとおりである。当時の商人の業態として、地方・畿内の港湾都市、京都近郊都市、洛中といった、各地の分節的な流通の結節点に定住する「問」や商人と、彼らの間を行き交う輸送業者に分かれていた。彼らはそれぞれの裁量で商品の在庫を保持し、商品の購入・販売を行っていた。この特徴を本章では、「裁量と物資の分散」と呼称する。

さてこの「裁量と物資の分散」と、この時期に拡大したとされる代銭納とは、どのような関係があるのだろうか。代銭納に関する先行研究では、貢納物の「売り手」に関心が集中し、「買い手」の分析はあまりなされてこなかった。だが売買には「売り手」だけでなく「買い手」もまた必要となる。代銭納における「売り手」は、京都・奈良の荘園領主に年貢代銭を京進する目的で貢納物を売却するのだから、収穫と収納の関係から、その時期は必ず秋から冬にかけてとなる。その時期に市場に「買い手」となる商人たちは、そういった権門への貢納とは独立した権限、つまり商人独自の裁量で貢納物を買い取り、保管し、売却していた、ということになる。言い換えると、この時期、自らの裁量で商品を売買・保管する商人が一定以上存在していたからこそ、貢納物の「売り手」が集中する秋の各地の市庭に、「買い手」が存在でき、代銭納が成立していたのである。

本節であつかった史料は一三三〇年代に集中していることから、この状況が一三世紀後半までさかのぼることができるかどうか、という問題が残る。だがいうまでもないことながら、一三三〇年代に突然、このような状況が発生するわけがない。代銭納が成立したとされる一三世紀後半から徐々に、このような特徴をもつ流通構造が成立していった、とみなして問題はあるまい。

2　商品の消費地と流通構造

さて、商人たちが貢納物を買い取るのは、転売して売却益を得ることが目的である。彼ら商人は商品をどこで売却するのだろうか。先行研究では、京都・奈良の荘園領主層、および都市住人を消費者として想定することで、京都・奈良へ商品を輸送する遠隔地商品流通の存在を論理的に導きだしてきた(16)。

例えば正応五年（一二九二）に、東寺領伊予国弓削島荘から、梶取備後弥源次によって淀に回漕された塩俵一九〇俵が、「弓削島問丸」を通じて七条坊門の塩屋に売却されている。[17] まさに貢納物が、輸送業者から畿内港湾都市の「問」を通じて、大消費地京都の住人向けの商品として販売されている事例といえる。京都については、一三世紀に米を大量に消費する「酒屋」が出現していることが確認でき、[18] 商品米の消費地としても当時最大であったと考えられる。また奢侈品の多くも、京都・奈良の荘園領主層や寺社が消費の中心だった、と考えられる。

だが、京都・奈良以外に買い手はいなかったのだろうか。この点について、佐々木銀弥氏が考察した、若狭国太良荘と遠敷市庭での経済活動の様子をみる。

建武元年一一月二一日夜に、太良荘百姓で「寺家倉本」の「角大夫」が襲撃され、さまざまな「資財物等」が奪われた。さらに同月二七日にも、太良荘新検校と孫次郎以下の百姓が、遠敷市で資財物を奪われた。[19]

このとき角大夫が奪われた「資財物等」は、五貫文・米七石・籾俵一〇・栗俵五・大豆六石に及び、また直垂三具・小袖四・太刀一振・刀二腰、布小袖七・弓矢など、在地以外で加工・製作された可能性のある奢侈品・衣服・武器類も含まれている。[20] 新検校と孫次郎以下の百姓が奪われた物資は、銭貨三貫二五〇文のほか、絹片・小袖・紺布などの奢侈品が含まれ、彼らが遠敷市庭でこれらの物資や奢侈品を「買持」、つまり購入していたとされている。[21]

佐々木氏は、角大夫が「寺家倉本」と呼ばれていることから、高利貸を兼任して、東寺への年貢米・銭貨などを倉庫に保管していたと考え、彼が「卓越した富」を保有しており、「このような経済力はおそらく太良庄荘外における商業・高利貸的活動にもとづくものと考える他ない」とした。[22] この角大夫と新検校、孫次郎の事例は、荘園市庭において百姓や「寺家倉本」による商業活動、すなわち、自らの裁量による商品を売買・保管が行われていたことを示す。商品の「買い手」となりうる存在は、京都・奈良だけでなく、在地の荘園市庭にもいたのである。

次は、同様に荘官が地方港湾都市にて「買い手」となった事例をみてみよう。

〔史料3〕正安二年（一三〇〇）七月一日付　備後国大田荘雑掌陳状案[23]

（端裏書）「雑掌陳注文」

道空所レ進条々注文一々無レ謂事

（中略）

一、①桑原方御年貢春船下行之後、或於二尾道一売取、或運二返于桑原方一、為二御年貢犯用所見一由事、

此条、有レ限得分之外、不レ私二用年貢一之条、惣勘文顕然也、以レ之立二申四百余石御年貢犯用所見一之上者、虚誕之自称、誑言之承伏也、

（後略）

〔史料3〕は、高野山領備後国大田荘住人道空に不正を訴えられた同荘雑掌和泉房淵信が提出した、陳状の一部である。傍線部①をみると、淵信が大田荘桑原方の年貢を京都へ輸送したあと[24]、尾道で米を売買したり、桑原方に持ち帰ったりしている様子を、「年貢犯用」の証拠として大田荘住人が告発していたことがわかる。対して淵信は、散用の正しさのみを指摘して、尾道での米の売買自体は特に否定していない。実際に売買をしていた、とみてよいだろう。そして尾道から大田荘まで買った米を持ち帰っていたとすれば、それは商品を手元で保存し、季節要因による米和市の変動を利用して、転売による利益を得ることが目的と考えられる。つまり、荘官が地方港湾都市の市庭で、自らの裁量をもとに米の売買を行い、その一環として買得した米を荘園に持ち帰り、在庫として保持していた、ということになる。

淵信は妻子眷属百余人を扶持し、二〇〇人もの行列で尾道を出入りするなど、大変豊かな生活を送っていたとされる[25]。それを支えていた富は、〔史料3〕でみたような彼が自らの裁量で行った、尾道（地方港湾都市）での米売買などの

商業活動を通じて蓄積されていたと考えられる。まさに淵信は「裁量と物資の分散」を体現していた存在といえよう。

以上から、「裁量と物資の分散」が起こっていた一三世紀後半〜一四世紀前半の商品流通構造をまとめると以下のようになる。荘園市庭、地方・畿内の港町、京都の近郊、洛中などそれぞれに、倉を構えて独自に物資を蓄積する人々が出現していた。京都・奈良の領主・住人と同様、彼らもまた貢納物や商品の「買い手」だったのである。商品を買い取った「商人」たちは、それぞれ独自の裁量で商品をさらに輸送・保管・売買していた。輸送業者は、大消費地の畿内に向かって商品を輸送するだけでなく、分節的な流通の各段階、さまざまな場所の「買い手」のもとへ、商品を輸送・転売していった。各市庭・都市間を行き交う輸送業者に支えられた分節的な流通構造のなか、それぞれの裁量で売買をする「商人」たちによって取引された商品が、各地に流通し、蓄積される。これがこの時期の商品流通の特徴だったのである。

3 商人の資本蓄積と代銭納

この節では、ここまで説明した商品流通の構造と、代銭納の拡大による経済成長との関係について考える。個別の商人たちの保管する物資・商品在庫の増加は、彼らの間で富の蓄積が進むことを意味する。この時期の在地における富の蓄積について、それ以前との段階差が存在する傍証がいくつか指摘できる。

まず、一つ目の傍証として、各地の港湾都市・町場に、この時期に成立したとされるものが多いことがあげられる。例えば草戸千軒遺跡は一三世紀中葉に成立したとされているし、十三湊遺跡では一三世紀後半〜一四世紀前半に集落が展開したとされている(26)。荘園市庭についても、例えば井原今朝男氏は、信濃国伴野荘二日町屋住人の浄阿による為替取組を紹介し、この時期、同庄での町場の出現を指摘している(27)。物資が京都近郊のみに集中するのではなく、各地に分散したからこそ、それまではなかった地方の「町場」が出現した、といえるだろう。

そのほか、この時期に京都近郊以外に商品の集散地が成立している事例として、木材流通における「尼崎」があげられる。一三世紀末以降、尼崎のような中核的集散地で規格材が取引されるケースが増加している、と高橋一樹氏が指摘している。(28)これもまた「裁量と物資の分散」の好例といえよう。

二つ目の傍証として、「商人の信用」の発生があげられる。中世における信用は、財政機構から発生したとされてきた。佐藤泰弘氏は、この時期の信用は、相対的に「定常的」かつ大規模な流通である貢納物の流通によって支えられるとする。(29)貢納物の輸送は毎年定常的に行われるため、例えば来納など、将来の貢納収入を返済原資として見込んだ借入が可能となっている、という。傾聴すべき指摘であろう。

だが佐藤説に当てはまらない「商人独自の信用」が発生するのもこの時期である。正和二年（一三一三）四月二一日付一乗院政所下文によると、一乗院貝新座寄人四郎男は、千手王二郎から二六〇貫文を借り入れ、その銭で鍬を仕入れて東国に下った。そして鍬の売掛金三〇貫文を信濃国住人右馬太郎に預け置いている。この二六〇貫文の借入の信用の源泉が、四郎男の鍬の販売による将来の収益にあることは井原今朝男氏がすでに指摘している。(30)また〔史料1〕の割符取引の信用の源泉が商品の売却益にあることは、第二部第二章で主張したとおりである。

これらの信用のあり方は、一一世紀の切符系文書の信用の源泉が、財政制度に由来することと好対照をなしている。(31)つまり一三世紀後半～一四世紀前半には「商人」が一定の信用を構築しており、これはここまでに議論した、商業活動による富の蓄積の効果といえる。「有徳人」と呼ばれる富裕層が史料上に現れ出すのもこの時期である。それ以前の商人との大きな段階差といえるだろう。

また、一四世紀前半には、「土倉」が富の象徴となった、とされる。(32)商人たちが物資を保存・蓄積する「土倉（倉庫)」は商人の富の蓄積の象徴であり、この時期の商人たちの飛躍的な成長の現れでもある。この時期の商品流通・商業の成長が、それ以前と一線を画しており、その証拠である「土倉」の出現が、これらの全国的な商人の富の蓄積として社会に認知されるようになった、ともいえよう。

だが地域の市庭での商品取引や地域での富の蓄積は、この時期以前にもなかったわけではない。ではなぜ、この時期に富の蓄積が史料上にはっきりと立ち現れ、商品流通の拡大をもたらした、とみなせるのだろうか。第二節では、一一世紀以来、遠隔地流通の主役とされる「京進システム」と、商品流通との関係から検討する。

二　一三世紀後半〜一四世紀前半の「京進システム」と商品流通

1　中世前期の「京進システム」と遠隔地流通

「はじめに」で述べたように本書では、佐藤泰弘氏が明らかにした貢納物の流通システムについて、引用の便宜のため、仮に「京進システム」と呼称する。なお、京都近郊に想定される納所等に物資が送進され、そこから権門の指図に基づいて物資が配分されていることがこのシステムの本質なので、東大寺など奈良所在の荘園領主への貢納物送進のしくみもまた、「京進システム」と呼称する。

さてこの「京進システム」は、佐藤氏が一一世紀の受領による地方支配を検討するなかでその位置づけを明確にしたものである。佐藤氏は一一世紀の「受領の官物輸納システム」のあらましについて以下のように述べる。受領により在地で収納された官物は、京都の雑掌・弁済使の差配で、京都外港の納所とその預のもとに綱丁・梶取が輸送する。

輸送された貢納物は受領の私富として納所等に集積され、権門の指図によって分配される。佐藤氏は、当時の遠隔地流通の多くを「京進システム」が担っており、その構成員である弁済使・納所・梶取などが、「問」などのちの中世商人に成長したとして、「商業発達の初期において商人は、国家の財政・徴税機構のなかで発達」したとする(33)。

この流通観は現状広く受け入れられている。例えば大村拓生氏は、京都近郊の淀・鳥羽といった港湾都市の発展の起点を受領の「京進システム」におき、院政期の御願寺の造営による整備がそれらの都市の発展と、瀬戸内海海運から淀川を通じた京都への物流の成長を促し、鎌倉後期の兵庫嶋・尼崎・渡辺への関所設置へつながるとする(34)。鎌倉佐保氏は、院政期の「京進システム」の参加者として、国衙の目代・沙汰人、荘園の預所・納所・問・徴使を想定する(35)。また湯浅治久氏は、鎌倉幕府成立後は御家人クラスの武士団の散在所領と京・鎌倉間の、借上や一族・代官のネットワークもまたその一翼をなした、とする(36)。

本章で問題としている、一三世紀後半〜一四世紀前半の「京進システム」について佐藤泰弘氏は、「受領が一国規模で運用していた強力なシステム」が、荘園単位で再編成されたうえで、個々の輸送の規模は小さくなっても「総体として定常的」に、京都へ向かって巨大な富が「京進システム」によって流れるとする(37)。

この時期の「京進システム」の事例としては、市沢哲氏があげた正和四年（一三一五）の東大寺領摂津国長洲庄の例(38)がわかりやすい。未進年貢三〇貫余りが、雑掌澄承の債務として確認され、そのうち六貫文について、上洛した僧に渡すよう、東大寺が澄承に指示している(39)。貢納物が京都近郊の雑掌のもとに集積され、荘園領主の指図によって分配される構造が、この時期においても不変であることがわかる。また康永元年（一三四二）の東寺領播磨国矢野庄からの年貢運送において、在地〜室泊まで名主百姓が輸送し、東寺から派遣された「上御使」が以降の路次の警護を行っている例(40)などから、分節している貢納物輸送の各行程全体の監督を「問」が請け負っている様子を宇佐見隆之氏

が指摘している。(41)

このようにこの時期においても、一一世紀と同様の構造をもった「京進システム」の存在が確認できる。だがその内実は同質なのだろうか。以下、商品流通との関係から、一三世紀後半〜一四世紀前半の「京進システム」の特質を検討する。

2 「京進システム」の参加者と商品流通

代銭納においては貢納物の売却が必須なため、「京進システム」の参加者は商品流通に「売り手」として参加することになる。一方で、「買い手」として参加する側面は、先行研究でも認識されていたとはいえ、その意味はあまり注目されてこなかった。

だが、前節〔史料3〕でとりあげた大田荘雑掌和泉房淵信は、地方港湾都市倉敷に拠点を保持し、定期的に自らの裁量で米などを売買して富を蓄積していた。また、前節で荘園市庭での「買い手」の事例としてあげた「寺家倉本」角大夫も、東寺の年貢物を預かりつつ、金融取引と商業取引を通じて富を蓄積していた。井原今朝男氏は、信濃国伴野庄二日町屋の浄阿は「地方問屋」として、領主の年貢送進や借銭に関与していた、とする。(42)淵信・角大夫・浄阿は在地から貢納物を京進する立場にあった。このうち前二者が、貢納物の「売り手」だけでなく「買い手」にもなっていたことは、前節で明らかにしたとおりである。浄阿の「買い手」としての行動を示す直接の史料はないが、町場に定着して為替などの取引をしているならば、「買い手」としても商品経済に参加していた可能性は高い。これらを踏まえると、「京進システム」に貢納物の送り手として参加する在地の荘官・代官・沙汰人層は、今まで指摘されてきた貢納物の「売り手」としてだけでなく、「買い手」としても商品流通に参加していたことになる。

では貢納物を受け取る側はどうだっただろうか。京都近郊において、銭貨・現物を受け取り、保管して分配する役割を果たしていた納所や沙汰人などは、商品売買とはかかわっていなかったのだろうか。それを明らかにするために、永仁年間の東大寺領播磨国大部荘の年貢収納に注目する。

稲葉伸道氏によると大部荘の荘務権は、永仁年間前半に、東南院から惣寺に移ったとされる。そして惣寺は同荘の収納の際に、東大寺小綱公人や東大寺神人たちを動員した(43)。この東大寺小綱は、東大寺政所構成員として、法会の雑役などをつとめ、惣寺集団に奉仕する「公人」身分に属していたという(44)。鎌倉時代後期、この小綱と東大寺神人はともに、惣寺の使者として各地の荘園収納・検断に派遣されており、稲葉氏は大部荘への動員もその一環として理解している。

さて永仁六年（一二九八）一〇月ころ、東大寺小綱公人勝賢は、東大寺神人たちとともに下向使として大部荘の年貢を収納し、奈良の東大寺へ輸送した。その収納にあたって、大部荘現地でもさまざまなトラブルを起こして訴えられており、関連史料が残されているのだが、そのなかで、年貢納入時の和市をめぐる沙汰人貞玄とのトラブルについて申し開きをしている部分が、次にあげる〔史料4〕である。

〔史料4〕永仁七年五月日付　大部荘下向使小綱・神人等申状(45)

（前略）

次、去年之御年貢者、①多分以㆓代銭㆒令㆓運上㆒之処、②自㆓出挙主御方㆒、成㆓見米㆒可㆑被㆑召之旨、御問答之由承及之間、依㆑可㆑有㆓其煩㆒内々歎存之処、去年十月之比、イ御沙汰人善貞（貞玄カ）房、雖㆑可㆑被㆑成㆓見米㆒、依㆑為㆓同事㆒被㆑見㆓和市㆒、任㆓銭直㆒可㆑被㆑召㆓代銭㆒之由、御問答事切畢、尤神妙之由、蒙㆑仰之間、成㆓喜悦之思㆒之処、即、③日来所㆓給持㆒之代銭之御請取等、皆悉被㆓召返㆒之、取替而下㆓賜見米之御返抄㆒畢、彼永仁六年十月十九日之御返抄云、納大部庄年貢米事、合百九十五石者但代銭弐百五十貫文分也、百別庄斗七、舛八合ツヽ、十月十六日ワシ定云々、ロ既守二十月十六日之和市法一、以二見米之結解一被レ召之、被レ召二返代銭之御返抄一、下二賜見米之御返抄一之上者、④今立還、以二当時之和市之法一可レ致二沙汰一之由、蒙レ仰之条、難レ堪之次第也、（中略）ハ凡御借物之内、有二出挙一、有二利銭一、以二代銭一者被レ成二利銭之足一、以二見米一者被レ宛二出挙之足一之条、尤得二便宜一者哉、

（中略）

ニ去年与二当時一、和市之高下雲泥之間、為二御使等一莫大之損亡也、有限之年貢、猶以依レ有二子細一、歎申入之処、於下無二違乱一之納分上、蒙二存外之仰一条、争不二歎申一哉、

（後略）

〔史料4〕の語るトラブルの経緯は以下のとおりである。前提として「出挙主」が惣寺に対する貸し付けについて、大部荘の年貢による見米（米の現物）での返済を希望（傍線部②）していた。それに対して下向使たちは、大部荘の年貢米をすでに銭貨に換えて輸送していた（傍線部①）。銭貨を米に換える「其煩」を嫌った下向使は、沙汰人貞玄に交渉して、銭貨建ての返抄を米建ての返抄に交換（傍線部③）してもらうことで、銭貨を米に換えることなく、納入を済ませた。

だが出挙主はあくまでも見米での返済を要求したらしく、貞玄は後になってから、下向使たちにあらためて元の和市に基づく量の見米の納入を要求した（傍線部④）。だがその時には米の和市が変動していたため、納めた銭貨で購入できる見米の量では「莫大の損亡」が発生する（傍線部ニ）ため、下向使が「堪え難い」として（傍線部④）拒否したのである。

このトラブルがその後どうなったのか、次の〔史料5〕から判明する。〔史料4〕の「善貞房」と同一人物とみら

れる沙汰人の貞玄が、惣寺に提出した起請文が〔史料5〕である。

〔史料5〕正安元年（一二九九）六月二五日付　僧貞玄起請文[46]

敬白　天判起請文事

右、件子細者、⑤大部庄去年々貢事、依二返抄之失錯一、和市之違目、可レ為二貞玄之弁一之由、蒙二御衆議一之条、難堪之次第也、如二度々披露申一、出二見米之返抄一之事者、神人等以二代銭一雖レ企二運納一、ホ散用之落立者、可レ遂二見米之結解一之上者、為二内々存知一、以二当時之和市一、付二見米之成立一給哉之由、令レ申之間、不レ被レ入二是非一、任二申請一書二与之一許也、

（後略）

ここで「神人等」と下向使たちが呼ばれているのは、彼らが小綱公人と東大寺神人とで構成されていたから、と考えられる。

さて、〔史料5〕をみると、衆議の結果、代銭の和市が定められた一〇月一六日と裁許の時点の六月の差額から生じる米の減少分「和市之違目」について、貞玄に対して出挙主へ補塡するように命じられていることがわかる（傍線部⑤）。

赤松俊秀氏は〔史料5〕を根拠に、大部庄の年貢は銭納だが「代銭をそのまま貢納するのが通常の手続きではなく、銭をもって米を買い入れ、それを寺納するのが普通であった」とする。[47]〔史料4〕傍線部ハから、「見米を借り入れた出挙」の返済に充てる場合は年貢を「見米」に、「銭を借り入れた利銭」の返済に充てるときは年貢を「代銭」に、それぞれ換えて納入しているとみなせることから、京進された代銭をそのまま納入するのではなく、その代銭で見米を購入して寺納することは、決して例外的なことではなかった、と考えてよいだろう。

さてこの史料は、赤松氏の指摘したとおり、京進された代銭を収納しその代銭で物品を購入するのではなく、輸送された代銭でわざわざ商品（ここでは米）を購入しそれを収納している事例といえるが、本節では荘園年貢の収納と和市の関係に注目する。

年貢と和市の関係について従来の研究で注目されてきたのは、例えば典型的な荘園代官の請文の文面によくみられるように、荘官たちの和市操作による不正とその防止策についてである。その点を再認識したうえで、あらためて〔史料4〕をみると、下向使は盛んに年貢が「和市之法」「和市法」に基づいて換貨されていることを強調している。この「和市の法」の詳細は不明ながら、代銭納による収取にあたり貢納物を銭貨に換算する際に、これに則っていれば和市の「不正」はない、と抗弁できる性質のルール、あるいは共通認識が存在したと考えられる。

ところが〔史料5〕では、正しく「和市の法」を適用しての寺納にもかかわらず、「返抄の失錯（傍線部⑤）」を理由として、貞玄に対して出挙主に対する損失補塡が求められているのである。正規のルールに従っているにもかかわらず、なぜ損失補塡が命ぜられているのだろうか。その理由について考えてみよう。

〔史料4〕傍線部イで下向使は、貞玄が米建て返抄を渡す際、「見米にて納入すべきであるが、同じことなので和市にみあった値の代銭を召す」といった、と主張している。一方〔史料5〕傍線部ホで貞玄は、下向使が散用が見米建てであるのを存じているので、今の和市で「見米之成立」を付して返抄を給わりたいと要求した、と記している。これらをみる限り、米と銭について、「和市の法」に則って換算したうえで、等価であると認められてさえいれば、結解にあたって米と銭は区別されていなかった、と考えられる。

つまり「京進システム」による代銭納においては、「和市の法」に則って換算されているのならば、結解に記された収納物の品目と、納められた現物が違っても問題ない、と考えられていることになる。

収納のルール上、同価値とみなされるにもかかわらず、なぜ出挙主は米か銭かにこだわったのだろうか。これは代銭で受け取れば、見米で受け取ったときにくらべて、出挙主が損失を受けるから、としか考えられない。とすると出挙主は、「京進システム」における「和市の法」と、受け取った米を実際に市庭で取引するときの「和市」とを比較し、それとの「違目」による損失あるいは利得を意識していた、ということになる。

「和市の法」の詳細が不明なので出挙主の具体的な損失あるいは利得の様子は不明である。だが「和市之法」に基づいた換貨の率も、時期によって変化することが、〔史料4〕傍線部ニの「去年与二当時一、和市之高下雲泥之間」といった記載から判明する。実際の和市が季節要因などで上下することは容易に推定できるため、例えば出挙主が将来の米の和市の値上がりを見込んでいたとすれば、見米での返済にこだわる理由も理解できよう。

出挙主が誰なのかは不明だが、惣寺が彼に損失を与えないように気を使っている様子から、東大寺に関係する高僧であると想定できよう[48]。彼は惣寺に対して、貢納物での返済を前提とした貸し付け、すなわち前貸しという形で「京進システム」に参加していた。とすると「京進システム」において貢納物を受け取る側の人間も、なんらかの形で商品流通に参加し、そこから利益を得ていたことが、この事例から判明したことになる。

以上を踏まえて、「京進システム」の参加者と商品流通との関係について、本節での結論は次のようになる。「京進システム」においても、商品流通と同様に、「裁量と物資の分散」が起こっていた。在地では荘官たち、そして京都（奈良）では借上や沙汰人層が、それぞれ自分の「裁量・物資」を用いて、それぞれの市庭で商品を売買し、利益を得ていたのである。

3　「京進システム」・代銭納・商品流通

さて「はじめに」でもふれたように、一一世紀には全国的な商品流通、在地での商取引は存在していたし、ほかにも色代納など貢納物の換貨取引も、すでに存在したことが明らかになっている。(49) とすると一三世紀後半〜一四世紀前半の「京進システム」の参加者と商品流通との関係は、それ以前の両者の関係とどう違うのだろうか。

中島圭一氏は、延応年間（一二三九・四〇）に「山僧幷商人借上輩」の地頭代官補任が増加していること、一二八〇年代に「請所」「料所」が増加していることを指摘している。(50) いわゆる「請所」「料所」とされた荘園では、一定額の年貢を収めれば、残りの収納物は手元におくことができることになる。これは以前のように京都の権門のもとに富が集中するのと比較して、「京進システム」の参加者のもとにより多くの富が蓄積することを意味しており、裁量・物資の分散が促進されているとみなすこともできる。

では、彼らから商品市場に放出される物資の量、という点ではどうだろうか。一一世紀段階の「京進システム」参加者も、輸送代・諸職の得分・給田からの収入などを得ており、一定量の貢納物が商品市場に放出されていたはずである。荘園諸職の得分、給田からの収入の安定性に鑑みると、一概に彼らの手元に残る富がこの時期に増えたと、単純に言い切ることはできない。

だが、輸送代・得分・給田といった範囲で、商品市場に放出される物資の量は貢納物の一部に止まるのに対して、代銭納では多くの場合、販売しうる量は貢納物の全量に及ぶ。実際に全量を販売するかどうかはともかく、商品流通へ投ぜられる商品の量が大幅に拡大したのはまちがいあるまい。

つまりこの時期の「京進システム」の参加者は、収納した貢納物の全量を商品として販売する裁量を（実際に販売するかどうかはともかくとして）もち、手元に蓄積した富とあわせて元手として、商品取引に参加することが可能になっているのである。これは商品取引の参加者の飛躍的な増加と、一人当たりが売買できる商品の絶対量の拡大を意味する。

代銭納のもと、裁量と物資が分散しているこの時期の商品流通が、大きく拡大したのも当然だろう。

また、一一世紀段階での「京進システム」では、在地での商取引はともかく、全国的な商品流通にかかわっていたのは、貢納物の輸納にかかわる納所や綱丁・梶取、寺使などが主であった。それに対してこの時期においては、分節的ではあるが全国的につながっている商品流通構造のなかで、荘園市庭では荘官・名主たち、地方港湾都市では「問」・輸送業者・周辺の荘官など、そして京都・奈良では荘園領主膝下の借上・徴使等といった「京進システム」の参加者全てが、貢納物の売買をしているのである。それ以前とは比較にならないほど多種多様な主体が、それぞれの裁量で商品市場に参加するようになり、それに伴い投入される商品の量が増加することで、この時期の商品流通は拡大していったのである。

以上のような変化が、一三世紀後半から一四世紀前半にかけて、複合的に起こったと考えられる。「京進システム」のさまざまな参加者がさまざまな段階でさまざまな形の商品取引を行い、それを通じてさらに富を蓄積していく、という経済発展の好循環が起こった。その結果、京都・奈良のみでなく、各地の荘園市庭をはじめ、分節的な流通構造の各段階で、「売り手」だけでなく「買い手」もまた分散し、京都・奈良だけでなく地方にも向かう双方向の遠隔地流通と、地域経済圏内での流通の活発化が起こった。これがこの時期の商品流通発展の構造的要因なのである。

おわりに

社会において代銭納が要求された理由について先行研究では、荘園領主・在地それぞれにとっての現物納と代銭納の有利・不利から議論されることが多かった(51)。だが季節要因に伴う「和市之違目」を利用した利得の機会の拡大もまた、代銭納の拡大の重要な要因といえる。「京進システム」参加者は、自分の利得の最大化のため、商品流通への参加を選んだのではないだろうか。

「京進システム」による貢納物の京進のありようは、外観上は一一世紀から一四世紀前半にかけて不変にみえるが、だがこの時期における実際の物資の動きと参加者の行動は、一三世紀前半以前とはまったく異なっているのである。この時期の「京進システム」の参加者は、本章で明らかにした「裁量と物資の分散」によって、年貢現物を売却するだけでなく、逆に買い入れて保管し、市庭毎の和市の違いを見計らって売却したりしていたのである。年貢送進を利用して、商業活動を行っているとみなすことさえできるだろう。

桜井氏は、商品市場の拡大以外の、代銭納が成立したことによるもう一つの影響として、「経済上の技術」の問題を指摘している。桜井氏によると、この時期に「京都と地方双方における和市（価格）変動に絶えず目を光らせ、輸送コストを勘案しながら、現米納にするか、代銭納にするかを決定していくような経済人が、荘園領主の周辺に出現し、荘園経営の実務を担っていった」という。本章では、代銭納成立後の荘園制経済下では、桜井氏が指摘した、この「京都と地方間価格差を利用した裁定取引」に加えて、地方の荘園や地方の港湾都市の市庭同士でも、地域差、あるいは季節要因によって発生する価格差を利用した裁定取引が行われていたことを示した(52)。

佐藤氏は、中世の信用が、定常的な年貢の京進に支えられていることを指摘し、「京進システム」の重要性を強調した(53)。一方筆者は第二部第二章で、割符取引において、その定常的な荘園制貢納と商品経済が互恵的に結びついていることを指摘した。本章での検討からは、この時期の「京進システム」の参加者による、売買双方の商業活動を通じて、遠隔地・地域内双方の商品流通が活性化されていることが判明する。「京進システム」は信用面だけでなく、中世の商業流通全体と互恵的に結びついて、互いに支えあっていたのである。

さて、以上のような変化を商品・貢納物流通に与えていた「裁量と物資の分散」は、中世の日本社会全体にどのような影響を与えたのだろうか。次章では、この時期の「大飢饉」との関係に注目して論ずる。

注

（1）深尾京司・中村尚史・中林真幸編『岩波講座　日本経済の歴史一　中世—一一世紀から一六世紀後半—』（岩波書店、二〇一七年）。
（2）勝山清次『中世年貢制成立史の研究』（塙書房、一九九五年）。
（3）網野善彦『日本中世の百姓と職能民』（平凡社、一九九八年）。
（4）佐々木銀弥「荘園における代銭納制の成立と展開」（『中世商品流通史の研究』法政大学出版局、一九七二年、初出一九六二年）。以下、特に断らない限り、本章で引用する佐々木氏の代銭納に関する所論はこれによる。
（5）桜井英治「中世の商品市場」（桜井英治・中西聡編『新体系日本史一二　流通経済史』山川出版社、二〇〇二年）。
（6）中島圭一「中世的生産・流通の転回」（同編『十四世紀の歴史学』高志書院、二〇一六年）。
（7）佐々木銀弥『荘園の商業』（吉川弘文館、一九六四年）。
（8）大村拓生a「都市史における一四世紀の位置」（『日本史研究』五四〇号、二〇〇七年）。大村拓生b『中世京都首都論』「第二部首都と交通」（吉川弘文館、二〇〇六年、初出二〇〇〇年・二〇〇二年・二〇〇四年）。大村拓生c「畿内・瀬戸内海の交通と流通」（木村茂光・湯浅治久編『生活と文化の歴史学一〇　旅と移動—人流と物流の諸相—』竹林舎、二〇一八年。以下、『旅と移動』と表記）。
（9）佐藤泰弘『日本中世の黎明』（京都大学学術出版会、二〇〇一年）。
（10）佐藤泰弘「日本中世における信用取引と荘園制」（『歴史学研究』九二八号、二〇一五年）。
（11）大村前掲注（8）c論文。
（12）『東寺百合文書』（以下『百』と表記）ル函二一一号。本書第二部第二章初出時（『史林』八九巻三号、二〇〇六年）の翻刻を飯分徹「新見荘の漆」（海老澤衷・高橋敏子編『中世荘園の環境・構造と地域社会』勉誠出版、二〇一四年）を参考に修正。
（13）『含英集抜粋』東京大学史料編纂所謄写本（彰考館文庫原蔵）。

(14)下坂守『京を支配する山法師たち―中世延暦寺の富と力―』(吉川弘文館、二〇一一年)。
(15)東島誠『自由にしてケシカラン人々の世紀』(講談社、二〇〇八年)。同『「幕府」とは何か―武家政権の正当性―』(NHKブックス、二〇二三年)。
(16)佐々木前掲注(4)論文・桜井前掲注(5)論文。
(17)正応五年(一二九二)一〇月一四日付　伊予国弓削島荘問丸申詞(『百』と函三六号)。
(18)『平戸記』仁治元年(一二四〇)閏一〇月一七日条。
(19)建武元年(一三三四)若狭太良荘雑掌申状(『百』は函九〇号一)。
(20)若狭国太良庄寺家倉本打入悪党人交名并捜取年貢以下雑物等注文案(『百』は函八七号二)。
(21)建武元年(一三三四)付若狭太良荘悪党人贓物注文案(『百』は函九〇号二)。
(22)佐々木前掲注(7)文献。
(23)『又続宝簡集』五八(『大日本古文書　高野山文書之六』一一六二号)。
(24)「桑原方御年貢春船下行之後」の「下行」は、年貢船の京都からの下向ではなく、淵信が年貢を納めるために送り出した、と解釈する。某書状(『鎌倉遺文』一六四〇号)で、荘園の定使が領家にその得分を納めることを「おろす」と表現している事例を参考とした。
(25)正安二年(一三〇〇)四月日付　備後国大田荘太田方本郷寺町荘官百姓等言上状(『又続宝簡集』一四二〈『大日本古文書　高野山文書之八』一九三八号〉)。
(26)大村前掲注(8)a論文。
(27)井原今朝男「中世の為替と借用證文」(『日本中世債務史の研究』東京大学出版会、二〇一一年、初出一九八八年)。
(28)高橋一樹「中世権門寺社の材木調達にみる技術の社会的配置―中世前期を中心に―」(『国立歴史民俗博物館研究報告』第一五七集、二〇一〇年)。
(29)佐藤前掲注(9)文献。
(30)井原前掲注(27)論文。
(31)佐藤前掲注(10)論文

(32) 中島前掲注(6)論文。
(33) 佐藤前掲注(9)文献。
(34) 大村前掲注(8)c論文。
(35) 鎌倉佐保「荘園制の成立と都鄙間交通」(『旅と移動』竹林舎、二〇一八年)。
(36) 湯浅治久「室町期都鄙間交通と荘園制・在地領主」(『旅と移動』竹林舎、二〇一八年)。
(37) 佐藤前掲注(10)論文。
(38) 市沢哲「雑掌–悪党–両使—摂津国長洲荘の場合—」(『日本史研究』六五〇号、二〇一六年)。
(39) 正和四年(一三一五)五月一五日付　東大寺年預五師賢俊書状案(『大日本古文書　東大寺文書二二』一七八九号)。
(40) 康永元年(一三四二)一一月二日付播磨国矢野荘上使友実起請文(『百』テ函二二号)。
(41) 宇佐見隆之「問丸の発展と港町」(『旅と移動』竹林舎、二〇一八年)。
(42) 井原前掲注(27)論文。
(43) 稲葉伸道『中世寺院の権力構造』(岩波書店、一九九七年)。
(44) 稲葉伸道「公人・小綱・堂童子」(綾村宏・永村眞・湯山賢一編『東大寺文書を読む』思文閣出版、二〇〇一年)。
(45) 『大日本古文書　東大寺文書之一九』一一九九号。
(46) 『大日本古文書　東大寺文書別集　一』七二号。
(47) 赤松俊秀「播磨国大部庄の銭納の史料」(『兵庫史学』二七号、一九六一年)。
(48) 山田邦和氏・佐藤泰弘氏のご教示による。
(49) 勝山前掲注(2)文献・網野前掲注(3)文献。
(50) 中島圭一「中世京都における土倉業の成立」(『史学雑誌』一〇一巻三号、一九九二年)。
(51) 桜井前掲注(5)論文。なお桜井氏は代銭納・現物納どちらが有利かは、年ごとにさまざまな条件によって絶えず変化するとしている。
(52) 桜井前掲注(5)論文。
(53) 佐藤前掲注(10)論文。

第二章　流通構造の変化と中世社会

――「大飢饉」のない一四世紀――

はじめに――「大飢饉」と流通との関係――

商品流通について論じるなかで、飢饉の話が出てくるのは唐突に感じられるかもしれない。だが、研究史上、流通と社会の関係は「大飢饉」の発生の要因として議論の対象となってきた。

例えば江戸時代の「大飢饉」と呼ばれるような、大規模かつ広域な飢餓状態と商品流通とのかかわりについては、すでにさまざまな議論がなされている。天明三年（一七八三）、弘前藩では、大飢饉が予想される状況で四〇万俵もの米を江戸・大坂に廻米してしまい、藩領内の米穀が欠乏し、餓死者が続出している。全国的な商品流通との接続が大飢饉の被害を拡大した例といえる(1)。

中世における飢饉と商品流通とのかかわりについては、藤木久志氏が、凶作の年の土一揆の行動などから、中世の農村がかつて想定されていたような自給自足の共同体ではなく、大消費地を中心とした流通網のなかに組み込まれていた、と論じている(2)。清水克行氏は、一五世紀前半、列島の富が京都に集中する構造になっていたために、大飢饉時に難民が京都に流入して飢え死にする状況となったとする(3)。また東島誠氏は、一三世紀以前の大飢饉の構造を京都への食料流通が遮断されて発生する「閉塞型飢饉」とする一方で、一五世紀以降のそれについて、大量の流民が「食料流通が集中する京都に流入」して、そこで力尽きて死ぬ「流入型飢饉」とし、一四世紀を境に「大飢饉」と流通との関係が変化することを指摘したほか、近年では一〇世紀以降、京都が食料供給を流通に頼る「簡単に飢える消費都市」となったとして、流通構造の変化と京都を中心とした飢饉の発生との関係を時期ごとに論じている。(4)(5)

東島氏や清水氏が指摘したように、一五世紀の食料流通が京都に集中している構造になっていたのに対し、第三部第一章でみた一四世紀半ばまでの流通構造は、食料を含めた在庫が各地に分散しており、そこには段階差があるようにみえる。以下、「大飢饉」のありようの変化から、この時期の社会と流通の関係をみていく。

一　「大飢饉」のない一四世紀

ここで、グラフ（二五八・二五九頁掲載図）をご覧いただきたい。このグラフは、藤木久志氏の『日本中世気象災害史年表稿』（高志書院、二〇〇七年。以下、「藤木年表」）に収録された史料のなかから、「飢」という文字を含む史料を抽出して飢饉史料とし、その一年ごとの件数の推移と、東アジア地域の一年ごとの復元夏季気温とを比較したものである。(6)

このグラフからは、いわゆる「大飢饉」の年には飢饉史料の顕著な集中がみられることがわかる。例えば一二三〇・三一年（寛喜の飢饉）と、一二五八年（正嘉の飢饉）のそれぞれの年において顕著であることがグラフから見て取れる。

さて、本章の対象となる時期をみると、飢饉史料の一年あたりの件数は一二八〇年代に激減し、その後一四世紀を通じて「大飢饉」を示す飢饉史料の顕著な集中がみられない。このことから筆者は、いわゆる「大飢饉」が、一二八〇～一四世紀末までの期には起こっていないのではないか、という仮説を立てた。(7)

もちろんこれは、史料・飢饉の性質を含めて、今後実証が必要な仮説に過ぎない。本章では、ここまで検討してきた流通構造の変化とちょうど時期が一致していることに注目し、両者の関係を検討する次第である。

さていうまでもなく、「大飢饉」が起こる要因というものは一つの要因で単純に説明できるものではない。実際この時期の「大飢饉」史料の減少は、従来重視されてきたさまざまな要因、それぞれ一つだけでは説明がつかない状態である。

例えば大きな要因の一つである気候変動についてグラフをみると、一三世紀前半の大きな飢饉（寛喜の飢饉・正嘉の飢饉）は、気温の極端な低下時に起こっていることがわかる。それに対して、一二八〇年代、Aの楕円で示した時期、さらにBの楕円で示した一三四〇年代のグラフをみると、気温の急降下にもかかわらず、「大飢饉」を示す飢饉史料の顕著な集中が起こっていないことがわかる。

ちなみに正嘉の飢饉の直前の一〇年間の気温の移動平均をみると、この期間に〇・二℃ほど低下しているのだが、楕円Bの部分、一三四〇年から五〇年にかけての一〇年間の気温の移動平均は、〇・四℃近く低下している。つまり、かつて大飢饉を引き起こしたよりも大幅な気温の低下があるにもかかわらず、この時期に「大飢饉」を示す飢饉史料の顕著な集中は起こっていないことになる。ということは、この間になんらかの社会の変化があり、それが大飢饉の発生を抑える要因になった、とみることができるだろう。

ではそれはどんな要因であろうか。まず考えられるのは人口の減少である。人口が大幅に減少していれば大飢饉の抑制要因となりうる。だが現状最新の人口推移の推定では、一四世紀において、人口はごくごくわずかではあるが増加したとされており、(8)飢饉の減少要因とは必ずしもいえない。

ではこの時期に農業生産の向上があったのだろうか。磯貝富士男氏は、正嘉の飢饉以降の「麦の裏作の定着」を重

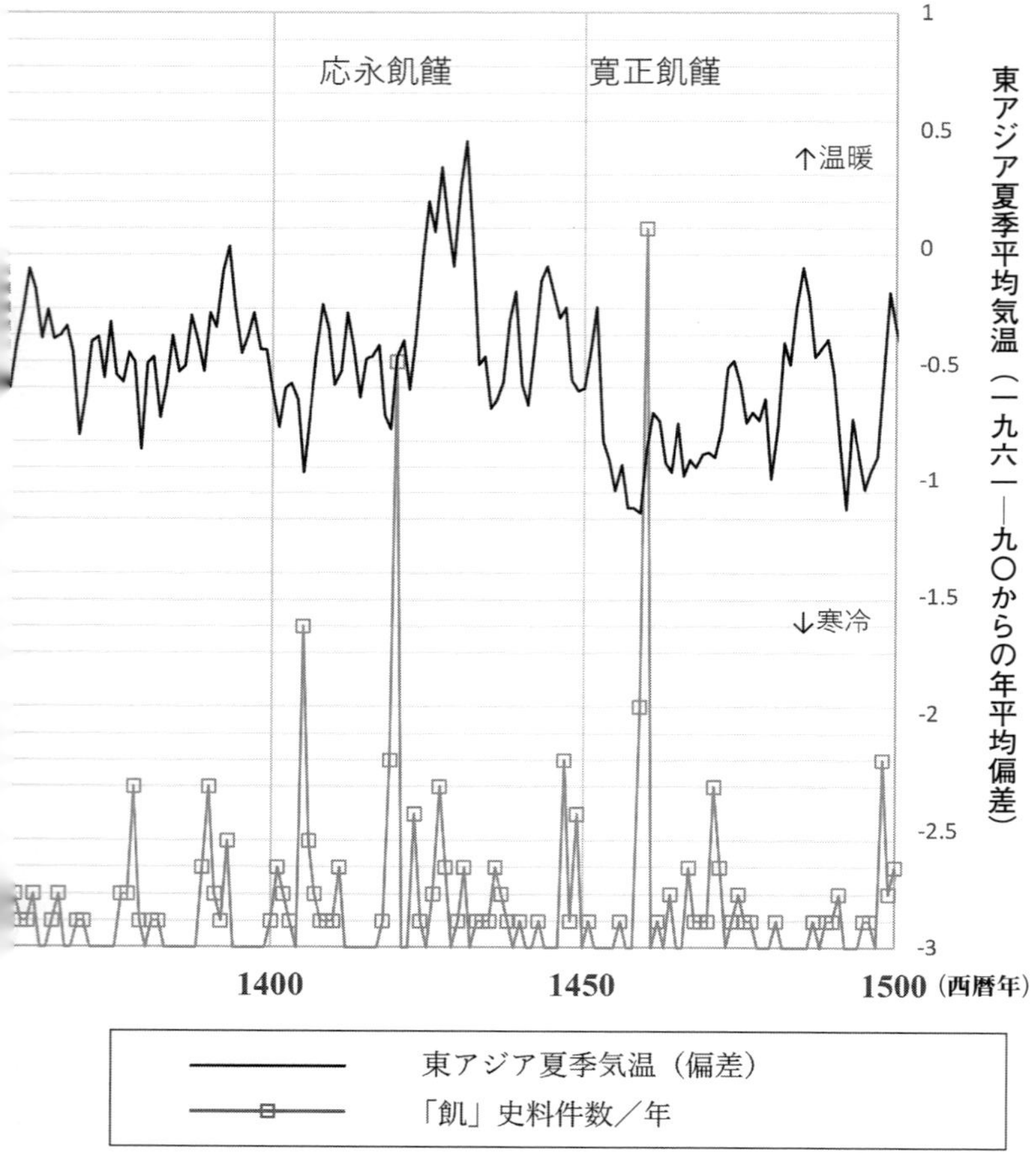

応永飢饉
寛正飢饉
↑温暖
↓寒冷
1
0.5
0
-0.5
-1
-1.5
-2
-2.5
-3
東アジア夏季平均気温（一九六一―九〇からの年平均偏差）
1400
1450
1500（西暦年）
東アジア夏季気温（偏差）
「飢」史料件数／年

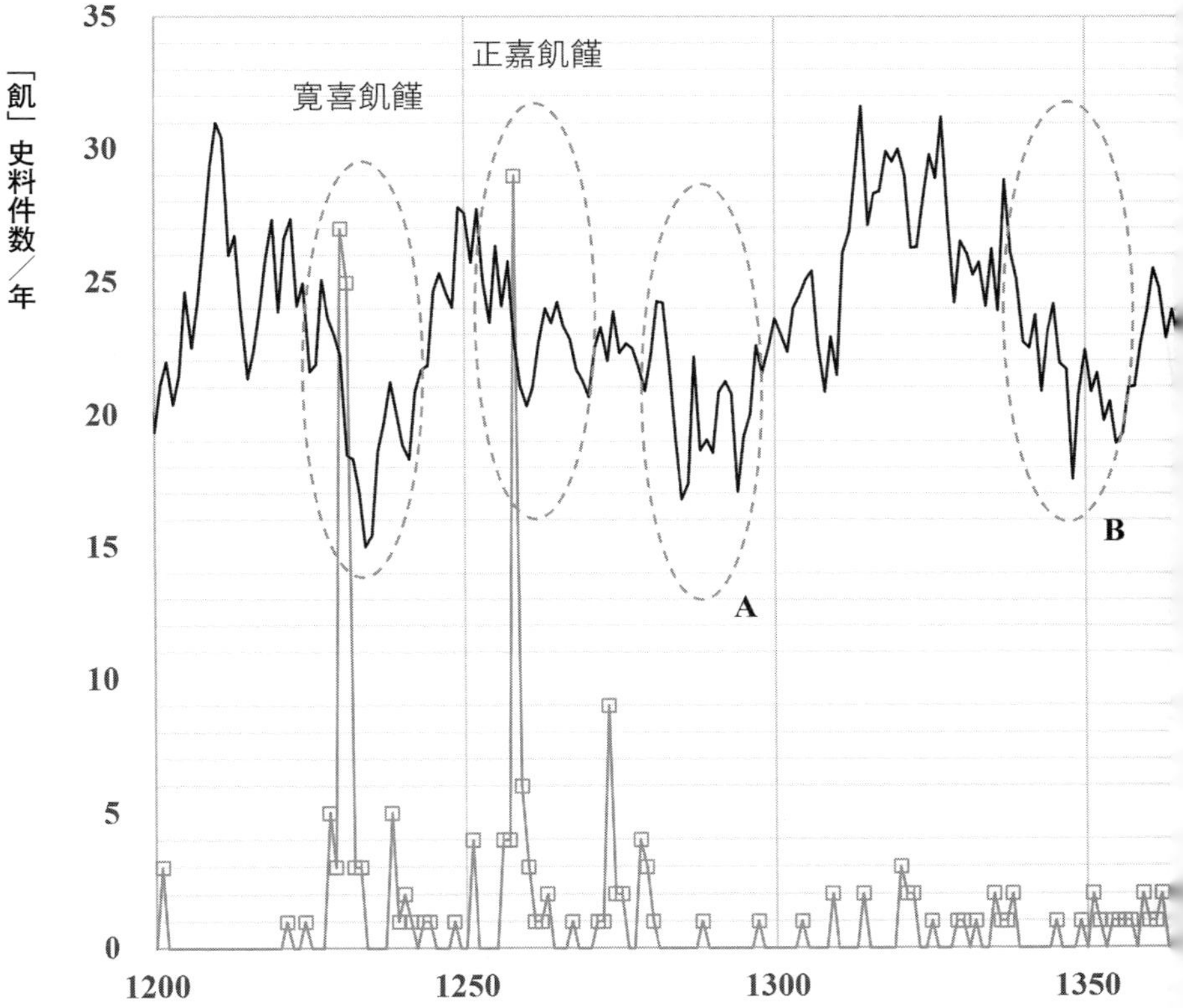

東アジア夏季気温：Cook et al, "Tree-ring reconstructed summer temperature anomalies for temperate East Asia since 800 C.E.", Climate Dynamics,41, 2957-2972,2012.

「飢」史料件数：藤木久志編『日本中世災害史年表稿』（高志書院、2007 年）収録の気象災害史料から、飢饉を示すキーワード「飢」という文字を含む史料を抽出し、その一年ごとの件数の経年変化を示したもの。

図　飢饉史料の件数と東アジア地域の復元夏季気温との比較

中塚武監修、伊藤啓介・田村憲美・水野章二編『気候変動から読みなおす日本史　第 4 巻　気候変動と中世社会』（臨川書店、2020 年）より視している。(9)これは端境期の食料不足を緩和するという点で、飢饉抑制の有力な要因といえる。だが一五世紀に入ると再び、「大飢饉」を示す飢饉史料の集中が発生するようになるため、「麦の裏作」だけで、一四世紀の飢饉史料の減少を説明するのは根拠として不十分だろう。

ほかに田村憲美氏が、「惣村」による融通の普遍化が飢饉の抑制要因として働いた可能性を指摘しているなど、(10)さまざまな要因が議論の対象となりうる。

本章では第三部第一章で述べた、一三世紀の終わりという商業流通が活発化した時期が、ちょうど「大飢饉」がみられなくなる時期と一致していることに注目する。

以下、この時期の流通構造の特徴である「裁量と物資の分散」が、飢餓の激化を抑制しえたかどうかを説明し、その流通構造の成立が、飢饉史料が激減する一三世紀後半（一二八〇年代）と重なることを明らかにする。

二　元徳二年の「世間飢饉」と食料の流通構造

ここでは第二部第一章の〔史料2〕でふれた、元徳二年（一三三〇）の「世間飢饉」に注目する。このときの飢饉について東島誠氏は、米価が騰貴して洛中の住民が困窮し、「米価が上がれば食事にありつけない層は餓死する」という状況の存在を指摘している。(11)「藤木年表」によると、元徳二年には関東で飢饉史料と、(12)讃岐国で飢饉のために人を売った売券とが収録されていて、(13)一定の飢餓状況が京都・関東・瀬戸内海沿岸に存在したと考えられる。だが京都では六月以降、飢饉の続報が見当たらない。

東島氏は後醍醐天皇の流通促進策により飢饉が収まったとみている。元徳二年六月一五日付後醍醐天皇綸旨案(14)によると、後醍醐が、関所の升米停止・兵庫嶋の目銭停止を行い、またこのとき京都・坂本の米商人への売却強制を行っているのは第三部第一章でふれたとおりである。『太平記』巻一ではこれらの対策の結果について「されば商買共に利を得て、人皆九年の蓄有が如し」と述べており、京都における飢餓状態が六月以降抑制された、ということは間違いないだろう。(15)

とすると、このときの京都の「飢饉」とその収束については、後醍醐天皇の流通促進策により、京都周辺の在庫米が高値につられて京都へと流通することによって、飢饉が収束した、と説明できる。つまりこの年の京都の「飢饉」は、米の流通を適切に促進することで収束した、と評価できることになる。

さて、この六月以降に京都に運ばれた米だが、もしこの年、京都において飢饉による米価騰貴がなければどこに運ばれただろうか。この時期の米の流通は、例えば江戸時代の大坂堂島米市場のような、中央市場に多くの米が集まって、そこから各地へ流通していくような構造になっていたわけではない。第三部第一章でみたとおり、京都周辺の米の在庫は各地に分散していた。地方にも買い手が出現していたこの時期の分節的な流通構造に鑑みて、これらの分散した在庫米は、通常の年は必ずしも京都ではなく、周辺で米価が比較的高い市庭に運ばれたのではないだろうか。もちろん、実際には人口密集地である京都の米価が高値になることが多かったと推測できるが、ここでいいたいのは、江戸時代のように「中央市場」に米が集まるのではなく、「米価の高い市庭」に米が集中していった、ということである。

つまり、裁量と物資とが分散していた流通構造においては、凶作・不作があった場合、価格差による裁定を通じて、凶作ゆえに米価が上昇した地域に米が流通するので、凶作がそのまま大規模な飢餓状況に直結しにくかった、という仮説が成立しうるのである。

グラフでみたように、一三世紀の前半は気温の急激な低下が頻発し、一二八〇年ころまでは深刻な低温の時期がつづいた時期である。生産力が低下したことにより、米の価格の地域格差が広がったと想定できる。この格差が、食料の多い場所から少ない場所への流通を促進した、と考えられるのである。

とはいえこれが京都に当てはまっても、地方のいわゆる「地域経済圏」に当てはまるのか、という問題はある。例えば飢餓を緩和できるほどの米在庫が周辺にあったのか、地方の「地域経済圏」内部で相場高騰の情報が伝わるような状況だったのか、といった疑問である。

米在庫の量の問題については、京都以外の食料市場はさらに狭隘であり、より少ない商品の集中で飢餓は緩和されうると考えられる。

地域における情報伝達の問題については、第三部第一章〔史料3〕であげた、大田荘預所淵信の活動の分析が参考になる。紙幅の関係で再度の引用は省略するが、〔史料3〕には、現在の愛媛県や山口県、島根県の地名をあげて、淵信が、それら大田荘以外に請所をもっているのではないか、と糾弾する条文がある。淵信はこれらの請所の存在を基本的に否定しているが、とある名の勧農をしていることや、「長門国イサノ庄」の荘園代官と人的関係が存在することなどを認めている。それが事実とすれば、彼はそれらの周辺地域の米和市の情報を得ることが可能だったことになる。

そもそも地方港湾都市に限らず、米の取引を行っている人間ならば、例えば第三部第一章〔史料4・5〕の「出挙主」のように季節性の和市の変動に敏感だった、ということはすでに述べた。とすれば彼らは地域ごとの和市の変動情報にも敏感だったはずである。地域経済圏内部に、さまざまなネットワークを保持しながら、和市の高騰、あるいはそれをもたらす地域ごとの作柄の情報を収集していなかった、と考えるほうが不自然だろう。やはり地方においても、不作の地域に食料が流通しやすい構造であった、と考えられるのである。

最後に、この流通構造の形成は、いつまでさかのぼることができるのだろうか。グラフの示す、飢饉史料が急激に減少する時期の一二八〇年代までさかのぼることができないと、この仮説は成立しないことになる。

あらためて大田荘預所の淵信の例に戻るが、淵信は弘安年間（一二七八～八八）より大田荘一方の預所であった。(16) ということは彼の商業活動に基づく富の蓄積・ネットワークの編成の開始も、弘安年間までさかのぼることができよう。また佐々木銀弥氏は、代銭納の画期を文永年間（一二六四～七五）に置いている。(17)「裁量と物資の分散」により、「大飢饉」が起こりにくくなった流通構造の存在を、一二八〇年代まで遡及することは十分可能と考えられよう。

以上の検討から、一三世紀後半～一四世紀前半の分節的な流通構造のなかでの裁量と物資の分散、地方での「買い手」の出現といった特徴は、地域的な凶作が大規模な飢饉に発展することを妨げる方向に働いた、とみなせよう。江戸時代の大飢饉研究では「流通の発達は飢饉の被害を拡大する」と考えられているが、それは江戸・大坂という大消費市場と全国的な流通網の存在により、全国の食料が大消費市場に吸引されて、凶作地域の飢饉被害が拡大されることによる。対してこの時期の食料流通は、大消費地とされる京都の市場ですら佐々木氏によって比較的狭隘と評価されている。さらに流通構造は地域毎に分節的で、在庫は在地に分散していた。それゆえに、凶作の地域で飢餓が発生しても、食料和市の高騰につられて、周辺の食料在庫が流通してゆき、飢餓の被害が緩和した、と考えられる。

もちろん「大飢饉」の発生、およびその抑制はさまざまな要因の組み合わせによって起こるものであり、流通構造の変化のみで、この時期の「大飢饉」の抑制要因を説明することには無理があるし、そのような主張をするつもりもない。ただ、この時期の食料流通構造が、「大飢饉」の発生を妨げるような構造であった、と指摘することは十分可能ではないか、と考える次第である。

おわりに

以上、代銭納が成立している一三世紀後半から一四世紀前半の商品流通の具体的な様子を明らかにした。だが代銭納そのものと、荘園制・流通経済全体を総合的に論ずることはできなかった。今後の課題としたい。

ただ従来、大陸からの宋銭の大量流出によってのみ説明されてきた、日本列島における渡来銭受容の要因について、当時の日本側の状況の一端を明らかにできたのではないか、と考える。

最後に、一五世紀への展望を述べたい。一五世紀は応永・寛正年間に「大飢饉」が発生する。清水克之氏・東島誠氏が指摘したとおり一四世紀との食料流通の段階差が想定される。だが一五世紀半ばでも分節的な流通構造は健在とされているし(18)、一四世紀後半から一五世紀前半にかけては「代官請負制」「守護請」が拡大し、「京進システム」における「裁量の分散」も拡大していたと考えられる。

一方、「物資の分散」については、守護在京制の影響を考える必要がある(19)。一五世紀初頭から応仁の乱までの京都の食料流通については、守護在京制による人口拡大、在地と京都の米相場の差、兵庫北関入船納帳から明らかになった瀬戸内海一帯からの食料輸送など、かつて「地方の買い手」に食料を流通させていった同じ構造のなかで、今度は京都へ食料を集中させる条件がそろっているといえる。

一四世紀前半に比して、地方の食料在庫が恒常的に一大消費地である京都に吸い上げられやすくなる状況が、一四世紀後半以降、応仁の乱までの商業流通において想定できる。つまり、分節的な流通構造は基本的に変わらないものの、食料流通による飢饉の防止という点で、一四世紀の「強み」が失われていた状態が一五世紀の状況であった、という仮説は成立するのではないだろうか。

注

(1) 菊池勇夫『近世の飢饉』(吉川弘文館、一九九七年)。
(2) 藤木久志『飢餓と戦争の戦国を行く』(朝日選書、二〇〇一年)。
(3) 清水克行『大飢饉室町社会を襲う!』(吉川弘文館、二〇〇八年)。
(4) 東島誠『自由にしてケシカラン人々の世紀』(講談社、二〇〇八年)。
(5) 東島誠『「幕府」とは何か—武家政権の正当性—』(NHKブックス、二〇二三年)。
(6) Cook et al. "Tree-ring reconstructed summer temperature anomalies for temperate.East Asia since 800 C.E.", Climate Dynamics, 41, 2957-2972,2012.
(7) Itō Keisuke, Translated by Paula R. Curtis "Why Were There No Severe Famines in Fourteenth-Century Japan? Social Change, Resilience, and Climatic Cooling. Monumenta Nipponica 73/2 : 187-212.2018.
(8) 「付表1 古代・中世における全国人口・都市人口の推移 七三〇—一六〇〇年」(深尾京司・中村尚史・中林真幸編『岩波講座日本経済の歴史一 中世—一一世紀から一六世紀後半—』(岩波書店、二〇一七年)。
(9) 磯貝富士男『中世の農業と気候—水田二毛作の展開—』(吉川弘文館、二〇〇八年)。
(10) 田村憲美「二〇一九年度歴史学研究会大会中世史部会報告コメント」(『歴史学研究』九八九号、二〇一九年)。
(11) 東島前掲注(4)文献。
(12) (元徳二年〈一三三〇〉) 万福寺百姓等申状案(『鎌倉遺文』〈以下『鎌』と略〉三一一八九号)。
(13) 元徳二年三月二五日付藤六・姫夜叉女連署息童売券(『鎌』三〇九九一号)。
(14) 『鎌』三一〇六八号。
(15) 『太平記』は元亨元年のこととするが、東島氏は前掲注(5)文献で、政策自体は元徳二年のものであることを指摘している。
(16) 弘安九年(一二八六)四月日付備後大田荘本証文目録(『鎌』一五八七五号)。
(17) 佐々木銀弥「荘園における代銭納の成立と展開」(『中世商品流通史の研究』法政大学出版局、一九七二年、初出一九六二年)。

(18)　大村拓生「畿内・瀬戸内海の交通と流通」（木村茂光・湯浅治久編『生活と文化の歴史学一〇　旅と移動―人流と物流の諸相―』竹林舎、二〇一八年）。

(19)　瀬田勝哉「荘園解体期の京の流通」（『洛中洛外の群像』平凡社、一九九四年、初出一九九三年）。早島大祐『首都の経済と室町幕府』（吉川弘文館、二〇〇六年）。

終章　渡来銭受容と日本社会

――信用と流通――

はじめに

本章では、一二世紀半ばから一四世紀にかけて起こった渡来銭の受容が、日本中世の信用・流通経済に与えた影響について検討する。

渡来銭の受容過程については松延康隆氏が、一九八九年（平成元）に発表された「銭と貨幣の概念」（『列島の文化史6』一九八九年。以下、「松延論文」）で示した見解が通説的地位を占めている。松延論文では、『鎌倉遺文』を利用して史料を網羅的に分析し、一〇年ごとの貨幣関連史料件数の変動をもとに、その画期を明らかにしている。

松延論文で注目すべきことは、漠然と貨幣史料を計数したというのではなく、その件数の変遷を貨幣の機能ごとに分析した点にある。松延論文では、渡来銭受容の過程を、「米・絹・布」に分有されていた貨幣の四機能（交換手段・支払手段・価値尺度・価値貯蔵手段）が、渡来銭へと統合されていく過程ととらえた。松延論文では、渡来銭の受容過程は以下のように説明されている。渡来銭は一二世紀半ばに畿内での流通が始まり、一二世紀末には京都で一般的に使用されていた。交換手段機能の渡来銭への統合は、一三世紀前期に絹のそれを渡来銭が吸収し、同後期に米のそれが渡来銭に吸収される形で達成された。支払手段機能については、一二一五年ごろに絹の機能が吸収され、一二七〇年代に米のそれを吸収し、代銭納が成立する。さらに一三〇〇年代には代銭納が一般化するとされる。(1)価値基準機能の統合は「用途」用語の意味するところから一三世紀前半に絹、一三〇〇年代に米のそれを統合したとみなす。そして蓄蔵手段機能はいわゆる一括出土銭の動向や、土地価格や米価に比して急激に銭の価値が上昇していることから同じく一三〇〇年代にその機能を吸収した、とされている。

このように渡来銭受容の過程についてはかなり詳細に研究がなされているのに対して、渡来銭受容が日本社会に与えた影響についてはあまり研究がなされていない。これには研究史上、明確な理由がある。序章でも述べたが、一九八〇年代まで、日本社会における渡来銭受容はいわゆる「世界史の発展法則」によって説明されていた。日本社会の生産関係が、封建社会の段階に到達したがゆえに、封建社会に対応した貨幣である金属貨幣が利用されるようになった、という説明である。日本における農業生産力の発達と、これに伴う商品流通の発達が貨幣受容を生み、貨幣経済を展開させるという図式で渡来銭受容は理解されていたのである。「日本社会の変化の結果、渡来銭が受容される」とされている以上、「渡来銭の受容による日本社会の変化」が議論の対象にならないのも当然であろう。

松延論文では一四世紀初頭に、銭貨が価値尺度機能・蓄蔵手段機能を確立するとともに、日本社会の「富の観念」を大きく変化させたことを指摘している。松延氏は「銭は、「もの」がそれぞれ代替不可能な、独自の世界と価値をもって人間に関係づけられてきた世界を、一切の「もの」が代替可能な価値として銭によって計量されうる世界へと変化させる」「今や銭はあらゆる差異を相対化していく」と指摘し、中世社会の「富の観念の変化」を指摘した。このように、社会学的な観点からの日本社会の変化の指摘はなされているが、商業や流通への影響の具体的な検討は十分ではないのである。

さて序章でも述べたとおり、大田由紀夫氏は一九九五年に、中国大陸からの宋銭大量流出が、日本での渡来銭流通を一般化させたと指摘した(2)。そのうえで、「銅銭という流動性の高い価値物の大量流入が、その獲得の機会を飛躍的に増大させることで市場を刺激し、活況を呈する商品取引のもと利潤獲得を目指して人々は農・工業生産力を発展させる、という図式（「貨幣が市場を作る」）の方が当時の動向をより整合的に説明できるのではなかろうか」とした。桜井英治氏はこれを受けて「この現象を流通経済の発達といった国内的要因だけで説明することはできない。むしろ大田も指摘するように、このとき大量に流入した中国銭がその後の日本に加速的な流通経済の発達をもたらしたと考えるのが正しい道筋だろう」とした(3)。

このように、渡来銭流通の進展については、一三世紀後半から一四世紀初頭の商品経済の発展と軌を一にすると考えられており、日本社会における生産力と商品流通の発展の結果が、渡来銭の受容につながったのではなく、渡来銭の受容の結果、商品経済が発展したという見解が通説的理解となっている。

だが、渡来銭の受容が商品経済の発展につながる、そのメカニズムについて論じているのは管見の限り、桜井英治氏のみである(4)。詳細は後述するが、桜井氏は、渡来銭受容が商品流通の拡大につながるメカニズムについて、代銭納に注目して論じた。筆者も第三部第一章で、一三世紀後半から一四世紀初頭の「経済成長」と代銭納との関係を議論したが、「経済成長」と渡来銭受容との関係についてまでは議論を深められなかった。本章では、本書のここまでの議論を前提に、渡来銭受容が日本社会に与えた影響を、流通や商業、そして信用の発展を通じて考えていきたい。

本章では以下、第一節で一二世紀半ば以降の渡来銭流通開始以前の貨幣経済、第二節で一二世紀末〜一三世紀初頭の財政と銭貨禁令・沽価法との関係、第三節で一三世紀半ば以降の代銭納、第四節では一三世紀第四四半期以降の割符をはじめとする信用取引の変容と、時期ごとに分けて、渡来銭受容が日本社会に与えた影響について考えていく。

一　渡来銭以前の貨幣経済と「京進システム」

先述のとおり、渡来銭受容の理由については、中国からの大量流出に求められている。一方で「なぜ日本社会が渡来銭を受容したのか」については十分な検討がなされていない。まずこの点を検討する。

渡来銭の受容についての先行研究は一様に、受容にあたっての民間の主体性を強調している。中島圭一氏は、朝廷の度重なる禁止にもかかわらず、国内での流通が着実に拡大していることから、「一般の人々はこれらの銭によほど強い信任を与えていた」と指摘する。(5) 桜井英治氏も「朝廷の宋銭使用禁止令にかかわらず、民間での宋銭使用は一向に衰えず、結局なしくずし的に宋銭使用は容認されていく。（中略）宋銭が民衆のイニシアティブによって流通を開始した貨幣であったからにほかならない」とする。(6)

さらにもう一つの共通点として、渡来銭の交換手段としての優位性を重視する点があげられる。中島氏は一九九九年（平成一一）に、貿易都市博多を通じた大陸の影響力を強調しつつも、「おそらく受容の背景を一つに絞るのは無理」として、「何らかの形で銭貨の信用が成立した時期、すでに平安貨幣（筆者注：絹・米・布）による交換経済が一定の発展を遂げており、（中略）それまでの米・絹・布などより扱いやすい交換手段の登場が希求されていた。(7) 渡来銭はこの強い貨幣需要に最もよく適うものとして、社会に浸透していったに違いない」とした。その後二〇二二年（令和四）には、廉価な渋下地漆器の開発、東海地方の窯業、中国山地の製鉄の生産拡大など、中世的商品生産・流通が一二世紀には形成されていたとし、それに伴って、新しい交換手段としての渡来銭が受容された、と指摘している。(8)

そのほか本多博之氏は、「渡来銭は最初中国商人によって博多に持ち込まれ、中国人居住区およびその周辺で本国と同様に利用されていた可能性がある。そして「唐物」を銭貨で購入する商取引が、博多を起点に日本各地の要港で中国商人を介して広まったと推測できよう」、「日本国内で中国渡来銭が流通した背景としては、実際、貿易や交易の場で交換手段・支払手段として勝れていると評価されたことによると思われる」(9)としている。

このように先行研究では、渡来銭受容の理由として、その「交換手段機能の優位性」により、「民間主体で受容された」とまとめられることが多い。だがこれらの検討においては、渡来銭が受容される前の貨幣経済、特に「民間」のそれについて必ずしも検討が十分にされているわけではない。

渡来銭受容直前の一一・一二世紀に用いられていた貨幣について前掲松延論文では、貨幣機能が絹・米・布に分有されていたとする。中島氏は、説話・売券に現れる貨幣のほか、「色代」の構成の多くが絹・米・布であることを根拠に、これらの商品貨幣として用いられていた絹・米・布を「平安貨幣」と呼称しているなど(10)、「絹・米・布」の貨幣的使用については言及が多いものの、当時の貨幣流通の様相について詳細な検討がなされているわけではない。

当時の貨幣流通の様相について、最も詳細に論じているのは、勝山清次氏である。勝山氏は中世的荘園年貢成立と絹・米・布との関係について、一一世紀後半に成立した中世的な荘園年貢品目のなかでも、代表的で量的にも大きいのが、米・絹・布の三種であると指摘したうえで、「これら代表的な年貢品目である米・絹・布が、一一・一二世紀において商品として大量に中央へもたらされた可能性は少ない」、「当然年貢ないし官物として送られたものが何らかの形で放出され、流用されたとみなければならない」。「つまり、これらの年貢として送られた米・絹・布は、当初から交換手段(等価物)としての活用を予定されていたと考えられる」。「したがって、(中略)年貢は中央における一定の流通経済の発展を前提として、最初から交換手段(等価物)の機能をも果たすべきものと位置付けられていたのである」とする(11)。

つまり、一一世紀中葉以降、一定程度の中央における流通経済を前提に、交換手段としての利用を前提とした「支払手段としての絹・米・布」の利用が確立していた、ということになる。佐藤泰弘氏は、一一世紀の遠隔地流通を支えていたのは、受領の構築した、官物を地方から京都周辺まで輸納するシステムであるとした(12)。佐藤氏はこのシステムに名前をつけておられないので、本書では、荘園制の時代にそれが再編成されて運用されたシステムとあわせて、この輸納のシステムのことを「京進システム」と仮称している。「京進システム」は、京都周辺での交換手段・支払手段としての利用を前提に、絹・米・布を、京都周辺に大量に輸送していた、ということになる。それでは、当時の「民間」の商業流通では、どのような商品が取引されていたのだろうか。

一一世紀の世相・職業・芸能・文物などが列挙されている『新猿楽記』をひもとくと、そこで商人「八郎真人」の扱う商品は唐物・沈・麝香をはじめとして、いずれも奢侈品ばかりである。「商人」たちが取り扱っていると当時の人々にイメージされていた商品は、こういった権門・荘園領主の威信財としての購入・消費が想定される奢侈品が中心であり、彼ら「民間」の「商人」は京都の住人たちへの食料や衣料の供給者とはイメージされてはいなかった、ということになる。

以上に鑑みると、人口が集中している京都・奈良といった都市で、大量に取引され、大量に消費されるはずの衣料・食料の供給を担っていたのは、「民間」の商業者ではなく、「京進システム」がそれらの最大の供給者であった、ということになる。

この受領や荘園の「京進システム」によって輸送された「絹・米・布」は、封戸主である大寺院やそこに住まう人々、知行国主である貴族や彼らに仕える人々のほか、大規模造営をつかさどる朝廷の行事所、宮廷行事を施行する蔵人所などに受け渡され、彼らの消費（食料・衣料・仏事費用・造営用途調達・行事費用）を通じて、商品貨幣として住人たちに配分された、と考えられる。

だとすると、当時の「民間」の市庭と、貨幣経済・流通経済の機能というのは、「京進システム」から「絹・米・布」を受け取った貴族・寺院・官司、場合によっては「京進システム」同士での、不足する資源（例えば材木や釘などの金属製品）の調達・分配の調整者としての機能ということになるだろう。『新猿楽記』に登場するさまざまな職人たちの身分をみても、「鍛冶鋳物師幷金銀細工」である四御許の夫が、「右馬寮史生」であると同時に「七条以南保長」でもあるというように、官司に属するものもいたが、八御許の夫の「位大夫大工」のほか、三郎主の「細工幷木道長者」、六郎冠者の「絵師」、七郎の「大仏師」などのように、交換手段である「絹・米・布」を受け取って、権門にさまざまな財・サービスを提供するものたちもみられるのである。

まとめると受領の構築した「京進システム」により貢納物としての「絹・米・布」が京都付近に運ばれて、それが京都において放出されて、商品貨幣として利用がなされるというのが、当時の貨幣経済・流通経済ということになる。遠隔地流通は権門の貢納物輸送の「京進システム」が担い、その権門の「京進システム」間の資源分配と調整を、京都周辺の「民間」の商品流通が担う、というのが渡来銭流入前夜の貨幣経済・流通経済の様相であったろう。

その貨幣経済・流通経済のなかに、「交換手段」としての優位性をもって入り込んできたのが渡来銭である。確かに渡来銭の受容において「民間」が先行したのは史料上動かない。だが、渡来銭を受容した「民間」が、「京進システム」間の分配と調整を担っていたとすれば、「民間」の受容は、直接的に「京進システム」に支えられた財政にも少なからず影響を与えた、と考えるべきではないだろうか。

二　渡来銭と「沽価法」

渡来銭の利用が史料上確認されているのは一二世紀半ばからの銭建ての土地売券などからであるが、それとは別に渡来銭流入に対する日本の政治側の対応がわかるのは、第一部で論じたように、治承三年（一一七九）からの朝廷での議論から始まり、建久四年（一一九三）に銭貨禁令が施行されるまでの一連の史料からである。これらの貨幣政策が、常に「沽価法」とかかわる形で議論されてきたこと、沽価法・銭貨禁令と大規模造営、あるいは沽価法と新制とが関連していることは第一部で説明した。

本書では、銭貨禁令の目的は、絹基準で計算される公事用途調達にあたって、実務円滑化の手段としての沽価法による価格体系維持にあって、財政運営のための技術的問題を解決するための補助手段であり、最終的な目的は収納における混乱・訴訟・紛争の防止にあったのであると主張してきた。これについての中島氏による「沽価法は市庭での価格統制が目的であった」という批判への反論は第一部の補論を中心に述べた。

とはいえ朝廷が、治承の時点で「沽価法と実態価格が乖離しており、市庭においてなんらかの価格統制が必要である」、と認識していたのも確かである。この市庭での価格の混乱はいったいどういった性質のもので、またそれに朝廷が対応を迫られたのはなぜなのだろうか。

前節でみたように、絹・米・布は、京都周辺での「民間」と、「京進システム」の参加者との間で、交換手段・支払手段として利用されていた。ここで治承年間の時点で「民間」の供給できる商品の量と、「京進システム」の供給する量を比較した場合、後者のほうがより大量の物資を、京の市庭に提供していたであろうことは明らかである。商品貨幣である絹・米・布に限ってみると、後者の優位は圧倒的であろう。とすると、市庭での絹・米・布への価格支配力は、「民間」よりもむしろ、「京進システム」の側にあったはずである。そもそも、市庭での「民間」同士にみえる商取引でも、実際は「京進システム」の参加者同士の取引であった可能性すら大いにある。

このような貨幣経済・流通経済の状況のなかで、渡来銭流入により、絹価格が下落した可能性は高いとされている[13]。「京進システム」の参加者たちからすれば、圧倒的に価格を支配できた「民間」との取引において、渡来銭の流通開始により、その秩序に大きな変化（混乱といってもいいだろう）が起こっていたことになる。圧倒的に支配力を及ぼせる「民間」しか知らない官人たちが、市庭のメカニズムなどへの理解なく、従前のように強権的に価格を統制したい、貨幣流通を統制したいと「プリミティブに」考えた結果が、沽価法による市庭価格の管理、そして銭貨禁令による貨幣流通への介入だったのではないだろうか。

中島氏は沽価法・銭貨禁令をめぐる議論が記録に残されたのは、九条兼実の特殊な個性による、としている[14]。それ自体には賛同するとして、当時の沽価法・銭貨禁令が「民間」への統制として現れていることを、政権担当者の個性ではなく、構造的に説明する必要はあるだろう。そうすると、兼実が主張し、検非違使が実施した市庭への価格統制を「価格高騰対策」としてのみ解釈するのは、決して間違いではないが、単純が過ぎるのではないか。兼実については、財政と深く結びついた「民間」商品流通の場に、新たに強力な交換手段である渡来銭が出現したことに対する財政官司のリアクションを、「沽価法」をめぐる議論として史料に残してくれた、と評価するべきであろう。

三　代銭納と渡来銭流通

渡来銭の貨幣機能としての完成は一四世紀初頭とされている。つまり渡来銭流通の拡大と商業の発展は同時期に起こっていることになる。この渡来銭流通の拡大と商業の発展との関係については、第三部第一章で論じたように、代銭納を軸に議論がなされている。

代銭納と商業の発展との関係を初めて明確に指摘したのは、桜井英治氏である。第三部第一章でもふれたが、桜井氏は代銭納によって遠隔地商業が大きく発展したとし、その要因を二つ指摘した。第一に、①それまで地方から京都へ送られていた貢納物が、地方で売却され商品に転化したこと、②それまで地方からの貢納物を消費していた荘園領主たちが、商品として物資を購入するようになったこと、以上二点から、地方と京都を結ぶ遠隔地商業が発展した、というのである。第二に、「米と銭という二つのほぼ対等な貨幣を得たことで、京都・地方双方における和市（価格）変動に絶えず目を光らせ、輸送コストを勘案しながら、現米納にするか、代銭納にするかを決定するような経済人が、荘園領主の周辺に出現し、荘園経営の実務を担っていった」、つまり貢納物の送進の際に京都と現地との間の米価の差を検討して、代銭納にするか、現米納にするか、を裁定する取引主体が出現したというのである。言い換えると、代銭納と京都・地方間の価格差を利用した裁定取引によって、遠隔地商業の発展が促進された、ということになる。[15]

筆者は本書第三部第一章で、代銭納が成立する前提として、京都・畿内と地方の港湾都市・荘園現地、それぞれ同じ地域内での、価格変動を利用した裁定取引の存在を指摘した。またその前提として「在庫」とその処分の「権限」が、佐藤氏のいう受領の時代の「京進システム」と比較して、個々の参加者の間により広く「分散」している、ということを論じた。受領の「京進システム」では、受領が収納した物資を京都に集中させ、それを権門の指図文書に基づいて分配する。対して代銭納のもとの荘園制の「京進システム」では、荘園制の収納物は、名主・荘官・輸送業者・中央権門など、処分する権限をもつものが各段階に分散して存在し、それとともに在庫も彼ら荘園制の各段階に分散している(16)。そしてさまざまな場所でさまざまな主体が裁定取引を行うことにより、遠隔地商業だけでなく、地域内での取引も活発化した、というのが第三部第一章における主張である。

さて、繰り返しになるが、裁定取引が社会の多くの人々によって行われているということは、「京進システム」が優越していた一二世紀までの社会とは違い、在庫・資本が中央のみではなく、社会のさまざまな人々に分散して蓄積されているということでもある。この在庫・資本の広範な蓄積を可能にしたのは、なんだろうか。それは渡来銭流通の拡大である、と考える。

絹・米・布の蓄積には、有名な『信貴山縁起絵巻』の「山崎長者の巻」にある校倉造の倉のように、きちんとした設備が必要である。米も絹も布も、経年劣化に弱いうえに、社会全体の需要を完全に満たすほど十分には在庫が存在しない。特に米は端境期までに消費され尽くしてしまうことから、財産として蓄積するのに不利である。それに対して、銭貨は「銭」以外の用途がないため、蓄積しても他の用途に転用されにくく、また貯蔵設備も極端な話、甕が一つあれば十分である。渡来銭流通の活発化とともに、在庫・資本の蓄積が日本社会の多くの場所、多くの階層に分散して広がった所以である。

この時期に在庫・資本の蓄積が空間的・社会階層的に拡大した様子については、いわゆる一括埋納銭との関係で論じることができる。鈴木公雄氏によると、一括埋納銭のはじまりは、一三世紀第四四半期〜一四世紀第一四半期とされている(17)。これは代銭納開始と時期が一致しており、この時期に全国的に地方での「銭貨貯蔵」による資本蓄積が始まったことがわかる。

また文献史料からわかるこの時期の資本蓄積の事例として、有名な大田荘預所淵信の事例がある。彼は正安二年（一三〇〇）の史料で、妻子眷属百余人を扶持し、二〇〇人もの行列で尾道を出入りするなど、その豊かな生活が記録されているわけだが、(18)彼が大田荘関連の史料に現れるのは弘安九年（一二八六）ころからである。(19)つまり、正安年間には年貢を元手とした裁定取引を行うようになっていた彼が、(20)その資本を蓄積したと考えられる期間は、弘安年間以降、ということになる。これまた丁度、代銭納が確立し、渡来銭が価値貯蔵手段機能を獲得する時期と軌を一にしていたことになる。

渡来銭受容研究において、過去、主に注目されてきたのは交換手段機能における渡来銭の優位性と、代銭納という形での支払手段機能の獲得であった。だがここでみるように、価値貯蔵手段機能の獲得もまた、社会のより広範な階層の人々による資本蓄積を可能にしたという点で、前二者に負けない大きな影響を中世の日本社会に与えていたのである。渡来銭の価値貯蔵手段機能獲得は、過去かならずしも注目されてこなかったが、商業流通と社会に与えた影響として、無視できないものがあるといえよう。

四　商人の信用と渡来銭流通

本書第二部では、割符取引の研究を通じて、信用取引の発展が荘園制貢納と商業金融をつなげて、商業流通の活性化につながったことを指摘した。本節では、信用取引の発展と渡来銭流通との関係についてまとめておく。

中世における信用を初めて論じたのは佐藤泰弘氏である。佐藤氏は、中世の商業における信用は、切符系文書など、一一世紀の財政運用のなかから生まれたと指摘した。(21)さらに、それらの信用を支えた基盤について、以下のように論じる。切符系文書と利息附替銭では、「京進システム」の参加者は債務者であり、債権者は借上などである。「京進システム」によって「京へ向かう巨大な富の流れは、総体として定常的であり」、それが「信用を裏付ける基盤」となっている。債権者が貸付を行うにあたって、債務者の「信用は年貢の京進という定常的な物流に支えられている」というのである。つまり、「京進システム」によって定常的かつ安定的に実現される、年貢の京進が存在するからこそ、借上や寺使は、安心して貸付を行うことができる。だとすれば中世の信用取引の基盤は、一一世紀の受領の時代に、貢納物流通の信用をもとに形成された、というのが佐藤氏の見解である。(22)筆者としてもそこに異存はない。

だが第二部で明らかにしたように、一三世紀末に現れる割符取引では、それまでの商人たちが債務者となり、「京進システム」の参加者が債権者となるケースが存在しているのである。そこでは債務者と債権者の立場が逆転している。つまり、一一世紀には「債務者になれるだけの信用」を得られたのは「京進システム」の参加者のみであったが、一三世紀には商人が同じだけの信用を得られるようになったということになる。言い換えると一三世紀には、商業流通の従事者が信用を得るだけの富と安定した収入を得られるようになった、ということになる。

これには、二つの要因が考えられる。第一には、先述したような、価値貯蔵手段として優れる渡来銭の流通により、商業流通の従事者が信用の源泉としての富を蓄えることができるようになった、ということである。これは同時に、商業流通者が資本を蓄えることができるようになったことを示しており、商業流通をより盛んにする影響があったことは先述したとおりである。

第二の要因については、第二部での割符取引のしくみと、その決済原資についての検討の内容を引用しつつ説明しよう。

まず、一四世紀初頭にはその存在が確認できる、為替文言型割符のしくみについて考える。割符を振り出した商人が、地方で買い付けた商品を、畿内で売却した代銭で割符を決済するというのが、為替文言型割符のしくみである。商業による収益が割符決済の原資になっているので、その信用の源泉は、一三世紀末から盛んになった商品流通にある、ということになる。これは「地方から京都へ商品をもっていけば、必ず儲かる」ということが、当時の人々の間での共通認識となるほどに、商品流通が発展していたことを意味する。

続いて、預かり文言型割符のしくみについて考える。これは、送金被仕向地に所有している、あるいは預けてある銭貨で返済すると約束して、地方で現銭を借りる取引である。これは渡来銭によって「価値」を貯蔵し、受け渡すことが可能となったからこそ成立した、ということになる。

信用取引の発展自体、貨幣経済の進展を示すものだが、これら信用取引発展の要因は、まず①代銭納の進展（支払手段機能の拡大）による商業の発展、②渡来銭の価値貯蔵機能の獲得による資本の蓄積の広範化、そして③計数手段に優れる渡来銭が、債権債務関係の交換を可能にし、割符取引によって荘園制貢納のための京都への送金を、商人が資本獲得に利用できるようになった、というように説明できる。

以上、商人の信用と渡来銭流通の関係について述べた。一二世紀後半に、その交換手段・支払手段としての機能の優位性によって始まった渡来銭の受容が、その価値貯蔵手段としての優位性から、一三世紀後半に入って信用取引を発展させ、さらに一四世紀になると、社会における資本蓄積を容易ならしめることにより、貨幣経済に止まらず、商品経済をさらに発展させることになった、と考えられるのである。

おわりに

本章での主張をまとめる。渡来銭受容の要因としては、その交換手段機能における優越が主に指摘されてきた。また渡来銭受容の影響としての、商業流通の活性化については、代銭納の一般化、すなわち支払手段機能の獲得が主に注目を集めてきた。

だが、第三部第一・二章でみたように、渡来銭が価値貯蔵手段機能を獲得したことで、日本の中世社会における資本蓄積は、それ以前にくらべて格段に容易になった。その結果、全国各地で、当時の遠隔地流通を支えていた「京進システム」の、さまざまな階層の参加者が独自に資本を蓄積し、代銭納を通じた裁定取引に参加することが可能となったのである。

渡来銭受容の一つのあらわれである代銭納により、貢納物が商品に転化したことが、全国各地での商取引の機会を各段に増加させてきたことはつとに指摘されてきたところではある。本章ではそれに付け加えて、日本の中世社会が価値貯蔵手段機能に優れる渡来銭を受容したがゆえに、資本蓄積がより容易になり、それが商品経済の拡大と、信用経済の拡大に利したことを主張したい。

一二世紀の日本社会は、交換手段機能に優れる渡来銭を受容した。渡来銭はやがて支払手段機能を獲得し、代銭納を通じて商品経済を活発化させた。さらに渡来銭はそれと並行して、価値基準としての機能、そして価値貯蔵手段としての機能を獲得する。その結果、価値貯蔵手段機能に優れる渡来銭によって、広範な階層の人々の間で資本の蓄積が可能となった。そのことは、商品取引への参加者の増大と取引機会の拡大につながる。このようにして、一三世紀から一四世紀にかけての、商品経済・信用経済の活発化がもたらされた。渡来銭受容とともに、日本中世の商品流通は、それ以前とはくらべものにならないほど活性化したのである。渡来銭の価値貯蔵手段としての優越は、交換手段としての優越に負けず劣らず、中世の日本にとって重要だったのである。

注

(1) 佐々木銀弥「荘園における代銭納の成立と展開」(『中世商品流通史の研究』法政大学出版局、一九七二年、初出一九六二年)。
(2) 大田由紀夫「一二―一五世紀初頭東アジアにおける銅銭の流布―日本・中国を中心として―」(『社会経済史学』六一巻二号、一九九五年)。
(3) 桜井英治「中世の商品市場」(桜井英治・中西聡編『新体系日本史一二　流通経済史』山川出版社、二〇〇二年)。
(4) 桜井前掲注(3)論文。
(5) 中島圭一「日本の中世貨幣と国家」(歴史学研究会編『越境する貨幣』青木書店、一九九九年)。
(6) 桜井前掲注(3)論文。
(7) 中島前掲注(5)論文。
(8) 中島圭一「渡来銭流通の開始と確立を巡って」(同編『日本の中世貨幣と東アジア』〈アジア遊学二七三〉、勉誠出版、二〇二二年)。
(9) 本多博之「中世貨幣　一　渡来銭の時代」(『岩波講座　日本経済の歴史一　中世―一一世紀から一六世紀後半―』岩波書店、二〇一七年)。
(10) 中島前掲注(5)論文。
(11) 勝山清次「中世的荘園年貢の成立」(『中世年貢制成立史の研究』塙書房、一九九五年、初出一九九四年)。
(12) 佐藤泰弘「日本中世における信用取引と荘園制」(『歴史学研究』九二八号、二〇一五年)。
(13) 桜井前掲注(3)論文。
(14) 中島前掲注(5)論文。

(15) 桜井前掲注(3)論文。
(16) 本書第三部第一章。
(17) 鈴木公雄『出土銭貨の研究』(東京大学出版会、一九九九年)。
(18) 『大日本古文書　高野山文書之八』一九三八号。
(19) 『鎌倉遺文』一五八七五号。
(20) 本書第三部第一章。
(21) 佐藤泰弘「国家財政・徴税と商業」(『日本中世の黎明』京都大学学術出版会、二〇〇一年、初出一九九三年)。
(22) 佐藤前掲注(12)論文。

あとがき

本書は二〇一〇年に京都大学に提出した学位論文「日本中世の信用制度と貨幣経済」をもとに、その後の論文などを加えて再構成したものである。学位論文は勝山清次先生、藤井讓治先生、吉川真司先生にご審査いただいた。改めて、この場を借りて感謝の意を表したい。

一九九九年四月、私は某都市銀行を退職して、京都大学文学部に学士入学し、日本史研究室に通い始めた。そんな私に教官方や先輩たちが、「元銀行員ならば」と勧めてくださったのが、桜井英治氏の「日本中世における貨幣と信用について」（『歴史学研究』七〇三号、一九九七年）である。これを読んで、慣れ親しんだ手形が日本史での研究対象になっていることに勇気づけられたのが、実質的な私の研究生活のスタートだった。

以下、序章・終章以外の各論文の執筆の経緯について、簡単にふれていきたい。なお紙幅の関係で、個別の論文タイトル・書誌事項については初出一覧にゆずりたい。

第一部は、渡来銭受容期の朝廷の貨幣政策についての二本の論文に、補論を加えて再構成したものである。一つは卒論を原型に、上横手雅敬先生主催の研究会の論集『鎌倉時代の権力と制度』に寄稿したものである。もう一つは、日本史研究会二〇一三年四月例会での中島圭一氏の報告に寄せたコメントである。研究委員として例会を企画する際に、中島氏に別のテーマでお願いしたところ、「それよりも伊藤貨幣政策論を批判したい」というご要望があって実現したものである。中島氏には、その後も私の発表のためにわざわざ上洛なさるなど、拙論に多大な関心をお寄せいただいている。また当日の司会を引き受けていただいた佐藤泰弘氏には、「沽価法」のみならず割符の問題についても、特に史料解釈の面で、さまざまにご示唆をいただいている。

補論は二〇二三年六月に同志社大学で行われた、貨幣史研究会例会での発表に加筆・修正したものである。同会の幹事をつとめておられた、井上正夫氏の便宜で発表の機会を与えていただいた。井上氏との関係については、同氏の著作『東アジア国際通貨と中世日本—宋銭と為替からみた経済史—』（名古屋大学出版会、二〇二二年）のあとがきに詳しいので興味があるかたはご覧いただきたい。

第二部には、割符をはじめとする中世手形文書に関する論考を収録した。なかでも第二章は修論が原型となっているが、「為替原理」などの経済学的な知見をもとに論じていることから、「近代を中世に持ち込むのか」というご批判を受けることが多い。だが「為替原理」を利用した遠隔地送金取引は、一〇世紀の中国、一三世紀のイタリアでも既に行われている。中世に開発された技術が現代に至るまで利用されている、と評価するべきだろう。

第一章・第三章は、自分なりに中世手形文書について総合的に考えようと執筆したものである。第一章で佐藤泰弘氏のいわゆる「京進システム」における、寺使の役割について考えたことは、後の第三部の構想につながっていった。第三章の原型は、二〇一五年度古文書学会大会で行った報告である。古文書学会での実行委員・編集委員としての経験は、その後の研究活動に大きなプラスになった。第四章は、中島圭一氏が研究代表者の科学研究費助成事業「日本中世貨幣史の再構築—学際的な中世貨幣学の確立に向けて—」に、研究協力者として参加した、その成果論文である。北海道から九州・沖縄に至る銭貨関連遺跡を実見することで、考古学・東洋史学の知見を得られたことが収穫だった。

第三部は、第一章・第二章ともに、二〇一九年度の日本史研究会大会報告をもととして加筆・修正・再構成したものである。

大会報告の準備にあたって、研究委員の勅使河原拓也氏、川口成人氏や、運営委員のみなさんには大変お世話になった。また業績検討会では青木貴史氏、反省会では永野弘明氏にご報告いただいた。報告者の足らざるところを補っていただき、迷いには示唆を与えてくれるなど、大変ありがたかったことを覚えている。大変無理を申し上げて司会をお引き受けいただいた市澤哲氏、大会報告批判を執筆いただいた大村拓生氏には厚く感謝を申し上げたい。

第二章は、二〇一九年まで所属していた、総合地球環境学研究所の気候適応史プロジェクトの成果の一端である。同プロジェクトの中塚武先生（現名古屋大学教授）には、学際研究とはどういうものなのか、を叩きこまれた。また古気候学の discipline に曲がりなりにもふれたことで、自分の学問を顧みることができたのは貴重な経験である。また同プロジェクト中世史グループにご参加の、故田村憲美氏・水野章二氏・笹生衛氏・伊藤俊一氏・高木徳郎氏・土山祐之氏ほかの皆さまには大変お世話になった。御礼と、あわせて故田村氏のご冥福をお祈り申し上げたい。

最後に終章について。大会報告のあとに、指導教官の勝山先生から、「あれでは君の研究は完結していないのではないか」というお言葉をいただいて、改めて渡来銭受容と日本社会について考えたのが終章である。論じ残したことは多く、「完結」にも程遠く、陳腐な言い回しだが、「日暮れて道遠し」と実感するばかりである。

こうして振り返ってみると、今まで曲がりなりにも研究を続けてこられて、この論文集を世に問えるのも、書ききれないほど多くの方々のおかげであると、改めて感じる。

まず京都大学文学部への学士入学を受け容れてくださった教官方に御礼を申し上げたい。故鎌田元一先生には、講義を通じて史料への厳密な向き合い方を教わった。故高橋秀直先生と、お二人に本書をお渡しできないのは本当に残念である。藤井讓治先生には講義もさることながら、古文書実習で覚えの悪い私に基礎の基礎を教えていただいた。吉川真司先生には単語一つもおろそかにしない姿勢を教わった。そして、直接の指導教官であった勝山清次先生には、節目ごとに指針をお示しいただき、さまざまな形で私の背中を押していただいた。感謝の念は尽きない。また勝山先生のご後任の上島享先生にも、なにかとご心配をおかけしている。学恩に報いるべく、今後も精進していきたい。

また京都大学総合人間学部で教鞭をとられていた故元木泰雄先生には、長く『兵範記』の研究会を中心に、公私ともに大変お世話になった。元木先生に古記録の読み方を教わっていなければ、第一部の補論は書けなかっただろう。これから自由にご研究なさるというときに病没なされ、本書の刊行をお見せできなかったのは、痛恨というしかない。

そのほか、扱いづらい「年上の後輩」「アラサーの同期」を快く迎えてくださった、日本史研究室の先輩方と、林・阿部両君をはじめとする同期の皆、そして山田徹君をはじめとする後輩諸君、非常勤講師出講先、史料調査、自治体史関連、学会活動など、お世話になった方々のお名前は書ききれない。本書の刊行にご協力いただいた諸機関の皆さまにもあわせて、厚く御礼を申し上げたい。

また、本書の編集の労をとっていただいた、吉川弘文館編集部の石津輝真氏、矢島初穂氏、文選工房の佐藤康太氏に御礼を申し上げる。特に石津氏はなかなか完成しない本書を我慢強く待っていただいた。感謝の意を表したい。

最後に、職を自分勝手になげうって研究の道を選んだ私を、温かく見守ってくれた両親と兄に深く感謝をささげて、結語にかえたい。

二〇二四年八月

伊藤啓介

初出一覧

序章　中世前期の貨幣経済史・信用制度史研究の成果と課題
「日本中世前期貨幣史研究の現状と課題」（『新しい歴史学のために』二七五号、二〇〇九年）をもとに、加筆・改稿した。

第一部　渡来銭受容と朝廷の貨幣政策
第一章　渡来銭受容期の貨幣政策研究と問題の所在
第二章　沽価法と貨幣政策
第三章　大規模造営と貨幣政策
以上の三章は、「鎌倉時代初期における朝廷の貨幣政策」（上横手雅敬編『鎌倉時代の権力と制度』思文閣出版、二〇〇八年）と、「中島圭一氏の「中世貨幣」論と中世前期貨幣史研究」（『日本史研究』六二二号、二〇一四年）をもとに、加筆・改稿した。
補論　沽価法の性質とその運用―中島圭一氏の批判に答える―（新稿）

第二部　中世手形文書の決済システム
第一章　東大寺封戸物輸納と寺使
「東大寺封戸物輸納と寺使―一一世紀の流通構造―」（『古代文化』六一巻四号、二〇一〇年）をもとに、加筆・改稿した。

第二章　割符のしくみと為替・流通・金融

「割符のしくみと為替・流通・金融」（『史林』八九巻三号、二〇〇六年）をもとに、加筆・改稿した。

第三章　中世手形の系譜関係

「中世手形文書の系譜関係―預かり状・替文・割符―」（『古文書研究』七六号、二〇一三年）をもとに、加筆・改稿した。

第四章　中世手形の信用とその決済システム

「中世手形の信用とその決済システムについて」（中島圭一編『日本の中世貨幣と東アジア』〈アジア遊学二七三〉、勉誠出版、二〇二二年）をもとに、加筆・改稿した。

第三部　渡来銭受容と流通構造

第一章　一三・一四世紀の流通構造と商業

第二章　流通構造の変化と中世社会―「大飢饉」のない一四世紀―

「一三・一四世紀の流通構造と商業」（『日本史研究』六九〇号、二〇二〇年）と、「「大飢饉」のない一四世紀」（中塚武監修、伊藤啓介・田村憲美・水野章二編『気候変動から読みなおす日本史　第4巻　気候変動と中世社会』臨川書店、二〇二〇年）をもとに、加筆・改稿した。

終章　渡来銭受容と日本社会―信用と流通―（新稿）

索　　引

Ⅰ　地名・寺社名

あ　行

か　行

さ　行

た　行

な　行

は　行

ま　行

や　行

わ　行

Ⅱ　人　　名

あ　行

か　行

さ　行

た 行

な 行

は 行

ま 行

や 行

ら 行

Ⅲ　研究者名

あ　行

か　行

さ　行

た　行

な　行

は 行

ま 行

や 行

ら 行

わ 行

Ⅳ 事　　項

あ 行

か 行

さ　行

た 行

な　行

は　行

ま　行

や　行

ら　行

わ　行

著者略歴

一九七〇年生まれ

二〇〇六年　京都大学大学院文学研究科博士後期課程歴史文化学（日本史）研究指導認定退学

現在、黒川古文化研究所研究員、京都大学人文学連携研究者、博士（文学）

〔主要編著書・論文〕

『気候変動から読みなおす日本史4　気候変動と中世社会』（共編、臨川書店、二〇二〇年）

「舟屋法眼元恵と法華堂・長洲荘」（『地域史研究―尼崎市立博物館紀要―』一一三号、二〇一三年）

「応仁二年最勝光院方引付にみる畿内での替銭取引」（『立命館文学』六七七号、二〇二二年）

日本中世の貨幣と信用・流通

二〇二四年（令和六）十二月一日　第一刷発行

著　者　伊《い》藤《とう》啓《けい》介《すけ》

発行者　吉川道郎

発行所　株式会社 吉川弘文館
郵便番号一一三―〇〇三三
東京都文京区本郷七丁目二番八号
電話〇三―三八一三―九一五一〈代〉
振替口座〇〇一〇〇―五―二四四
https://www.yoshikawa-k.co.jp/

組版＝文選工房
印刷＝藤原印刷株式会社
製本＝誠製本株式会社
装幀＝山崎　登

ISBN978-4-642-02992-6